Analecta Gregoriana

Cura Pontificiae Universitatis Gregorianae edita
Vol. 257, Series Facultatis Philosophiae: sectio A, n. 14

PAUL GILBERT, S.J.

LE PROSLOGION
DE
S. ANSELME

Silence de Dieu et joie de l'homme

EDITRICE PONTIFICIA UNIVERSITÀ GREGORIANA
ROMA 1990

IMPRIMI POTEST

Romae die 12 Februarii 1990

R. P. GILLES PELLAND, S.I.

Rector Universitatis

IMPRIMATUR

Dal Vicariato di Roma, 19-2-1990

EDITRICE PONTIFICIA UNIVERSITÀ GREGORIANA
EDITRICE PONTIFICIO ISTITUTO BIBLICO
Piazza della Pilotta 35 - 00187 Roma, Italia

A mon Père et ma Mère

I. QUAERO VULTUM TUUM

II. MAIUS NIHIL

III. SUMMUM OMNIUM

IV. QUIDDAM MAIUS

V. HOC BONUM

INTRODUCTION

Peu nombreux sont les textes qui, malgré leur brièveté, donnent à des générations successives de quoi méditer sur le destin essentiel de l'homme. Le *Proslogion* de saint Anselme est l'un d'entre eux. Il ne compte pas plus d'un trentaine de petites pages, mais parcourt les interrogations les plus radicales.

Seuls quelques chapitres de l'opuscule, qui exposent ce que l'on a appelé 'l'argument ontologique de l'existence de Dieu', ont suscité de nombreux commentaires. Ces fameux chapitres ne comptent pourtant pas plus de 50 lignes dans l'édition critique[1] de dom Schmitt (sans compter les titres, 11 mots en moyenne par ligne). L'intérêt qu'ils ont suscité dépend largement des contextes particuliers où ils ont été considérés; l'ensemble du *Proslogion* n'a quasi jamais été étudié pour lui-même[2]; on y a entendu le plus souvent un problème épistémologique; mais on négligeait ainsi une interrogation plus profonde et une reprise réflexive d'un désir qui ne se contente pas d'affirmer l'existence de 'quelque chose' qui soit plus que mental et donc 'réel'. Le *Proslogion* va bien au-delà de cette affirmation 'ontologique'; Anselme en réduit l'importance; il la pose comme un moment d'une méditation sur nos sens guidés par l'esprit, ou devenus spirituels; cette méditation ne s'achève pas dans l'affirmation de l'objectivité de Dieu, mais par la demande d'une plus grande participation à la vie divine.

La réflexion d'Anselme est soutenue par une inquiétude fondamentale: Dieu, qui est *maius*, infiniment désiré, n'est jamais totalement accessible, ni aux sens, ni à la raison. Jamais je ne suis capable

---

[1] F.S. Schmitt, *S. Anselmi Cantuariensis Archiepiscopi Opera Omnia* [0]. Nous citerons la/les page(s) puis la/les ligne(s). Le *Monologion* et le *Proslogion* se trouvent dans le premier volume, comme la plupart des textes 'philosophiques' d'Anselme. Dans nos notes, nous indiquerons de façon complète nos références bibliographiques si le livre ou l'article cités ne sont pas repris dans la 'Bibliographie anselmienne' qui clôture ce travail; au cas contraire, nous indiquons entre [ ] le numéro de la rubrique de cette 'Bibliographie' où l'auteur cité a été rangé.

[2] Le dernier ouvrage d'ensemble, à notre connaissance, est celui de Y. Cattin, *La preuve de Dieu* [5.3]. Ce livre, tout à fait excellent et précis, lit cependant l'opuscule anselmien afin d'interpréter 'l'argument ontologique'.

d'en embrasser le mystère ni de le comprendre complètement par la seule logique. Dieu est, mais il rayonne en silence au delà de mes mots et du balbutiement de mes concepts.

Nous lirons l'ensemble du second opuscule d'Anselme, comme nous avons déjà lu le premier [3]. Nous procéderons en interprétant le texte progressivement, en en tirant l'intelligence de ce qu'il dit ou a dit au moment étudié et non de ce qu'il dira plus loin, laissant émerger les questions qui paraissent essentielles et qui articulent en fait le progrès de la réflexion. Nous refusons de voir dans les chapitres de l''argument ontologique' le foyer de la recherche; ces cinquante lignes ne sont pas au centre de la réflexion, à laquelle ils offrent seulement un passage obligé vers des approfondissements ultérieurs; nous interpréterons cet argument en ce sens.

Nous avons divisé notre commentaire en cinq parties. La première, une introduction à visée méthodologique, cherche comment le *Proslogion* est lié au *Monologion* en même temps qu'il s'en distingue; la prière, au seuil du second opuscule d'Anselme, laisse alors percevoir sa signification profonde. La seconde partie est dédiée aux ch. 2 à 4, ceux de 'l'argument ontologique' [4]. La troisième partie de notre travail entre dans l'étude de l''Essence souveraine' [5] en analysant les ch. 5 à 12, consacrés à la sensibilité et la justice de Dieu. Cette étude sur l''essence' divine se poursuit dans la quatrième partie où nous exposons les ch. 13 à 22, centre [6] réel du *Proslogion*, qui considèrent particulièrement l'éternité de Dieu. La cinquième partie conclut en commentant les ch. 23 à 26 sur la sainte Trinité, le bien et la joie à laquelle l'homme est appelé [7].

Tout au long de notre parcours, nous laisserons monter en nous l'exigence d'une pensée radicale, qui n'accepte pas de limiter à

---

[3] Cfr notre *Dire l'ineffable* [4].

[4] Dieu est dit ici *nihil maius quam cogitari possit* ou *maius quam cogitari nequit*.

[5] On dit alors de Dieu qu'il est *summum*, désignation caractéristique du *Monologion*.

[6] Au ch. 15, Anselme propose une ultime formule dialectique pour désigner Dieu: *quiddam maius quam cogitari possit*.

[7] Nous avons publié quelques articles repris ici en les aménageant en fonction de leur situation nouvelle. Nous tenons à remercier les divers éditeurs qui nous ont permis cette reprise: *Parola, Spirito e vita* (Bologna, n. 18, pp. 255-272) pour le ch. 2, la *Nouvelle Revue Théologique* (Namur, 1986, pp. 218-238) pour les ch. 7 et 8, et AA.VV., *L'attualità di Anselmo d'Aosta*, (*Studia Anselmiana* 101) Roma, Anselmianum, 1990, pp. 65-82 pour les ch. 9 et 12.

sa perception ce qu'elle sait pouvoir penser davantage, jusqu'à ne plus pouvoir penser ce qu'elle sait la déborder; la pensée, confirmée en son excellence, entre alors dans le silence du pur accueil, mais en étant capable de le dire et d'en faire comprendre la belle nécessité. La lecture du *Proslogion* de saint Anselme nous invite à communier à une expérience d'abord intellectuelle, mais plus encore, spirituelle. Nous ne croyons pas que cette expérience soit rendue possible à la condition de restaurer le style monastique du moyen-âge; elle est universelle et actuelle; simplement offerte en la pureté de sa forme, elle touche l'esprit de l'homme, tel qu'il est, malgré ses incroyances et ses désespérances. Le Docteur Magnifique invite à penser avec patience Celui dont l'homme, animé d'un désir dont il n'a pas en lui-même le secret, attend souvent avec impatience la visite.

PREMIÈRE PARTIE

QUAERO VULTUM TUUM

I

GRAMMAIRE ET RÉFLEXION

Le *Proslogion*, en ses ch. 2 à 4 particulièrement, touche de près les mentalités modernes [1]. Les philosophes n'ont cessé de revenir à l'argument que Kant a appelé 'ontologique' [2], soit pour s'en démarquer, soit pour le reprendre à neuf. D'une part, la scolastique d'inspiration aristotélicienne l'a habituellement déconsidéré, tout comme Kant; ces philosophies, en accentuant le moment 'empirique' de la connaissance, n'ont pas séjourné vraiment là où siège la pensée anselmienne. D'autre part, la pensée moderne, plus platonicienne, tentée souvent par l'idéalisme, a en général bien accueilli le mouvement réflexif du *Proslogion*; Descartes, Spinoza, Leibniz, Hegel en ont re-créé la dynamique; leurs vues ont été reçues globalement par la 'philosophie réflexive' [3]. De nos jours, Jacques Paliard et le Cardinal Henri de Lubac ont reconnu dans le *Proslogion* le déploiement du mouvement de l'esprit selon son aspiration infinie.

Il convient de garder sa mesure à la philosophie réflexive; elle n'implique pas une clôture de l'esprit sur lui-même, ni une sorte d'intuition intérieure, dénoncée à juste titre par Paul Ricoeur [4]; Anselme lui-même sait que l'esprit humain ne se totalise pas en simplicité; selon le ch. 33 du *Monologion*, l'esprit de l'homme connaît sa 'similitude', mais non son 'essence même' (53,6). L'interprétation réflexive du texte anselmien, interprétation qui guidera notre lecture, fait droit, non pas à un concept clos et entièrement déterminé dans une représentation abstraite, mais à une «idée unique et privilégiée

---

[1] Un colloque s'est tenue du 3 au 6 janvier 1990 à l'Université de la Sapienza de Rome, sous l'égide de l'"Istituto Enrico Castelli', sur l'"Argument ontologique'; les actes de ce colloque, publiés par l'*Archivio di Filosofia*, aux soins de M.M. Olivetti, mettent en évidence combien les philosophes contemporains se trouvent chez eux chez Anselme.

[2] Em. KANT, *Kritik der reinen Vernunft*, A 592 / B 620.

[3] Parmi les auteurs qui ont marqué ce mouvement intellectuel français, on peut citer Louis Lavelle, Jean Nabert, Aimé Forest, Jean Pucelle.

[4] P. RICOEUR, *L'homme faillible*, (*Philosophie de l'esprit*), Paris, Aubier-Montaigne, 1960, pp. 17-18; ID., *De l'interprétation. Essai sur Freud*, (*L'ordre philosophique*) Paris, Seuil, 1965, pp. 408-417.

qui conditionne à la fois le mouvement de l'aspiration et les démarches de la connaissance» [5] ou de l'esprit qui, à distance de soi, a mémoire de sa simplicité originaire.

M. Corbin, interprète autorisé d'Anselme, conteste que la lecture réflexive de l'*id quo maius* soit adéquate; profitant d'une nomination de Spinoza par J. Paliard, il juge, sans autre argument [6], que
l'interprétation réflexive est représentative; elle renouvellerait la
pensée que Spinoza énonce aux premières lignes de son *Ethique*:
«Par cause de soi, j'entends ce dont l'essence enveloppe l'existence,
autrement dit ce dont la nature ne peut être conçue qu'existante» (I,
Déf. 1). Cette manière de compréhension de la formule anselmienne
en ferait une affirmation positive, dont la pensée aurait l'entière responsabilité, ce qui n'est certainement pas ce qu'Anselme entend.

Si l'interprétation réflexive réduisait ainsi la pensée anselmienne
à quelque représentation normée par la seule pensée, certes il faudrait l'abandonner. Mais nous ne pensons pas qu'elle soit identifia-
ble à cette manière de spinozisme. Anselme lui-même invite à le
comprendre réflexivement; selon le *Monologion*, l'esprit découvre en
soi l'origine de son activité, bien qu'il ne soit pas la raison de sa simplicité; l'esprit humain est en effet l'image, mais seulement l'image,
de l'Essence souveraine (cfr *Monologion*, ch. 66-67) qui est l'Esprit
(cfr *Monologion*, ch. 27).

La philosophie réflexive ne tente pas de rendre totalement
transparents les contenus de la conscience; elle ne s'intéresse pas aux
essences idéales, mais à l'acte de l'esprit, qui est pensée ou volonté.
L'acte précède son exposé, non pas chronologiquement, mais ontologiquement ou critiquement, comme l'*exercite* des scolastiques précède le *signate*. La philosophie réflexive s'efforce de ressaisir cet acte
pour en découvrir les conditions transcendantales de possibilité [7];

---

[5] J. PALIARD, 'Prière' [13.4], p. 55.

[6] «Malgré les nuances qui ne manquent pas d'être ajoutées, et qui se multi-
plient dans la tradition d'interprétation avec d'autant plus de raffinement qu'il s'a-
gira pour elle de ne pas manifester son modèle» ... ('Préface' [13.1], p. VIII).

[7] «Contempler un objet, concret ou abstrait, n'est point une réflexion; maintenir ou ramener une représentation au foyer de la conscience n'est encore qu'un
exercice secondaire d'attention ou de mémoire objective: ce n'est point une réflexion. La réflexion proprement dite restitue la représentation objective au Moi,
c'est-à-dire replonge la représentation dans le courant d'activité d'où elle se déta-
chait comme objet» (J. MARECHAL, *Le point de départ de la métaphysique*, t. 5, 2e
éd., [*Museum Lessianum*] Bruxelles, Edition Universelle, 1949, pp. 61-62).

elle revient vers l'origine de l'acte qui rend compte de son exercice concret, effectif et fécond.

Notre interprétation du *Proslogion* sera réflexive. Pour légitimer cette option, nous montrerons maintenant que l'expression *unum argumentum*, utilisée dans le 'Prooemium' du *Proslogion* pour expliquer ce qui le différencie du *Monologion*, substitue une argumentation strictement réflexive à des thèmes patristiques. Notre analyse de l'opuscule aura ensuite pour tâche de montrer la fécondité de cette option.

Notre manière de lire le *Proslogion* ne lui est pas imposée de l'extérieur. Certes, toute étude force en quelque mesure le texte lu; nous ne prétendons pas qu'Anselme a exactement pensé tout ce que nous lui ferons dire; mais, comme le montrera notre premier chapitre, il résiste bien peu à l'expérience réflexive. Cette expérience est d'ailleurs dans la droite ligne de la réflexion augustinienne, à laquelle Anselme fut formé par sa formation spirituelle; la pensée transcendantale se glisse dans cette tradition, dont la paternité platonicienne évoque la profondeur historique.

Nous avons été fasciné par quelques éléments de la pensée anselmienne qui permettent de la structurer tout entière, y compris en tenant compte de son progrès. Nous a particulièrement touché ceci: la pensée comprend bien plus que ce qu'elle peut dire. Certes, cette compréhension fait désirer une expression meilleure, mais entre la compréhension et l'expression reste toujours une différence radicale; la compréhension est par nature inventive tandis que l'expression dépend des moyens qui lui sont offerts. L'esprit sait cette distance; il sait la simplicité qui, en droit, le constitue, et la multiplicité en laquelle il se trahit en s'exprimant.

La distance entre la simplicité de l'esprit et la multiplicité de son expression est celle-là que l'on a désignée en distinguant *exercite* et *signate* et que le *Proslogion* ne cesse d'articuler de façon toujours plus radicale et fine; elle n'est aperçue que réflexivement, lorsque l'esprit perdu dans le multiple cherche à ressaisir la simplicité qui lui permet de se reconnaître à travers ce qu'il n'est pas, dans l'acte même de son expression ou de son activité concrète. La philosophie réflexive épouse la pensée anselmienne lorsqu'elle entreprend de rechercher les conditions de possibilité de son exercice, et que le saint Docteur Magnifique établissait en Dieu, Un et Trine.

Nous indiquerons maintenant la forme générale de cette substitution des thèmes patristiques par une analyse réflexive[8]. Puis nous vérifirons cette substitution en analysant deux thèmes essentiels au *Monologion* et absents du *Proslogion*, celui de l'"essence' et celui de l'"image', en les considérant d'abord en eux-mêmes, et enfin dans leurs relations.

1. Réflexion et affirmation de Dieu

Jamais Anselme ne dit que son *Monologion* a été rendu inutile par son *Proslogion*. Le *Monologion* a donc une identité que l'on peut déterminer par ses différences et ses ressemblances envers le *Proslogion*. Anselme décrit lui-même la différence essentielle: elle concerne la forme de composition des ouvrages; une concaténation de nombreux arguments tisse le *Monologion*, tandis qu'un seul constitue le *Proslogion* (93,5-6). Quant à la ressemblance fondamentale, nous la découvrons en ceci: les deux textes progressent en une séquence similaire: existence de Dieu, essence de Dieu, Trinité, aspects anthropologiques[9]. Nous pensons que cette séquence est animée par une exigence spirituelle; davantage explicite dans le *Proslogion* par sa forme unifiée, ce dynamisme est déjà inauguré dans le *Monologion*. Nous avons à rechercher au sein de la multiplicité des arguments du *Monologion* ce qui en assure donc l'unité de la démarche.

Dans le Prologue du *Proslogion*, Anselme affirme reprendre en un seul argument ce qu'il avait exposé auparavant grâce à plusieurs. Quelle est cette multiplicité? S'agit-il de la séquence des quatre parties du *Monologion*? Mais cette séquence, nous venons de le dire, n'est pas différente dans le *Proslogion* et dans le *Monologion*.

---

[8] L'analyse réflexive est analyse et réflexion. Elle analyse l'expression de l'esprit; Anselme traite des mots à l'aide de la technique dialectique; l'expression est cependant référée à l'esprit; sa signification se découvre en fonction de l'intention de l'esprit; l'analyse s'accomplit donc lorsque le mot est rapporté à l'intention spirituelle. Mais en même temps, l'intention s'exerce par le mot; c'est pourquoi la réflexion peut conduire du mot à l'intention qui y cherche son adéquation. On comprend par là quelle fascination opère le *maius* anselmien sur le philosophe réflexif.

[9]

	Monologion	Proslogion
existence de Dieu	1 - 2	2 - 4
essence de Dieu	13 - 28	5 - 22
Trinité	29 - 63	23
anthropologie	64 - 78	24 - 26.

S. Vanni Rovighi remarque avec pénétration que «les preuves du *Monologion* sont multiples parce qu'elle recueillent divers reflets comme diverses répercutions sur les choses d'une lumière que le *Proslogion* veut voir en elle-même»[10]; on pourrait dire en langue scolastique que la multiplicité concernerait la matière de l'argumentation dont la forme serait unique; le *Proslogion* élaborerait donc la forme même qui organisait déjà le *Monologion*. Pour Al. Koyré, la complication du *Monologion* n'est pas proprement simplifiée par le *Proslogion*; ce texte ne se différencie pas de l'autre par la manière dialectique de l'exposé, mais par le lieu où s'installe la réflexion, l''argument' au sens strict, 'ce dont on va parler'; «les considérations qui guidaient Saint Anselme n'étaient nullement basées sur des appréciations d'une plus ou moins grande difficulté de ses démonstrations, ou de quelque autres raisons analogues, extrinsèque et accidentelle. Ce qu'il cherchait, ce n'était pas une démonstration appropriée aux besoins de l'homme, à la faiblesse et à l'imperfection essentielle de l'esprit humain, mais, au contraire, une démonstration qui serait en rapport avec la dignité et la souveraine majesté de l'Etre parfait, de Dieu»[11]. Koyré confirme cette intelligence du *Proslogion* en en présentant la traduction[12].

La conjonction des avis de S. Vanni Rovighi et d'Al. Koyré fait apercevoir comment fonctionne en profondeur l'argument ontologique; la réflexion ne s'appuie pas sur sa propre norme, sur son 'exposé', mais elle laisse rayonner sur son chemin la lumière de ce qu'elle pense et qui, l'éclairant, la fait progresser sans risque d'être enfermée en quelque système clos de concepts. D'autres interprètes de l'*unum argumentum* paraissent moins féconds; citons-en pour mémoire. Et. Gilson minimise l'intuition de Koyré; à son idée, Anselme juge les preuves du *Monologion* trop «compliquées, encore que démonstratives[13]; il lui faut une seule preuve, qui se suffise à elle-même»[14].

---

[10] S. Vanni rovighi, *S. Anselmo* [3], p. 80.

[11] Al. Koyre', *L'idée* [5.3], p. 203.

[12] Saint Anselme de Cantorbery, *Fides quaerens intellectum, id est Proslogion, Liber Gaunilonis pro insipiente atque Liber apologeticus contra Gaunilonem*, texte et traduction par Al. Koyré, 2e éd., (*Bibliothèque des textes philophiques*) Paris, Vrin, 1954, p. VII.

[13] Aux yeux d'Anselme, pas de Gilson!

[14] La critique de l''essentialisme' d'Anselme a été vive de la part d'Et. Gilson, *La philosophie au moyen âge*, 2e éd., revue et augmentée, (*Bibliothèque Historique*) Paris, Payot, 1952, p. 245.

Pour A. Antweiler, Anselme veut dépasser le *Monologion*, parce que celui-ci manque en somme d'habileté[15].

Nous voudrions proposer cette hypothèse. L'*unum argumentum*[16] ne considère pas seulement la forme de l'argument distinguée de sa matière, ou un argument plus digne de ce dont il parle; certes, ces opinions sont tout à fait recevables; mais nous remarquons qu'en passant d'un opuscule à l'autre Anselme laisse de côté certains thèmes et en met d'autres en relief; si bien que l'on peut affirmer cette évidence: des thèmes nouveaux se substituent aux anciens. Nous pouvons alors préciser: si un thème nouveau organise l'ensemble du *Proslogion* de manière unifiée, nous aurons là l'*unum argumentum* distingué des arguments enchaînés par le *Monologion*.

Le *Monologion* inaugure une réflexion que poursuivra le *Proslogion*; mais les outils conceptuels du premier texte sont davantage inscrits dans la tradition patristique que ceux du second; les thèmes du Verbe et de l'Image, dont la méditation articule le premier ouvrage, accueillent des motifs qui sont renouvelés grâce à un dynamisme dont Anselme ne connaissait pas encore le secret, mais que le *Proslogion* mettra en lumière: en réalité, le *Monologion* s'employait à articuler l'héritage de la tradition et son intelligence grâce à une lumière qui n'était déjà plus scripturaire, la vie de l'esprit.

Sans doute, Anselme a été inspiré par Augustin, Boèce, les écrits de logique, mais son *Monologion* met ces sources à distance et entame une recherche nouvelle. Les autorités classiques, Ecriture et Pères, n'ont plus cours[17]; la réflexion doit prendre la responsabilité d'elle-même. Le *Monologion* prend son souffle de cela même que reprend le *Proslogion* de manière privilégiée, c'est-à-dire l'intelligence réflexive de Dieu et la fondation de cette intelligence. Le vocable 'souverain', dans les premiers chapitres du *Monologion*, indique le foyer auquel chaque étape de l'opuscule se rapporte en déployant ses thèmes de l'image et du Verbe; pour le *Proslogion*, rien de plus grand ne peut être pensé que ce 'souverain' du *Monologion*.

La multiplicité des arguments dont parle Anselme n'est donc pas située dans la simple suite discontinue des chapitres; elle évoque plus exactement les deux thèmes essentiels qui unifient, malgré leur

---

[15] A. Antweiler, 'Anselm' [12], p. 551.

[16] L'article de M. Corbin, 'Essai' [13.1], pp. 25-49 ne considère pas le rapport de cet *unum* à la pluralité du *Monologion*.

[17] *Quatenus auctoritate scripturae penitus nihil in ea persuaderetur* (7, 7-8).

multiplicité, le *Monologion*; le Verbe, en qui toute essence est plus réelle que dans le monde sensible, signifie la présence active de l'Origine paternelle à tout le créé; l'esprit de l'homme en est l'image. D'une part, Anselme réfléchit sur l'*esse* et l'essence, ou encore sur le Verbe et son origine, et d'autre part, il considère l'esprit humain en tant qu'image de l'Esprit souverain, de Dieu. Ces deux thèmes forment l'exacte multiplicité des arguments; ils se nouent continuellement dans le *Monologion*, chacun avec ses instruments d'intelligibilité, sans jamais vraiment s'unir, comme si tout le discours recevait de leur entrecroisement et de leur différence ses articulations rythmées. Le *Proslogion*, quant à lui, ignore ces thèmes. Analysons-les dans le *Monologion*, en mettant d'abord en relief leurs caractéristiques propres. Nous en montrerons ensuite les entrecroisements.

2. *Les thèmes propres au Monologion*

Les considérations logiques sur le rapport de l'essence à l'*esse* aident à construire l'intelligence du 'Verbe'. Elles font concevoir, dès le ch. 6, une manière de plénitude qu'est l'Etre originé en soi. Etre, essence et étant sont entre eux comme 'luire, lumière et luisant'.

> Tout comme lumière, luire et luisant se rapportent l'un à l'autre, ainsi essence, être et étant, c'est-à-dire existant ou subsistant sont réciproquement l'un par l'autre (20,15-16).

La description grammaticale sert d'instrument pour la métaphysique; l'infinitif grammatical, son substantif et son participe évoquent respectivement l'acte d'être, son essence et son actualité effective. Le participe n'a aucune signification, si l'infinitif n'y est pas actué au présent; de même l'infinitif ne peut révéler son énergie disponible si rien n'y participe et ne vient l'exercer effectivement. Nous ne connaissons aucun acte de lumière (substantif) si rien n'est illuminant (participe); et rien n'est illuminant, sinon par un acte (verbe) qui éclaire. Le substantif est l'essence qui médiatise pour la connaissance l'acte et sa réalisation.

Aux ch. 25 à 27, où il distingue essence et substance, Anselme renoue avec cette description grammaticale, mais en la modifiant. 'Substance' évoque 'substantif', ce qui 'existe', la réalisation concrète de l'essence; dans le substantif, le verbe grammatical accomplit son énergie disponible en ses relations d'essence, conceptuelles et intelligibles; du moins en est-il ainsi dans le langage courant auquel

Anselme se réfère[18]. 'Essence' signifie donc la forme abstraite de
l'acte en général, de l'*esse* distinct de la substance. Dans la substance, l'*esse* se donne un aspect (*species*) où repose effectivement son essence abstraite. Le substantif s'identifie donc au participe où il désigne la présence de l'acte en son essence intelligible; par conséquent,
l'étant' en lequel l'acte vient se manifester, confirme, sans suspendre
en aucun cas, l'activité de ce qui s'y exerce en acte en s'y concevant
comme substantif.

En clôturant son ouvrage, au ch. 79, où il traite des concepts de
substance, d'essence, de personne et d'individu, Anselme revient sur
ces propositions et cherche à établir, toujours à l'aide de l'instrument logique, que l'Essence souveraine, en son mouvement total, est
individuelle, bien qu'elle implique une pluralité de 'personnes' ou de
'substances' (86,12-14), termes où son acte s'accomplit et accède à
son identité d'acte.

A travers ces recherches logiques, elles-mêmes subordonnées à
une option métaphysique envers l'unité de l'acte (d'être) en ses différents moments, on aperçoit l'importance, chez Anselme, de la thématique trinitaire, la volonté de comprendre les Trois qui sont Un
dans la symbolique de l'Etre souverain Vivant ou en acte. L'Etre
souverain est Un, mais avec ses moments internes distincts; Père,
Fils et Esprit sont entendus comme l'*esse* (Père), le participe ou
l'*esse* se donne son visage (Fils), et l'essence (Esprit) de cette donation de soi à soi. Les recherches logiques illustrent ainsi rationnellement une intelligence théologique du mystère trinitaire et permet à
Anselme de rapporter sans heurts au Dieu de la foi la structure métaphysique de l'Etre souverainement par soi.

La pensée trinitaire est déployée pour elle-même aux ch. 29 à
64; l'instrument y est réflexif, comme nous l'expliquerons maintenant, et non plus grammatical; pour cette raison, nous distinguons
ces deux 'arguments', la grammaire et la réflexion, mais qui, en fait,
sont en syntonie l'un avec l'autre, comme nous le verrons pour
conclure.

Le second thème absent du *Proslogion*, mais fondamental dans
le *Monologion*, est celui de la pensée comme image de l'Esprit. Ce
thème est mis en oeuvre en plusieurs endroits; il constitue l'objet essentiel des ch. 66 et 67 dont voici les titres: «L'accès maximum à la
connaissance de l'Essence souveraine est (offert) par la pensée rai-

---

[18] *Dici solet* (45, 15).

sonnable» (ch. 66); «Que la pensée elle-même est son miroir et son image» (ch. 67). Mais il a déjà été utilisé précédemment dans les ch. 31 à 33 qui montrent, par analogie avec la pensée humaine [19] qui se réfléchit elle-même, comment concevoir que le Verbe où l'Esprit originaire se prononce est identique à cet Esprit. Voici les titres de ces chapitres: «Que le Verbe lui-même n'est pas une similitude des faits, mais la vérité de l'essence; les autres faits sont imitation de la vérité; quelles natures sont plus et plus élevées que d'autres» (ch. 31); «Que l'Esprit souverain se dit lui-même dans le Verbe coéternel» (ch. 32); «Que par un seul Verbe il se dit lui-même et ce qu'il fait» (ch. 33). Les perspectives trinitaires ne sont donc pas absentes de ces recherches sur le thème du verbe de l'esprit et de l'image.

3. L'articulation thématique

Nous allons dégager maintenant les articulations principales de ces thèmes multiples. Notre recherche considère que la pensée contingente a une structure dont on voit la plénitude réalisée dans la sainte Trinité. La reconnaissance de la splendeur unique de cette structure trinitaire est le fruit d'une réflexion qui suit les indications de la grammaire.

La pensée humaine, comme toutes les choses créées, n'a pas en elle la raison de son acte; elle ne conduit pas son dynamisme jusqu'à son terme. L'indice le plus évident de cette 'privation' intérieure est exprimée au ch. 29: «l'homme ne dit pas toujours ce qu'il comprend» (47,22). Cette observation vaut bien sûr pour toute pensée qui touche quelque infini, puisque précisément nous comprenons ce qu'est l'infini sans pouvoir vraiment le dire avec nos mots issus de l'expérience finie; mais elle vaut aussi pour l'accès de la pensée à elle-même; en effet l'homme ne peut pas s'apercevoir lui-même adéquatement alors même qu'il se saisit lui-même réflexivement.

Il y a une dialectique entre la parole intérieure et le verbe extérieur. Selon le ch. 10 du *Monologion*, la pensée «voit» (25,6) en même temps qu'elle «pense» ce qui est; cette vision anticipe dans la *cogitatio* ou la méditation d'une parole intérieure son expression articulée en images ou concepts, tout comme le verbe augustinien,

---

[19] *Mente dicimus, id est cogitamus* (48, 19). *Summus ille spiritus ‹...› ad similitudinem mentis rationalis; immo non ad ullius similitudinem, sed ille principaliter et mens rationalis ad eius similitudinem* (51, 13-15).

«antérieur à tous les signes dans lesquels il se traduit, naît d'un savoir immanent à l'âme»[20]. Ce verbe intérieur ou ce 'voir' n'est pas la perfection achevée de la pensée; en effet, celle-ci s'accomplit lorsqu'elle exprime son verbe extérieurement, lorsqu'ainsi elle se communique, mais au moyen de ce qui ne provient pas uniquement d'elle.

Si on applique ces principes à la pensée qui se prend elle-même pour 'objet', on peut dire que, en se pensant, la pensée accède à soi, mais à partir de ce qu'elle n'est pas. La pensée est à soi en un second temps; elle accède à soi après s'être extériorisée; son affirmation n'est pas objective, mais réflexive. On connaît ainsi que la pensée est dynamique par essence, car elle est soi en se présentant hors de soi en ce en quoi elle se connaît pourtant dans son identité. En s'exprimant, la pensée exerce son état. Pour la mentalité augustinienne, l'acte, pour être acte, doit agir; la pensée, pour être effective, doit être prononcée. Le verbe intérieur clos en son silence est sans plénitude, réalité; il faut qu'il soit dit, qu'il s'exprime et se communique pour que l'esprit qui le pense puisse s'y penser et s'y connaître avec toute son énergie. L'extériorisation du verbe intérieur dans la parole exprimée n'est pas une chute, une perte, mais l'acomplisssement de la pensée. L'acte de la pensée est une relation essentielle, son *esse in* est un *esse ad*[21].

Qu'entre la pensée humaine et son expression il n'y a pas d'adéquation ne signifie pas que la pensée ne soit pas présente à soi en ce qu'elle n'est pas. «Si en effet la pensée humaine ne pouvait avoir aucune mémoire ou intelligence ‹...› de soi, elle ne se distinguerait jamais des créatures non rationnelles» (51,9-11); toutefois, il est impossible pour la pensée d'être «toujours» (47,22) exposée hors de soi de telle façon qu'elle puisse aussi se reconnaître elle-même. La pensée s'exprime en mots, mais elle n'est pas un mot; en concepts, mais elle n'est pas concepts; en représentations, mais elle n'est pas représentations. C'est pourquoi il faut dire que la pensée humaine, qui est «par un autre», est contingente, est à condition d'être 'touchée-par'[22] un autre.

A partir de là, on peut penser une certaine structure trinitaire à l'aide d'une règle rigoureuse, qui consiste à reconnaître que le simple

---

[20] AUGUSTIN, *De trinitate*, XV, XI, 20; CCSL lg. 44-45; BA p. 475.
[21] Cfr H. PAISSAC, *Théologie du Verbe. Saint Augustin et saint Thomas*, Paris, Cerf, 1951, p. 52.
[22] Le mot 'contingence' signifie cette contiguité.

est mieux ou plus que le composé (cfr *Monologion*, ch. 7). Or, pour soutenir cet argument, la description grammaticale est précieuse, car elle met à jour comment la multiplicité d'un acte est unifiée. A la lumière de cette description, on voit que la pensée est activement elle-même lorsqu'elle s'expose hors de soi, bien que les données de son expression ne proviennent pas d'elle-même (cfr *Monologion*, ch. 10-11), de sorte que jamais elle n'est capable de se totaliser; cependant, la pensée humaine a mémoire de la simplicité à laquelle elle n'accède jamais mais qu'elle reconnaît et pense; elle garde au plus profond d'elle-même la trace d'une très grande simplicité, ou spontanéité, celle de l'acte qui se répand hors de soi sans se perdre, sans effort et généreusement. En s'appuyant sur cette mémoire, la pensée va remonter jusqu'à l'acte tout simple qu'est Dieu.

L'argumentation sera ferme si ses principes sont fermes. Déjà, dans le *Monologion*, quoiqu'en ait dit Al. Koyré, Anselme fonde sa pensée de manière incontournable; il se base sur une 'privation' certaine de l'expérience humaine pour conduire à une certitude apodictique. L'argument grammatical est principal, éclairant la structure spirituelle. L'identité de l'acte n'empêche pas de penser un mouvement interne à l'Etre simple en tant qu'acte se posant activement comme acte. L'intelligence humaine accède à soi nécessairement en une altérité: il n'est pas d'acte intelligent sans la compréhension d'un objet intelligible. Cette structure réflexive prend la forme, en l'Essence souveraine, de la profération en soi du Verbe, où elle existe et subsiste (cfr 20,16-18). L'intelligence de soi est dès lors fondée ontologiquement sur la vie interne de l'Essence souverainement simple, de l'Un.

On peut disposer les étants en une hiérarchie dont le sommet est pure simplicité et la base pure complexité; la pensée humaine constitue un sommet provisoire de cette hiérarchie, là où intervient pour la première fois la présence à soi ou l'ébauche de la simplicité; en effet, la pensée se connaît appelée à la simplicité parce qu'elle reconnaît la rationalité en principe unifiante des choses qu'elle juge, en même temps qu'elle a l'intelligence de sa propre identité tendantielle; pour cela, la pensée humaine est, des choses créées, la «plus semblable» (49,10) au Verbe de l'Esprit. Cependant, elle n'accomplit pas cette intelligence à partir de soi, car elle ne tire pas de soi son verbe, mais d'une image venue de l'expérience mondaine. En effet, le verbe humain est comparable au produit d'un artisan qui a besoin du monde pour élaborer et réaliser ses projets (cfr 26,12-13). La

pensée humaine n'est pas pure origine de soi, pure expression de son
acte, ni donc son acte même; sa présence en son verbe est tendantielle; elle se connaît par un autre que soi, et non pas en son essence
propre. Seul l'Esprit souverain est à lui-même éternellement son origine; l'intelligence qu'il a de soi en son Verbe n'est autre que son Essence exprimée en son acte.

Cette problématique est apparemment essentialiste[23]. Mais,
chez Anselme, l'essence n'est pas close sur soi, concept épuisé en sa
définition; elle favorise plutôt l'acte qui contient en soi la diversité
de ses moments, comme a pu le montrer la réflexion grammaticale;
l'essence n'est pas l'opposé de l'être ou de l'acte, mais elle s'en distingue en ce que, intelligible, elle laisse resplendir en elle l'origine de
l'acte, tandis que l'acte n'est pas originé en elle.

Cette donation de l'acte en son essence s'accomplit de différentes manières, selon que l'étant est composé ou non; l'acte se donne
inadéquatement dans le cas des étants mondains, et adéquatement
s'il s'agit de l'Etre qui est à lui-même son acte purement originaire.
L'acte exercé pose de toute manière une altérité, même dans le cas
de l'Etre souverain; le Père n'est pas le Fils, qu'il l'engendre égal à
soi; en lui, il a l'intelligence de soi comme acte, don de soi, origine
absolue de tout ce qui est; mais l'altérité est ici intérieure à la simplicité de Dieu, tandis qu'elle conditionne extérieurement l'accès de la
pensée humaine à soi.

La pure présence à soi de l'Un là où il se donne son visage et
son effectivité est interprétée certes en fonction de la vie de la pensée, mais de telle manière que la psychologie de la pensée humaine
perde tout caractère fondateur. La réflexion sur l'acte, grammaticalement soutenue, conduit à écarter le modèle psychologique pour ne
voir plus dans la pensée humaine qu'un analogue, bien pauvre, de la
simplicité originelle. La pure présence à soi de l'Esprit souverain
dans le Verbe est au-delà des scissions imposées à la pensée humaine, qui s'en approche seulement (cfr 51,15) en quelque proportion.
Si l'esprit humain ne peut pas toujours dire ce qu'il comprend, «c'est
le même pour l'Esprit souverain de dire ainsi quelque chose et d'en
avoir l'intelligence» (51,1).

Les multiples arguments évoqués dans le Prologue du *Proslogion* désignent ces thèmes du Verbe et de l'image et ces analyses

---

[23] Et. GILSON, *Introduction a l'étude de saint Augustin*, 3e éd., (*Etudes de Philosophie Médiévale*) Paris, Vrin, 1949, p. 71.

grammaticale et réflexive. Leur concaténation ou leur entrecroisement est tel qu'ils sont entre eux comme les maillons d'une chaîne, intérieurs les uns aux autres, quoique distincts, de sorte qu'ils ne sont pas l'un sans l'autre et qu'ils se renvoient l'un à l'autre. L'intelligence de l'Etre originaire et celle de la pensée s'appuient mutuellement. La métaphysique élaborée en clé grammaticale est en effet éclairée par l'analogie de la vie de l'esprit; l'exercice de la pensée humaine est réfléchi à son tour à l'aide de la simplicité métaphysique.

Les thèmes glissent d'un argument vers l'autre. Nous étions montés de l'esprit vers l'Etre; nous allons comprendre maintenant l'Etre comme esprit. L'Etre peut être reçu intelligiblement par la pensée parce que la pensée, qui a l'intelligence de soi comme d'un autre, tend vers l'Etre comme vers son achèvement où elle s'identifie idéalement à soi. La pensée reçoit de cette tension vers l'Un [24] la raison de son dynamisme, c'est-à-dire de son acte. Toutefois il y a disproportion entre l'Etre et la pensée. L'articulation des mouvements, ontologique et spirituel, est rendue possible par une perception précise des rapports de la pensée à l'Etre, rapports que le *Proslogion* va explorer de façon dialectique, tandis que le *Monologion* les exprimait en recourant aux symboles augustiniens de la sainte Trinité.

Les dénominations dialectiques de Dieu dans le *Proslogion* impliquent un exercice de la *cogitatio* [25]. L'ouverture de la pensée de l'Etre, ainsi suggérée, est déjà présente au *Monologion*, en son centre fondateur. L'analyse de l'exercice mental et de la tension entre penser et comprendre, *cogitare* et *intelligere*, liée à l'analyse grammaticale, est l'instrument privilégié qui conduit à l'Etre fondateur, origine de toute intelligibilité.

La pensée reconnaît en soi une tension entre *cogitare* au moyen de multiples images et concepts et *intelligere* simplement. Le mouvement réflexif du *Monologion* articule ces deux styles de pensée [26]. «*Intelligere* est ‹...› un comprendre, qui se comprend lui-même ‹...› et qui comprend en cela que sa compréhension vient de son propre fond et de la compréhension de soi qui se voit soi-même» [27].

---

[24] *Unum aliquid* du chap. 1 (14, 7-8) devient *solus deus ineffabiliter trinus et unus* à la dernière ligne de l'opuscule (80, 12-13).

[25] 101, 3, 8, 14, 16, 18; 102, 1, 2, 9 (2x), 10; 103, 1; 104, 2; 112, 14, 15.

[26] Cfr notre *Dire l'Ineffable* [4], pp. 43-46.

[27] Kl. KIENZLER, *Glauben* [5.2], p. 233.

L'intellect réflexif exerce une présence à soi originaire et reconnue comme telle [28]; il est distinct, pour cette raison, de la *cogitatio* [29]; celle-ci est intentionnellement objective, orientée vers l'altérité, bien que mentale, alors que celui-là est pure présence immanente ou intériorité.

La *cogitatio* n'est pas l'expression verbale, mais l'acte qui produit cette expression selon ce qui veut être signifié et qui est accueilli d'abord dans la mémoire; elle est pour cela *intra nos, insensibiliter* (25,1-2), mais intentionnelle, et donc à mi-chemin entre la parole prononcée et le verbe intérieur où la 'chose' se forme mentalement. La liberté de la *cogitatio* envers l'extériorité du signe ne la libère pas du concept et de son origine; la *cogitatio* est liée au verbe mental qui naît de la mémoire [30]. Ainsi composée de mémoire originelle et intérieure et d'intention vers l'expression et l'extériorité, «la *cogitatio* ne se réduit pas ‹...› à la pensée imaginative, au domaine de la fiction; elle comprend aussi le jugement, et elle est conduite, par la confrontation de ces deux fonctions, à éprouver les limites de la fiction, à reconnaître l'exigence du nécessaire» [31]. Ajoutons que la mémoire à l'origine de la *cogitatio* est double; elle est mémoire du monde sensible et mémoire de ce qui n'est pas monté du coeur de l'homme, de ce qui n'est en rien proportionné à notre monde, la mémoire de Dieu, du Père, que nous disons *summum* en sachant bien que cette dénomination ne lui convient pas [32]; le jugement de la *cogitatio* ne suit pas de la seule expérience sensible.

Dans le *Monologion*, l'Etre est pensé selon la règle grammaticale, mais sa signification provient de l'exercice de la pensée. La pensée humaine n'est pas au principe d'elle-même; l'intelligence humaine, bien qu'elle accède immédiatement, comme par une intuition secrète, au fond de l'être, s'exerce au moyen de la pensée, de la *cogitatio*, qui n'est pas maîtresse de ses 'objets'; le rapport entre l'*intelligere* et la *cogitatio* rend compte de la tension spirituelle vers le *summum*. Le rapport de la pensée à l'être est donc réciproque et aucune instance ne se

---

[28] L'ouvrage fondamental à ce sujet demeure celui de H. KOHLENBERGER, *Similitudo* [3].

[29] J. MOREAU, *Pour ou contre* [5.3], p. 7.

[30] Cfr 52,21-22; 63,17-22.

[31] J. MOREAU, *Pour ou contre* [5.3], p. 47-48.

[32] Cfr 28,11-12 : *Unde hoc ipsum quod summa omnium sive maior omnibus quae ab illa facta sunt, seu aliud aliquid similiter relative dici potest: manifestum est quoniam non eius naturalem designat essentiam.*

EDIZIONI
PONTIFICIA UNIVERSITÀ GREGORIANA
1992

ANALECTA GREGORIANA

262. VAN ROO, William A.: *The Christian Sacrament.*
pp. VIII-196. ISBN 88-7652-652-8.   Lit. 25.000

DOCUMENTA MISSIONALIA

22. MALPAN, Varghese: *A Comparative Study of the Bhagavad-Gītā and the Spiritual Exercises of Saint Ignatius of Loyola on the Process of Spiritual Liberation.*
pp. 444. ISBN 88-7652-648-X.   Lit. 48.500

INCULTURATION

X. AA. VV.: *Cultural Change and Liberation in a Christian Perspective.* 1ª ristampa.
pp. XII-64. ISBN 88-7652-578-5.   Lit. 12.000

MISCELLANEA HISTORIAE PONTIFICIAE

60. CIPOLLONE, Giulio: *Cristianità-Islam. Cattività e liberazione in nome di Dio.* Il tempo di Innocenzo III dopo il 1187.
pp. XXXIV-554 + 8 tavole. ISBN 88-7652-649-8. Lit. 70.000

STUDIA MISSIONALIA

41. AA. VV.: *Religious sects and movements.*
pp. VIII-392. ISBN 88-7652-650-1.   Lit. 65.000

FUORI COLLANA

CONCORDANZA DEI QUATTRO VANGELI. 1ª ristampa.
pp. 264. ISBN 88-7652-404-5.   Lit. 13.500

DE FINANCE, Joseph: *En balbutiant l'Indicible.*
pp. VIII-244. ISBN 88-7652-654-4.   Lit. 28.500

DE FINANCE, Joseph: *Personne et valeur.*
   pp. VIII-256. ISBN 88-7652-653-6.   Lit. 30.000

HENRICI, Peter: *Guida pratica allo studio.* 3ª edizione aggiornata.
   pp. XII-128. ISBN 88-7652-647-1.   Lit. 10.000

HERTLING, L. – KIRSCHBAUM, E.: *Le catacombe romane e i loro martiri.* 4ª ristampa.
   pp. 276 + 8 tavole. ISBN 88-7652-321-9.   Lit. 24.000

SABOURIN, Léopold: *L'Évangile de Luc: Introduction et commentaire.*
   2ª ristampa.
   pp. 416. ISBN 88-7652-552-1.   Lit. 36.000

ŽITNIK, Maksimilijan: *Sacramenta. Bibliographia Internationalis.*
   50.000 titoli in 4 volumi rilegati.
   Vol. I, pp. XXXII-1.172. ISBN 88-7652-642-0.   Lit. 120.000
   Vol. II, pp. IV-1.084. ISBN 88-7652-643-9.   Lit. 110.000
   Vol. III, pp. IV-1.040. ISBN 88-7652-644-7.   Lit. 105.000
   Vol. IV, pp. 452. ISBN 88-7652-645-5.   Lit. 65.000

   I quattro volumi non sono separabili.
   Opera completa: ISBN 88-7652-641-2.   Lit. 400.000

È possibile sottoscrivere ordini in continuazione.

It is possible to subscribe standing orders.

Ordini e pagamenti a:

Orders and payments to:

AMMINISTRAZIONE PUBBLICAZIONI PUG/PIB
Piazza della Pilotta, 35 – 00187 Roma – Italia
Tel. 06/678.15.67 – Telefax 06/678.05.88

Conto Corrente Postale n. 34903005 – Compte Postal n. 34903005
Monte dei Paschi di Siena – Sede di Roma – c/c n. 54795.37

Analecta Gregoriana

THE CHRISTIAN SACRAMENT

WILLIAM A. VAN ROO, S.J.

EDITRICE PONTIFICIA UNIVERSITÀ GREGORIANA
ROMA 1992

Analecta Gregoriana

Cura Pontificiae Universitatis Gregorianae edita
Vol. 262, Series Facultatis Theologiae: sectio A, n. 34

This work presents a brief treatment of baptism in the New Testament, a review and evaluation of the results of efforts to elaborate a concept of sacrament, and the author's personal conception of the sacrament as a divine-human symbol.

The most significant element of New Testament teaching on baptism is the emphasis on the principal agents: God/Father, Son/Christ, and Spirit. Any satisfactory conception of the Christian sacrament must take into account the roles of the Three.

After noting the insights gained in the development of sacramental theology, from the scholastics to the Second Vatican Council, Van Roo seeks a further understanding of the sacrament. He presents a restatement and refinement of his theory of symbolizing and symbol, proposed in his work *Man the Symbolizer*, and then develops the analogy of divine-human symbolizing, within which he locates the Christian sacrament. Elaborating what he calls the incarnational principle, he develops the human roles in the sacrament: of Christ as man, of the Church, the minister, and the recipients.

The Christian sacrament is defined as an act of public worship by which Father, Son, and Holy Spirit, through the mediation of Christ as priest, the Church, the minister, and the essential symbolic action, represent the mystery of the divine saving action reaching this person, and by the actual performance of the rite consecrate and/or sanctify the person who is disposed to receive the divine gift.

Finally the author suggests implications and agenda for further theological elaboration.

WILLIAM A. VAN ROO, S.J. is a Jesuit of the Wisconsin Province in the United States. He was a professor of theology in the Gregorian University from 1951 to 1985, then professor emeritus. From 1958 to 1968 he was editor-director of *Gregorianum*. He has published several books and major articles, mostly with the Gregorian University press. His *De Sacramentis in Genere* appeared in 1957. The project of a new work on the Christian sacrament, begun in 1967, was interrupted several times for the elaboration of works dealing with prior questions. Among these *The Mystery, Man the Symbolizer, Basics of a Roman Catholic Theology*, and articles dealing with symbolizing and symbols form the real introduction to the present work. At present Father Van Roo is a resident scholar in theology at Marquette University, Milwaukee.

1992, pp. VIII-196   ISBN 88-7652-652-8   Lit. 25.000

Orders and payments to:

AMMINISTRAZIONE PUBBLICAZIONI PUG/PIB
Piazza della Pilotta, 35 — 00187 Roma — Italia
Tel. 06/678.15.67 — Telefax 06/678.05.88
Conto Corrente Postale n. 34903005 — Compte Postal n. 34903005
Monte dei Paschi di Siena — Sede in Roma — c.c. n. 54795.37

Analecta Gregoriana
260

FEMINA UT IMAGO DEI

In the Integral Feminism of
St. Thomas Aquinas

JOSEPH FRANCIS HARTEL

EDITRICE PONTIFICIA UNIVERSITÀ GREGORIANA
ROMA 1993

Analecta Gregoriana

Cura Pontificiae Universitatis Gregorianae edita
Vol. 260. Series Facultatis Philosophiae: sectio B, n. 18

Femina Ut Imago Dei develops the positive philosophy of woman which Thomas held. This philosophy, which is seen as a specification of integral humanism, is termed integral feminism. The work dispells many misconceptions about Aquinas' view of woman. These errors include the idea that woman: is a *mas occasionatus*, has no equality with man, is a slave, and is not by nature an *imago Dei*.

Femina Ut Imago Dei is divided into five parts. Part one examines the conceptual meaning of the *imago Dei*. It notes the terminology of the *imago Dei* along with general principles of *ens commune*, participation, and analogy.

Part two concerns the nature of woman in general. Topics discussed include: the distinction between male and female in philosophical grammar, reproduction in Aristotle's biology and cosmology, and St. Thomas' clarification of Aristotle's *"mas occasionatus"*.

Part three examines woman's nature is more detail. Areas discussed include: woman's physical structure, intellectual powers, and sensitive appetite.

Part four is concerned with the external factors in woman's life. Woman is shown to be a free subject and not a slave. Topics discussed include: domestic friendship, domestic justice, and the metaphysical starting point for woman's liberation.

Part five is concerned with how the *imago Dei* exists in woman's nature. Woman's entire being is shown to image God. It does so for three reasons: because of the nature of her mind, because of her intellectual powers, and because of a certain kind of *ipsum esse* she has acquired. Additional topics include: the ethical dimension of woman's *imago Dei*, the limitations and advantages of St. Thomas' integral feminism, and the relation between integral feminism and Christian philosophy.

JOSEPH F. HARTEL was born in New Orleans, Louisiana in 1952. He graduated in 1976 from Lewis University with a B.A. in Liberal Arts. In January of 1977, he began his graduate studies in Philosophy at Marquette University and received his M.A. in 1979. In 1981, he began his studies at the Pontifical Gregorian University (Rome) and in 1983 was awarded a Ph. L. in Philosophy *magna cum laude*. In 1985, he became an instructor of philosophy at Xavior University, New Orleans and, in the following year, he joined the philosophy department at Loyola University (New Orleans). In 1988, he returned to Rome and defended his dissertation and received the grade *summa cum laude*. He is currently chairperson of the Department of Philosophy and Theology at Divine Word College Seminary in Epworth, Iowa.

1993, pp. XVI-356   ISBN 88-7652-646-3   L. 45.000

Orders and payments to:

AMMINISTRAZIONE PUBBLICAZIONI PUG/PIB
Piazza della Pilotta, 35 — 00187 Roma — Italia
Tel. 06/678.15.67 — Telefax 06/678.05.88
Conto Corrente Postale n. 34903005 — Compte Postal n. 34903005
Monte dei Paschi di Siena — Sede in Roma — c.c. n. 54795.37

Analecta Gregoriana
259

CATHOLIC UNIVERSITIES
IN THE UNITED STATES
AND ECCLESIASTICAL AUTHORITY

JAMES JEROME CONN, S.J.

EDITRICE PONTIFICIA UNIVERSITÀ GREGORIANA

ROMA 1991

Since Bishop John Caroll founded Georgetown College in 1789, Catholic universities and university-level colleges, numbering today as many as 230 institutions, have had, through their training of generations of Catholic leaders and their contributions to secular and sacred scholarship, a profound influence on the life of the Church in the U.S.

Father Conn's book studies the various ways in which these institutions have related to the Church. Soon after Vatican II, the universities, most of which had been closely controlled by the sponsoring religious institutes, developed greater autonomy from them, submitted themselves to the governance of predominantly lay boards of trustees, and assumed a posture of greater distance from the hierarchy. These developments were significantly rooted in the institutions' desire to enter more fully into the mainstream of American academic life.

In the universities' effort to conserve the core of their Catholic identity, they developed a distinctively American view of Catholic university life which is reflected both in institutional structures and in various statements of U.S. Catholic academic leaders. Writing for an international audience, Father Conn examines this view against the backdrop of historical events, classical canonical doctrine, the teaching of Vatican II, and the 1983 Code of Canon Law.

Father JAMES J. CONN, S.J., a native of Philadelphia, Pennsylvania, is currently Associate Dean and Assistant Professor of Law at Marquette University in Milwaukee, Wisconsin. He holds a Master's degree in Latin and Greek from Fordham University in New York City, and in American civilization from the University of Pennsylvania. He also holds the *Juris Doctor* degree from Fordham. He studied theology at Woodstock College and canon law at the Pontifical Gregorian University where he earned his doctorate.

He taught foreign languages and literature at Gonzaga College High School in Washington, D.C., and at Loyola High School, Baltimore, Maryland, where he also served as Headmaster. At Fordham University he was Executive Assistant to the President and Director of Planning. He was also Communications Secretary for the U.S. Jesuit Conference in Washington where he served as coordinator for a 1989 assembly of 900 participants on Jesuit ministry in higher education.

1991, pp. XVI - 348   ISBN 88-7652-639-0   Lit. 45.000

Orders and payments to:

AMMINISTRAZIONE PUBBLICAZIONI PUG/PIB

Piazza della Pilotta, 35 — 00187 Roma — Italia
Tel. 06/678.15.67 — Telefax 06/678.05.88
Conto Corrente Postale n. 34903005 — Compte Postal n. 34903005
Monte dei Paschi di Siena — Sede di Roma — c/c n. 54795.37

substitue à l'autre. La *cogitatio* suit l'inspiration venue de l'*intelligere*, qui saisit purement ce que la discursivité de la pensée va approcher.

Les deux mouvements, ontologique et spirituel, sont alors articulés; l'exercice de la pensée permet l'intelligence de l'être parce que l'analyse de la *cogitatio* et la réflexion sur son exercice met en lumière l'attrait du Verbe vers l'Essence souveraine. L'homme sait l'inadéquation de son essence et de son image, en même temps que sa présence à soi; il sait qu'il n'est pas à l'origine de ce qui lui permet de se penser malgré tout lui-même, et il sait l'idéal de l'adéquation de ce en quoi il se dit. Cette intelligence primordiale permet de surmonter l'inadéquation de la pensée et de son image en affirmant l'identité de l'Essence souveraine, qui est pour soi l'origine de l'intelligibilité où elle se propose et se réalise. L'Esprit souverain se donne son visage, son Verbe en qui il se livre entièrement; son Verbe lui est consubstantiel; il est son intelligibilité effective. L'Etre par soi, qui se connaît lui-même en son Verbe, est à l'horizon réflexif de la pensée qui va de la connaissance de soi jusqu'à l'intelligence a priori de l'Etre par soi, grâce à la saisie réflexive de la vie de la pensée et de ses conditions de coïncidence, grâce aussi, et fondamentalement, à la mémoire de Dieu qui rend possible l'issue de l'effort réflexif.

On pourrait croire que cet achèvement du mouvement de l'esprit n'est qu'un idéal de la raison, un postulat né de sa forme d'unité, comme si la pensée se représentait son accomplissement plus haut qu'elle-même, en imaginait la vérité dans une forme qu'elle ne peut pas exercer elle-même simplement. Mais Anselme affirme une différence entre l'intelligibilité accessible humainement et son origine dans l'Etre. Ni l'intelligible pensé, ni la pensée pensante ne sont leur raison d'être. L'expérience réflexive n'est pas celle qui se complaît dans une simplicité absolue; elle est bien plutôt la reconnaissance d'une unité originaire, en même temps que jamais rejointe, d'une unité donc qui vient s'affirmer dans la pensée, afin que, en son intelligibilité autre que son acte simple, la pensée puisse reconnaître sa libre prévenance, qu'elle puisse se connaître en participation au Verbe.

L'affirmation de l'origine du pensé et du pensant dénie toute suffisance à l'intelligible et à la raison. Le verbe humain ou divin n'est pas sa propre origine; l'intelligence pensante n'est pas constituée à partir d'elle-même; l'essence intelligible n'est pas l'Etre, mais n'est que par l'Etre où elle se fonde. L'Un lui-même n'est souverainement intelligible que si on lui reconnaît un mouvement immanent, un éclat qui, dans son Verbe 'autre', se livre entièrement.

C'est pourquoi l'Un est une 'Essence'[33], non pas tel l'étant, le participe où se présente l'intelligibilité conceptualisée, mais comme l'Origine en acte dans son Verbe. L'Un est acte, et comme tel, il fait être intelligiblement. La pensée humaine peut comprendre cette origine et reconnaître qu'elle ne l'est pas. L'intelligence qui tend vers l'Un y reconnaît ce qui lui donne le mouvement et l'être. L'Un lui-même se livre aimablement à la pensée en abandonnant la transcendance de son Etre et en se rendant accessible à l'esprit humain par la médiation de son Verbe essentiel, perfection d'intelligibilité où il accomplit parfaitement son essence d'acte.

4. L'affirmation ontologique

La pensée humaine va de l'essence à l'acte. Elle reconnaît que son attrait vers l'Un répond à l'amabilité désirable de l'Etre. Elle sait aussi que cet attrait est formé à l'intérieur de l'Esprit qui anime le Verbe vers Celui qui l'engendre. Ce savoir réflexif de ce qui le dépasse, la créature raisonnable peut l'assumer en elle, en reconnaissant son propre mouvement, son 'pouvoir', dit le chap 68 (78,15), et en y adhérant, en le voulant. Le chemin de la pensée humaine vers l'Etre est à la ressemblance du chemin du Verbe de l'Essence tourné vers l'Etre originaire. A l'abri dans la prière du Verbe, la créature raisonnable accède à soi en adhérant à ce qui la dépasse, la constitue et lui donne d'accéder à soi par Lui et en Lui.

Les deux arguments du *Monologion*, le premier qui réfléchit le sens de l'Etre grâce à la grammaire, le second qui le réfléchit grâce à la structure de la pensée, ces deux mouvements sont imbriqués l'un dans l'autre, quoique les ch. 1 à 28 soient centrés surtout sur le premier argument, et la suite de l'opuscule sur le second. L'ordre des chapitres indique que le mouvement de la pensée doit être compris à la lumière de la métaphysique de l'Etre, et non point l'inverse. Si l'on peut interpréter le mouvement de l'Etre par celui de la pensée, c'est que, depuis toujours, l'esprit humain est intérieur à l'Esprit souverain, à l'*Esse* qui se donne son essence rayonnante. C'est alors, au terme de l'opuscule, là où viennent se tisser ultimement tous les

---

[33] Comme on l'a dit, l'essence' médiatise le verbe infinitif ou disponible et sa réalisation effective; elle est donc dynamique.

arguments, qu'Anselme reconnaît le Dieu de sa foi et qu'il invite à le vénérer (cfr 87,10). L'ouverture de la pensée à la grâce héberge notre affirmation de Dieu et notre reconnaissance pour ce qu'Il est, Dieu simple, Un et Trine.

La dynamique du *Monologion* annonce donc celle du *Proslogion*, du *quiddam maius quam cogitari potest* du ch. 15 (112,14-15). A travers la multiplicité de ces deux lieux principaux d'argument, l'image et le verbe, et grâce à ces deux argumentations, par la grammaire et par la réflexion, le premier texte d'Anselme laisse apparaître une unité en promesse, que le second texte va assumer pour elle-même. Cette unité, ou cet *unum argumentum*, réside dans la tension de la pensée, de la *cogitatio*, vers ce qui fonde son propre mouvement, l'*unum necessarium* qui signifie à l'esprit l'infinité de son désir en même temps que la présence qui l'a éveillé. Nous tenterons maintenant de méditer ce *maius* en analysant pas à pas le texte même du *Proslogion*.

II

PRIÈRE ET RAISON

1. La prière et ses sources

En présentant son *Proslogion*, Anselme demande à son lecteur de se mettre dans une juste perspective; il s'agit de chercher l'intelligence de la foi à laquelle on a adhéré. *Fides quaerens intellectum*, dit-il (94,7 [1]). Or le Docteur Magnifique affirme dans le même Prooemium qu'il entreprend de prouver (*probandum* 93,6-7) que Dieu existe vraiment et que tout le reste a besoin de lui pour exister. Le *Proslogion* veut donc déployer l'intelligence de la foi en 'prouvant' en même temps son contenu, sans que soient opposées par exclusion réciproque la foi et la construction de sa 'preuve'.

Anselme n'oppose pas la connaissance de foi et celle de la raison [2]. Pour nos contemporains, ce qui est connu vraiment est mesuré par des observations méthodiques auxquelles échappe la foi; il y a en celle-ci de l'irrationnel, du non-scientifique. Suit de là l'impossibilité de la 'preuve rationnelle de l'existence de Dieu'; Dieu n'est pas observable selon les normes de la science; nous ne le connaissons que par la foi, sans pouvoir en exhiber aucune preuve contraignante.

Vatican I, en polémique contre le rationalisme du siècle passé, a affirmé qu'au contraire on peut connaître avec certitude l'existence de Dieu [3]. Cette connaissance doit être d'ordre 'naturel'. La construction de cette connaissance est une aventure spirituelle fascinante; les difficultés faites par la mentalité rationaliste n'y enlèvent

---

[1] Et non pas: «l'intelligence cherche la foi».

[2] La discussion sur la double vérité, philosophique et théologique, naît vers 1260 à Paris sous l'influence des arabes et de leur commentateurs (Siger de Brabant); st Thomas fait écho à cette dispute dans son *De unitate intellectus*, où l'on retrouve cependant les traces non surmontées de cette division; cfr E.H. WEBER, *L'homme en discussion à l'Université de Paris en 1270*, (*Bibliothèque Thomiste*) Paris, Vrin, 1970.

[3] Pour Vatican I, Dieu «peut certainement être connu» (Dz-Sch 3004); les Pères conciliaires ont délibérément écarté le mot «prouver», proposé toutefois par les schémas préparatoires.

rien. Elle présuppose que l'homme est capable de remonter depuis
sa sphère humaine jusqu'au Créateur de tout ce qui est. Cela n'est
pas possible sans conditions; il serait absurde d'extraire l'absolu de
ce qu'il n'est pas; une preuve 'a posteriori', qui ne réfléchirait pas de
manière extrêmement affinée sur le principe métaphysique (et non
physique — mais comment les distinguer pour être encore intelligible aujourd'hui?) de causalité, ne recueille que haussement d'épau-
les; raisonnablement, d'aucuns ont pensé que cette preuve ne fonctionne qu'en théologie. Et. Gilson remarquait que, pour st Thomas,
la théologie n'est «rien d'autre que l'Ecriture Sainte accueillie dans
un entendement humain»[4]; les 'preuves' de l'existence de Dieu n'a-
boutissent qu'à cette lumière.

L'entendement humain peut tout accueillir, même ce qui le
déborde, à la condition de le recevoir selon une forme intelligible, de
le proportionner à ce qu'il peut en accueillir. C'est pourquoi la scolastique du début de ce siècle, prenant au rationalisme ses propres
armes, a parfois réduit la théologie à ses dimensions philosophiques,
et expliquer la foi par des argumentations simplement rationnelles;
en 1946, le P. Garrigou-Lagrange écrivait que les définitions dignes
de la philosophie et de la théologie ne peuvent pas être construites
«par les termes de l'Ecriture et de la Tradition»[5] qui sont trop
confus. Mais ces dérapages accidentels ne traduisent pas le sens
chrétien de l'intelligence de Dieu. Dieu est Unique. Rien de créé ne
lui est proportionné et ne le fait vraiment connaître. Mais alors, en
quel sens peut-on connaître Dieu avec certitude, et même le 'prouver', insistent quelques auteurs? En réalité, l'opposition entre l'affirmation scientifique et l'affirmation de Dieu dépend des déterminations préalables des champs de l'esprit.

On serait tenté d'opposer foi et raison comme on oppose la
proclamation surhumaine de l'Unique et les affirmations qui dispo-
sent prudemment nos lumières incertaines. Cependant, cette opposition doit être nuancée; c'est caricature pour la science de réduire la
foi à sa mesure de vérité, comme pour la foi de prétendre se substituer aux normes de la science. Une réflexion plus critique aperçoit
que le discours scientifique n'est pas sans une rationalité qui lui

---

[4] Et. GILSON, *Le thomisme*. Introduction à la philosophie de st Thomas
d'Aquin, 5e éd., (*Etudes de philosophie médiévale*) Paris, Vrin, 1945, p. 22.

[5] Dans *La synthèse thomiste*, Paris, 1946, p. 116.

échappe [6], et que la foi s'exprime de manière raisonnable pour être communiquée et entendue.

Vers les années 1930, des scolastiques ont équilibré leur aristotélisme en lisant st Augustin; Gilson comme Maritain voyait en Augustin un maître de sagesse qui complétait harmonieusement la rigueur thomiste [7]. L'intérêt actuel pour Anselme vient peut-être de ce que notre auteur précède d'un siècle et demi les disputes parisiennes sur la double vérité; mais plus fondamentalement, le lecteur affine à son contact l'intelligence de sa foi, tant sont nombreux les points touchés avec profondeur par le Docteur Magnifique. Mais Anselme n'a-t-il pas la réputation d'être rationaliste? est-il vraiment un modèle pour le croyant qui cherche l'intelligence? N'est-il pas au contraire un philosophe qui, à coup de raisonnements, finit par enlever à la foi ce qui lui est spécifique? Le *Monologion* n'a-t-il pas démontré le mystère trinitaire en s'appuyant sur la structure de l'esprit humain et sur la grammaire? La nécessité de l'Incarnation ne sera-t-elle pas prouvée dans le *Cur deus homo*? Le *De processione Spiritus Sancti* ne démontrera-t-il pas, avec toutes les ressources de la dialectique, que l'Esprit Saint procède *filioque*?

La littérature qui traite du rapport de la foi et de la raison chez Anselme est énorme. Une discussion qui prendrait çà et là quelques textes d'Anselme pour en tirer argument est inutile et sans fondement. Nous nous proposons d'approcher ce thème *in concreto*; le premier chapitre du *Proslogion*, où Anselme propose sa formule: *Credo ut intelligam*, est construit en forme de prière, tout en introduisant une réflexion raisonnable. Nous verrons ainsi comment l'exigence d'intelligence naît du coeur même de la foi.

Mais avant de lire ce chapitre paragraphe par paragraphe, nous verrons d'abord pourquoi introduire l'opuscule de cette manière priante; puis nous examinerons quelques sources possibles de ces pages.

Si on lit le *Proslogion* comme une oeuvre mystique et si on oppose raisonnements sur la nature et sur la grâce, les termes de *ratio*, d'*intellectus*, de *cogitatio* qui y sont utilisés doivent avoir une signifi-

---

[6] Dans leur livre sur *L'évolution des idées en physique* [(*Petite bibliothèque Payot*) Paris, Payot, 1963, pp. 275-276], A. EINSTEIN et L. INFELD parlent de la foi du savant.

[7] Cfr le débat sur le concept de 'Philosophie Chrétienne', le 21 mars 1931, à la *Société française de Philosophie*.

cation peu rationnelle [8]. Mais cette opposition moderne ne convient
pas à Anselme. La lecture mystique du *Proslogion* fait perdre la rigueur authentique de sa démonstration.

Le lien anselmien de la réflexion et de la foi peut être saisi en
considérant que le *Proslogion* suit le *Monologion* sans le remplacer.
Il faut lire ces textes l'un après l'autre; le premier texte laisse de côté
toute référence au Credo, tandis que le second se déploie au sein
d'une prière; en allant du *Monologion* au *Proslogion*, on va ainsi de
la réflexion à la prière. Toutefois le dernier chapitre du *Monologion*
invite à la prière, à la vénération de l'Essence souveraine nommée
Dieu pour la première fois dans cet opuscule (86,18). Dieu se donne
à l'homme qu'il a créé à son image; en le vénérant et le priant, nous
répondons adéquatement au don qu'il fait de soi; c'est pourquoi,
précise le *Monologion*, la prière ne demande rien à Dieu qui soit à
recevoir, mais elle lui dit notre amour et nous ouvre à sa bonté.
Mettons en évidence le rythme littéraire qui articule ce passage du
ch. 80 du *Monologion* (86,21-23):

venerandam propter eius	*pro sua dignitate*
eminentem dignitatem...	*venerandum*
exorandam ...	*pro qualibet re*
imminentem necessitatem.	*deprecandum.*

L'amour envers Dieu est rappelé de nouveau vers la fin du chapitre; la prière est décrite en effet comme un geste d'amour: *solum
‹...› debet diligendo venerari et venerando diligere* (87,9-10). Le
Monologion se termine donc par un appel à une relation d'amour
envers Dieu. Cela n'est pas qu'édifiant. En effet l'esprit humain accède à ce qu'il est, image de Dieu, en exerçant des attitudes spirituelles. La prière est l'exercice 'droit' [9] de l'esprit qui, créé à la similitude de Dieu et recevant de lui tout ce qu'il est, s'ouvre à lui pour en
accueillir l'amour. La prière répond au don de Dieu; elle accomplit
donc le mouvement dynamique de l'esprit que le *Monologion* déployait en montant progressivement vers la signification complète
du *Summum omnium quae sunt* [10].

---

[8] Dom Anselm Stolz, 'Zur Theologie' [13.5.1], pp. 30-39.

[9] Pour Anselme, est 'droit', de manière générale, ce qui agit conformément à
sa nature, à ce qu'il est. Ce thème essentiel de la *rectitudo* a été étudié avec pénétration par Dom R. Pouchet, *Le 'rectitudo'* [3].

[10] 15, 12, 22-23; 16, 27-28; 18, 3.

Des requêtes spéculatives balisaient l'ascension du *Monologion*.
La raison articulait son chemin de sorte qu'elle n'en réduisait aucun
moment à l'une de ses normes logiques, car elle n'engendre pas ce
vers quoi elle tend. Elle accomplit son essence en reconnaissant l'origine de son attrait, en l'aimant, et en s'y donnant dans la prière. La
prière naît donc à ce moment où la raison reconnaît l'origine de son
élan [11]. Le dernier chapitre du *Monologion* indique le centre simpli-
fiant de la dialectique rationnelle. La prière a une fonction intellectuelle. Elle permet à l'esprit d'atteindre ce vers quoi il tend.

Le *Proslogion* ne remplace pas le *Monologion*; il en réfléchit la
simplicité de manière plus décidée; il approfondit ce que l'appel à la
prière, à la fin du *Monologion*, manifestait déjà: entre l'acte de penser et le *Summum*, il y a une unité de don et d'accueil. Le *Proslogion*
n'est pas un nouvel habit pour un argument ancien; il réfléchit plutôt ce qui lui donnait son élan et sa ferveur.

Nous n'insisterons pas sur les abondantes sources bibliques de
ce ch. 1; le repérage des citations a été fait, et bien fait, par Dom
Schmitt, dans son édition des *Opera omnia*. Nous nous arrêterons
seulement sur une hypothèse d'une source patristique précise; la discussion sur cette source permettra de mettre en lumière quelques
thèses fondatrices du *Proslogion*.

Selon S. Vanni Rovighi [12], le premier chapitre du *Proslogion*
pourrait s'inspirer de la *Confessio Theologiae* de Jean de Fécamp; A.
Wilmart en a publié un extrait de 12 lignes dans *Auteurs spirituels et
textes dévôts* [13], en le datant d'environ 1017, quand Jean [14] est
nommé prieur de Fécamp; aux origines de ce texte, le savant bénédictin croit reconnaître les *Confessions* où Augustin raconte la 'vision d'Ostie' (IX,X,25). Il faut noter cependant de grandes différences entre ces textes et la prière d'Anselme.

Augustin, inspiré par Plotin, construit son texte en dialectique
ascendante, en insistant d'abord sur le silence intérieur de l'esprit:
«Si en quelqu'un faisait silence le tumulte de la chair, silence les

---

[11] Cfr A. Forest, 'Une philosophie orante' dans *Etudes philosophiques*, 1952,
pp. 321-329.

[12] S. Vanni Rovighi, *San Anselmo* [3], pp. 19-20.

[13] Paris, Bloud et Gay, 1932, pp. 135-136. Une partie de ce texte, à partir de
la ligne 5, a été publiée dans la P.L. 40, 953, au milieu d'un texte appelé *Manuale*
(ch. 3, c, depuis la ligne 4 jusqu'à la fin), attribué au temps de Migne à Anselme, à
cause de l'édition de Gerberon.

[14] Né à Ravenne; profès à Dijon; prieur puis abbé de Fécamp; mort en 1078.

images de la terre et des eaux et de l'air, silence même les cieux, et si l'âme aussi en soi faisait silence et se dépassait ne pensant plus à soi, silence les songes et les visions de l'imagination, si toute langue et tout signe et tout ce qui passe en se produisant faisaient silence en quelqu'un absolument» (*Confessions* IX,X,25). Jean de Fécamp invite également au silence: «*Silent cuncta, tranquilla sunt omnia*» [15].

Anselme reprend le même thème, mais avec des accents beaucoup plus bibliques. Le premier paragraphe du chapitre évoque le tumulte des pensées (97,5), les lourds soucis (97,5), les tensions laborieuses (97,6) de la vie. Mais s'il invite à se recueillir, ce n'est pas en raison de la distance qui sépare le Créateur des créatures ou de la soumission du créé devant le Très-Haut; tandis qu'Augustin en prière se hausse au-dessus de soi pour rejoindre le principe de toute chose, le Créateur qui n'est rien de ce qu'il a créé, Anselme écoute plutôt la Parole du Seigneur: «entre dans ta chambre, et ferme ta porte» (Mt 6,6). Augustin veut entendre par-dessus lui-même la voix du Créateur parlant «seul, non par ‹les créatures› mais par lui-même» [16], et Anselme repose tranquillement l'esprit dans la paix de la réflexion intérieure.

Augustin parle aussi d'un ravissement: *Rapiat et absorbeat et recondat in interiora gaudia spectatorem suum* (*Confessions* IX,X,25); pour Jean de Fécamp: *totus spiritus, ex desiderio visionis pulchritudinis tuae accensus, in invisibilium amorem rapi se videt* (lg. 10-12); pour ces deux auteurs donc, le 'ravissement' signifie l'entrée béatifiante dans le mystère divin. Mais Anselme ne parle pas d'un tel ravissement; quand il utilise le mot ailleurs, c'est en le considérant négativement; l'âme, ravie par le mauvais, a été conduite en exil [17].

Une différence similaire est manifeste à propos de la joie. Chez Jean, les joies sont données en contemplant les mystères divins, à partir de ces mystères; mais chez Anselme, elles naissent lorsqu'on

---

[15] Lg. 11 de l'édition de Wilmart. Le même éditeur signale un autre texte de Jean de Fécamp, son *Manuale*, qui suit de très près le rythme des *Confessions* d'Augustin : «*Taceat, quaero, tumultus carnis ‹...› somnia, imaginariae revelationis, omnes linguae, omne signum et quicquid transeundo fit; sileat sibi et ipsa anima et transeat a se, non cogitando se*».

[16] AUGUSTIN, *Confessions*, IX, X, 25.

[17] Le mot 'ravir' vient 1 fois dans le *Monologion*, au ch. 8 (p. 26, lg. 16), dans le contexte d'une abstraction mentale : nul ne peut 'ravir' (c'est-à-dire ignorer) de son expérience que l'effet a besoin d'une cause; dans le *Proslogion*, le mot ne se trouve pas; il sera très utilisé dans le *De casu diaboli*, non par hasard.

s'adonne à la méditation intérieure[18]. Enfin, dernier thème commun traité différemment, le poids et la lourdeur. Pour Jean, *ipsa carnis sarcina minus gravat ‹...›, pondus mortalitatis et miseriarum more solito non hebetat* (lg. 7-9). Pour Anselme, ce sont les iniquités, non la chair, qui appesantissent l'âme (100,5-6); la 'chair' n'est pas péché parce que 'chair'[19].

Si on accepte donc la suggestion de S. Vanni Rovighi, et il le faut puisque il y a trop de traits communs entre le *Confessio* de Jean et notre chapitre du *Proslogion*, on conclut que l'abbé de Fécamp a eu une influence seulement matérielle sur Anselme.

A. Wilmart signale encore une lettre de Jean de Fécamp à l'impératrice Agnès (vers 1063-1064), inspirée peut-être par Grégoire le Grand[20]. Anselme connait les écrits du saint Pape[21], surtout ses *Moralia in Job*. La lettre à l'impératrice n'ignore pas le thème grégorien de l'inaccessibilité de la lumière divine, auquel font écho les ch. 1 et 16 du *Proslogion*[22]; cependant, le mot 'inaccessibilité' ne vient pas dans la lettre éditée par Wilmart; par contre, celle-ci s'arrête aux thèmes généraux de l'expulsion du Paradis et de l'aveuglement, que l'on retrouve aussi chez Anselme (99,4-5).

2. *Prière et recherche*

Nous lirons maintenant l'un après l'autre les six paragraphes de ce ch. 1. Nous verrons que le texte progresse par une nécessité interne dont nous aurons à apprécier les 'raisons'. Nous prenons ensemble maintenant les deux premiers paragraphes; ils font naître la recherche intellectuelle du coeur même de la prière; nous verrons dans le point suivant les quatre autres, qui rencontrent la difficulté de l'entreprise.

> Allons! Maintenant, pauvre homme, fuis un moment tes occupations, cache-toi un peu de tes pensées tumultueuses. Défais-toi maintenant de tes soucis pesants, et remets à plus tard tes tensions labo-

---

[18] *In secreto meo* (99,11); *intimis meis* (99,12); *cordis mei* (99,13). On verra la fécondité de ces vues sur la joie en lisant les derniers chapitres du *Proslogion*.

[19] Cfr J. GOLLNICK, *Flesh* [3].

[20] Lettre publiée dans P.L. 147, 456 a-d; A. Wilmart, à propos de st Grégoire, renvoie à P.L. 75, 711 sq (*Moralia in Job*, V, § 57-62), bien que les liens entre ces deux textes soient plutôt lâches.

[21] Cfr Dom A. STOLZ, 'Das Proslogion' [13.1].

[22] P. 98,4(2x),5,10; 112,19.

rieuses. Libère-toi quelque peu pour Dieu, et repose-toi quelque peu en Lui. Entre dans la cellule de ta pensée, exclus tout, hormis Dieu et ce qui t'aide à le chercher; porte fermée, cherche-le. Dis maintenant, tout mon coeur, dis maintenant à Dieu: Je cherche ton visage, Seigneur, je le recherche (97,4-10).

L'auteur de l'opuscule commence par monologuer, en faisant sienne l'invitation du Seigneur de l'Evangile à prier le Père dans le secret (cfr Mt 6,6); en effet, le *Proslogion* n'est pas un monologue où l'âme se dit seulement à elle-même ses difficultés spéculatives[23]. Dès les premières lignes de l'opuscule, nous savons qu'il est écrit et donc à recevoir en présence de Celui en qui resplendit le Père.

Le destinataire du discours est un «pauvre homme» (97,4), agité par des pensées tumultueuses et des soucis variés. Cet homme a besoin de repos. Où pourra-t-il le trouver? C'est ce que lui annonce le message.

Ce message tient en peu de mots: chercher le visage de Dieu en se soumettant à quelques conditions. Pour une première lecture du texte, l'homme qui reçoit l'invitation biblique doit faire silence pour entendre la Parole; mais une lecture plus attentive fait découvrir que ce silence est suivi d'une parole: après l'appel à l'écoute vient une invitation qui renverse les termes du 'proslogue'; le «pauvre homme» n'a pas seulement à recevoir le message, il doit accomplir une action, et une action verbale: dire à Dieu.

Mais cela semble impossible. En effet, et à ce niveau de message le *Proslogion* prend vraiment son élan, Dieu est absent. D'où une contradiction vécue à l'intérieur de la prière, contradiction surmontée toutefois dans l'activité priante et donc posée comme paradoxe, dont la 'recherche' est l'émanation. En effet la prière s'adresse nécessairement à quelqu'un, sans quoi elle ne serait pas raisonnable; une prière qui ne s'adresse à personne n'est pas une prière. Mais en même temps, la prière reçue de la Parole de Dieu constate l'absence divine: le priant cherche un visage qu'il ne connaît pas. La présence et l'absence de Dieu sont révélées à partir de l'Ecriture, de la Parole. Tel est le paradoxe initial, fondement de la recherche du *Proslogion*.

Ce chapitre superpose l'expérience intellectuelle et l'expérience spirituelle, comme si la recherche intellectuelle allait exercer une

---

[23] Cfr 94,12-13: *'Monologion', id est soliloquium* ‹...› *'Proslogion', id est alloquium.*

forme de désir spirituel. Les mots qui signifient cette recherche sont centraux dans le ch. 1; ils en désignent l'objet spécifique.

> Et maintenant, Toi Seigneur mon Dieu, enseigne à mon coeur où et comment Te chercher, où et comment Te trouver (98,1-2).

La séquence *docere-quaerere-invenire* (98,2-3) vient au début du § 2 et vers la fin du § 5 (100,8-10). Comme elle n'existe pas ailleurs dans le *Proslogion*, elle semble définir les extrémités d'un ensemble littéraire unifié qui commente et explicite le Psaume: «Je cherche ton visage». Analysons chacun de ces termes.

Invenire et *docere* répondent l'un à l'autre; *invenire* connote la rencontre du visage recherché; cette rencontre pourrait résulter d'un enseignement (*docere*); l'enseignement, avec sa manière intellectuelle, vient manifester le 'visage' recherché.

Le contexte est dialectique. La recherche ne progresse pas en suivant simplement le rythme des élans de l'âme; chez Anselme, la raison est plus dialectique que contemplative [24]; elle est plus retenue que la raison augustinienne tendue vers la vision de l'Aimé au terme d'une ascension spirituelle. Pour Augustin, la sagesse parfaite est le Verbe; l'intellect s'accomplit donc en contemplant la Parole; pour Anselme, les médiations rationnelles sont à respecter; l'intelligence de la foi consiste à rendre compte de la foi devant ceux qui n'en partagent pas la plénitude. Pour cela, la raison a un rôle propre; elle défend la foi contre l'impie grâce aux instruments de la dialectique [25].

Sur ce point, Anselme est définitivement novateur. Son siècle connut diverses hérésies qui, sans être ouvertement athées, engageaient un profond remaniement de la signification commune du Credo. Le *Proslogion* a été composé vers 1076; peu auparavant, vers 1050, Bérenger ne comprenait pas comment la substance du pain pouvait se modifier en eucharistie [26]; vers 1080, Roscelin ne comprendra plus comment 'plusieurs' sont 'un' Dieu [27]; en chacune de ces difficultés, la réflexion sur le langage ou la dialectique oppose à la foi des déterminations qui la vident de son contenu. Il s'agit donc de faire entrer les mots qu'offre le dictionnaire nouveau de la dialectique dans le cadre des significations du Credo.

---

[24] Cfr H. DE LUBAC, 'Seigneur' [13.7], pp. 215-216.
[25] Cfr *Epistola* 136.
[26] Cfr J. DE MONTCLOS, *Lanfranc et Bérenger* [2].
[27] Cfr l'*Epistola de Incarnatione Verbi* d'Anselme (4,5-9).

Ce travail est complexe. Il y a une réalité à signifier, qui transcende le langage humain et ses jeux spontanés de signification, mais
qui ne peut pas être atteinte autrement que par le langage commun;
il faut donc forcer le langage commun pour lui faire dire ce à quoi il
ne semble pas immédiatement destiné. La difficulté est que ce travail
sur le langage est énoncé grâce au langage, car nous n'avons pas
d'autre instrument que celui-là; il faut donc sculpter celui-ci pour
qu'il puisse signifier ce qui ne s'y présente pas comme une chose
soumise aux lois du monde. Cependant, et telle est l'option d'Anselme, la dialectique est capable d'indiquer d'elle-même ce qui la déborde; par conséquent, elle est capable de s'ouvrir à une transcendance. Le travail sur le langage est intérieur au langage, parce que le
langage en est capable si toutefois il est illuminé de l'intérieur de
lui-même. La réflexion accueille les mots de nos langues et les affine
pour qu'ils entrent dans un contexte qui ne leur est pas naturel mais
qu'ils portent déjà comme en secret. La dialectique, mise au service
du mystère de la foi, ne peut cependant pas se rendre maître de ce
qui la dépasse. Tel est le projet du *Proslogion*.

Dans cette oeuvre, le mot *quaerere*, qui vient du Ps 27,8 et parallèles, a une portée dialectique; il ouvre l'espace de la recherche
raisonnable. Dans le Prooemium, le mot *quaerere* a un sens
constant; il s'agit de chercher (93,5,11; 94,1,7) un unique argument
(93,6), qui exprime l'intelligence (94,2,7) de ce qui est cru (94,2),
compte tenu de la foi elle-même (94,7). La signification intellectuelle
de *quaerere* est ainsi soulignée par 'argument' et 'intelligence'. Le
mot vient surtout dans le ch. 1; nous l'analyserons dans un instant.
Signalons-en quelques usages ultérieurs.

Le ch. 9 entrecroise des thèmes bibliques et des exigences rationnelles; il rend hommage au mystère en conjoignant des qualités
divines contraires dont il montre les liens nécessaires: *iuste et misericors deus* (dialectique des propriétés contraires), *cuius lucem quaero*
(thème biblique), *adiuva me, ut intelligam quod dico* (108,8-9). Dans
le ch. 14, le contexte est aussi dialectique, mais avec un aspect nouveau: ce que je cherchais, c'est Dieu; je l'ai trouvé, mais en même
temps je ne l'ai pas trouvé (111, 13); l'opposition nécessaire n'est
plus établie ici entre des concepts contraires; elle traverse intérieurement l'esprit du chercheur. Plus loin, au ch. 18, l'opposition est encore intérieure au chercheur; il voulait la joie mais a trouvé le trouble (113,18-19); il cherchait et n'a pas trouvé (114,7,8‹2x›); cette
contradiction, proche du Psaume 27,8-9 cité en 114,9-10 («c'est ta

face que je cherche; ne me cache point ta face»), signifie que l'esprit est séparé de son essence. Enfin, au ch. 25, Anselme demande au «pauvre homme» pourquoi, «en cherchant les biens de l'âme et du corps, il se laisse tirer dans tous les sens» (118,15-16); la contradiction est au coeur de la volonté humaine.

Cette contradiction donne élan à la recherche intellectuelle. La réflexion ou la recherche assume la tension de l'esprit; au ch. 14, l'âme avait trouvé ce qu'elle cherchait, mais en même temps, il lui fallait chercher plus loin; malgré l'*invenire* (111, 8-21), le mouvement spirituel n'a pas atteint son accomplissement. Mais peut-il jamais l'atteindre? N'y a-t-il pas à chercher un enseignement toujours plus haut, dans la lumière inaccessible évoquée au ch. 16?

Revenons au ch. 1. Le mot *quaerere* vient au début du § 2 et à la fin du § 5, comme nous l'avons déjà dit; on le trouve aussi dans le § 4: *requiem quaerebam in secreto meo* (99,11), là où la discours manifeste une tension intérieure profonde. Dans le § 2, le contexte est celui du Psaume 27,8: «Je te cherche» (98,2,3, 11), «je cherche ta face» (98,6). Anselme insiste sur le dynamisme affectif de cette recherche: ton serviteur «se dispose à te chercher, et il ignore ton visage» (98,11-12); mais la recherche ne suit pas la pente de l'affection; se nourrissant de la profondeur biblique du *quaerere*, elle prend la forme d'une enquête dialectique; elle n'est pas accomplie dans une vision immédiate; le *Proslogion* construit patiemment ses concepts comme une médiation bénie où s'indique progressivement l'accès au visage de l'Aimé; après le ch. 14, l'ouverture indéfinie de cette recherche, et donc sa médiation nécessaire, deviendra manifeste.

Quant à *vultus*, il exprime dans le *Monologion* 76,16 le vis-à-vis découvert dans un miroir, c'est-à-dire la «similitude ou l'image» (76,15). Dans le *Proslogion*, le mot ne vient que dans le Psaume (97,9,10,12; 114,9) où il signifie la personne de Dieu.

La recherche du visage divin passe donc par la médiation de la dialectique; elle dépend d'un enseignement (ch. 1-14), puis d'un désir, d'un amour indéfini intérieur à l'acte de foi (ch. 14-26).

> Seigneur, si tu n'es pas ici, où Te chercherai-je absent? Si cependant tu es partout, pourquoi ne Te vois-je pas présent? Mais certainement tu habites la lumière inaccessible. Où est la lumière inaccessible? Comment accéderai-je à la lumière inaccessible? (98,2-5).

Celui qui parle est celui auquel le § 1 s'adressait; on suppose qu'il est «entré dans sa chambre» (97,7), qu'il a fait la paix en lui, qu'il prononce la Parole: «je cherche ton visage». Le paradoxe montré plus haut s'approfondit. En effet, si l'Ecriture est parole de Dieu, et est-elle autre pour Anselme?, on ne peut la dire qu'en Dieu. Or si on la dit en Dieu, pourquoi demander de voir le visage divin? N'est-il pas présent? Celui qui prie devant Dieu est-il en exil, loin de lui (98,8-9)? Le Psaume lui-même impose ce contraste paradoxal. Si on perçoit la présence de Dieu comme une absence, la question se pose de comprendre cette absence en tant que présence. Celui qui parle est en présence de l'Absent.

L'interlocuteur du priant est nommé trois fois: *domine, deus meus* (98,1,7,12; cfr Jn 20,28). Anselme révèle aussi son affection tendre et son coeur brisé en disant simplement: *domine meus* (98,12-13) à Dieu qui l'enseigne (98,1), qui le conduit (98,5), qui se laisse trouver bien qu'il habite une lumière inaccessible (98,4-5). Soulignons le contraste des attributs divins; la lumière est inaccessible pour qui prie en Dieu; mais si Dieu est inaccessible, à qui s'adresse la prière?

La contradiction ainsi exercée dans la prière ne peut pas être supprimée; elle est inévitable; il faut donc l'intégrer dans le dialogue avec Dieu, fidèlement à sa Parole scripturaire. Par quels signes (98,5-6) aller vers la lumière quand celle-ci, nous le croyons, est inaccessible? Le priant demande à Dieu qu'il agisse et accomplisse sa création, car le paradoxe est insupportable: «J'ai été fait pour te voir, et je n'ai pas encore fait ce pour quoi j'ai été fait» (98,14-15). Pour que le priant accomplisse son destin, il lui faut le secours de Dieu.

> (Ton serviteur) désire ardemment te trouver, et il ne sait ton lieu. Il aspire à te chercher, et il ignore ton visage. Seigneur, tu es mon Dieu, tu es mon Seigneur, et je ne t'ai jamais vu. Tu m'as fait et fait à nouveau. Tu as ammassé pour moi tous mes biens, et je ne te connais pas encore. Puis, j'ai été fait pour te voir et je n'ai pas encore fait ce pour quoi j'ai été fait (98,10-15).

Le priant développe ce qu'il avait demandé à la fin du § 1: voir le visage du Seigneur. Les mots qui évoquent la vue sont maintenant nombreux. L'âme est aveugle; Dieu est absent; mais l'aveuglement de l'âme n'empêche pas une relation personnalisée, bien qu'incompréhensible: *tuus longuiquus exsul* (98,8), *servus tuus* (98,8-9). Cette appartenance mystérieuse oriente la recherche de l'intérieur: *accedere ad te desiderat* (98,10). L'âme, laissée à elle-même, ne voit Dieu nulle part; mais elle jouit déjà des arrhes promises, car pourrait-elle désirer Dieu si elle n'était pas 'tien'? La question vers l'Absent est pleine de sa Présence.

A cette vérité spirituelle répond une impasse logique. Le *Proslogion*, né du paradoxe de la prière, a un sens cohérent si Dieu peut se présenter à travers son inaccessibilité même. Comment penser l'absence de Dieu, sinon à l'intérieur de sa Parole où le priant écoute et accueille l'affirmation de son absence? En entrant dans la prière, le priant sait qu'il n'en est pas l'origine. Le texte du Psaume a été entendu et accueilli; il est de Dieu. La foi cherche alors à comprendre son paradoxe, c'est-à-dire la venue de Dieu en l'affirmation de sa transcendance.

Le croyant prie en présence de l'Absent. Anselme paraît à ce moment sombrer dans le pessimisme: l'inaccessibilité de Dieu pourrait être pensée en termes de péché; nous verrons que, cependant, Anselme récuse ce pessimisme; l'inaccessibilité est en effet le signe de la libre magnificence de Dieu et non du péché de l'homme; Dieu est inaccessible à cause de sa bonté, non à cause de notre péché.

3. Supplication

Le monologue redevient la forme littéraire des §§ 3 et 4. L'âme est séparée du Désiré; le priant ne prie plus; le dialogue est suspendu; pour le pécheur, Dieu est absent, radicalement et sans espérance.

Il est traditionnel de dire que le péché originel a provoqué la chute des hommes dans le malheur (98,16-23); cette chute en quelque sorte primordiale est archétypique; nous y prenons place avec Anselme et tous ceux qui prient (98,23-99,7), exilés dans l'obscurité, loin de l'Aimé. La réflexion expose son objet à l'aide d'antithèses que nous ne pouvons pas commenter toutes; la première donne la clef des autres: du bonheur au malheur. Tous les thèmes capables d'exprimer la chute adamique sont ici entrecroisés: pain des anges et pain des douleurs, satiété et faim, lumières et ténèbres, vie et mort, patrie et exil, vue et aveuglement, joie de l'immortalité et amertume de la mort. En résumé, chute «d'un si grand bien en un si grand mal» (99,6).

Après cette cascade d'antithèses qui décrivent de manière impersonnelle la situation humaine, Anselme reprend la parole à la première personne du singulier; il assume, ainsi que son lecteur, ce qui a été dit, car cela le concerne directement.

Mais hélas, moi, misérable, l'un des autres misérables fils d'Eve éloignés de Dieu, qu'ai-je entrèpris? qu'ai-je achevé? A quoi ai-je tendu? Où suis-je arrivé? A quoi ai-je aspiré, en quoi est-ce que je soupire? J'ai cherché les biens, voici le trouble. J'ai tendu vers Dieu, et j'ai échoué sur moi-même. Je cherchais le repos en mon secret, et j'ai trouvé tribulation et douleur en mon intime. Je voulais rire de la joie de ma pensée, je suis réduit à rugir du gémissement de mon coeur. L'allégresse était espérée et voici d'où les soupirs s'accumulent (99,8-14)!

Le § 4 attribue à l'homme qui cherche la face de Dieu les conséquences dues au péché adamique. *Tendebam, aspirabam, quaerebam, volebam*, tout cela qui est né de l'écoute de la Parole est voué à l'échec. Mais le péché ne rend compte de l'inaccessibilité divine qu'à condition de suspendre la prière, comme le font précisément les §§ 3 et 4; l'âme qui ne prie pas, qui refuse de reconnaître la présence paradoxale de l'Absent, exerce très réellement son état de péché; la conscience de l'inaccessibilité de Dieu provient alors de la fermeture de l'âme sur elle-même et non de la transcendance divine. Mais l'obscurité de l'âme pécheresse n'explique pas du tout pourquoi et comment Dieu est inaccessible pour celui qui accueille saintement sa Parole en le priant. Le péché ne suffit pas à donner l'intelligence de l'inaccessibilité de Dieu dont il faut dès lors trouver une explication nouvelle.

Pauvre, je suis venu vers le riche, misérable vers le miséricordieux; que je ne m'en retourne pas, vide et méprisé. Et si je soupire avant de manger, donne quand même, après les soupirs, que je mange. Seigneur, je ne peux, courbé, que regarder vers le bas, redresse-moi pour que je puisse tendre vers le haut. Mes iniquités dépassent ma tête ‹et› m'enveloppent; comme un poids pesant elles m'appesantissent. Dégage-moi, décharge-moi, que leur abîme ne presse sa bouche sur moi (100,2-7).

Le § 5 revient au style dialogal; cela signifie que la situation du pécheur est dépassée; le priant s'ouvre de nouveau à Dieu en Celui qui restaure la créature. Comment s'est rétabli ce dynamisme de l'orant? Anselme ne l'explique pas. Il sait seulement qu'il est possible, même pour le pécheur, de prier à l'intérieur de la Parole de Dieu. De la sorte, les §§ 3 et 4 constituent un problème à résoudre ultérieurement; le péché n'explique pas l'inaccessibilité de Dieu et il n'empêche pas la prière. La méditation du *Proslogion* sera tout entière consacrée à ce problème; il y a une obscurité radicale de Dieu à l'intérieur même de la foi.

> Qu'il me soit permis de lever les yeux vers ta lumière, même de loin, même des profondeurs. Enseigne-moi à te chercher, montre-toi à celui qui te cherche, car je ne peux pas te chercher si tu ne me ‹l'›enseignes pas, ni te trouver si tu ne te montres pas (100,8-10).

La solitude de l'âme est surmontée dans l'activité priante. Sans le pardon de la faute adamique, le priant ne pourrait pas prononcer 'droitement' la Parole de l'Ecriture; les chapitres qui traitent de la justice et de la miséricorde divine (les ch. 8 à 11) ont ici leur enracinement. L'âme qui ne se lie pas à Dieu volontiers dans la prière est incapable d'accueillir l'enseignement divin et de se laisser guider jusqu'à trouver ce qu'elle désire du plus profond d'elle-même; de plus, pour aimer vraiment, droitement, elle doit se laisser toucher par la grâce qui la renouvelle et la redresse. Dieu est libre, magnifique don de soi sans autre principe que soi, amour sans autre raison que soi[28]; il est le Seul qui puisse se donner entièrement à celui qui l'aime, au-delà des limites de celui-ci, en un pur acte gracieux, d'une façon qui déborde amplement qui le reçoit.

Le priant parle à son Ṣauveur. Cela n'aurait aucun sens si le salut ne lui était pas offert, car il n'est en aucune façon assez digne pour être en présence de Dieu. Il ne peut rendre compte par aucun mérite de la possibilité de sa prière. La grâce qui recrée le pécheur est la 'condition de possibilité' de la prière confiante du Psaume: *Exaudi, illumina, ostende*, en redressant ce qui, dans l'âme, est courbé et l'empêche de voir en haut: *Restitue te nobis* (99,19). Anselme prie, selon l'Ecriture; c'est donc que la prière est possible; c'est donc qu'est déjà accomplie la nouvelle création. La prière anselmienne accueille précisément la symbolique d'une nouvelle création: *obsecro*, dit-il trois fois en quelques lignes (99,21-23), «donne-moi cette grâce d'un bon repas»:

> Je me suis avancé, famélique; que je ne reparte pas sans repas ‹...›. Et si je soupire avant de manger, donne quand même, après les soupirs, que je mange» (100,1-4).

> Que je te cherche en désirant, que je ‹te› désire en cherchant. Que je ‹te› trouve en aimant, que je ‹t'›aime en trouvant (100,10-11).

Le paragraphe se termine plus sereinement. Anselme demande humblement l'enseignement comme une grâce adaptée à l'âme qui, pécheresse, est effectivement capable de prier, mais qui ne sait pas

---

[28] Cfr H. U. von Balthasar, 'Anselme' [10].

qui prier, ni comment. On retrouve maintenant le mot *docere*. L'enseignement accompagne l'enquête; il s'achève lorsque, dans l'amour,
est trouvé ce qui était cherché. Les expressions d'Anselme sont précises et leur construction nette:

> *nec quaerere te possum nisi tu doceas*
> *nec invenire nisi te ostendas.*
> *Quaeram te desiderando, desiderem quaerendo,*
> *Inveniam amando, amem inveniendo* (100, 9-11).

L'enseignement divin accompagne et guide donc la recherche.
On comprend alors pourquoi Anselme se confie à l'usage de la dialectique. L'âme pécheresse est en exil loin de son Seigneur; si elle
n'est pas en sa présence, elle ne peut pas le prier; mais si elle le prie,
c'est qu'elle peut être en sa présence bien que pécheresse, soumise au
destin infligé à l'humanité par la désobéissance adamique. Il doit
donc y avoir une modalité de présence divine à l'âme qui s'est éloignée de son Créateur. Cette modalité, ce sera l'enseignement donné
par l'Aimé; l'Ecriture dans laquelle prie le pécheur est la source de
cet enseignement. Mais il y a plus. Anselme reçoit la dialectique
comme une grâce. L'intelligence est capable de s'approcher de l'Aimé par les moyens qui sont proportionnés à son état.

Le sixième et dernier paragraphe indique le chemin à suivre
pour que la demande du Psaume soit exaucée.

> Je confesse, Seigneur, et je rends grâce parce que tu as créé en moi
> cette image de toi pour que, me souvenant de Toi, je pense à toi, je
> t'aime. Mais ‹cette image› est si effacée par le frottement des vi-
> ces, si obscurcie par la fumée des péchés, qu'elle ne peut faire ce pour
> quoi elle a été faite, à moins que tu ne la rénoves et ne la réformes
> (100,12-15).

Le priant sait qu'il est l'image de Dieu; il connaît le *Monologion*[29]. Il se rappelle aussi l'inquiétude qui avait accompagné sa
méditation, car sa recherche n'avait pas été en harmonie avec la
simplicité de son 'objet'[30]. Il est conscient qu'il prie, intérieurement

---

[29] Cfr le ch. 67 du *Monologion*; à partir de là, le premier ouvrage d'Anselme
déploie une représentation trinitaire à l'image de la structure de l'âme. Le *Proslogion* ne reprend pas ces thèmes du *Monologion*; cela ne signifie pas qu'ils soient
ignorés; au contraire, ils sont assumés en leur signification profonde, mais d'une
manière originale.

[30] Cfr le 'Prooemium' du *Proslogion*: «Comme souvent, avec ardeur, je tour-
nais ma pensée sur ce (point), ce que je cherchais me semblait parfois pouvoir être

à une présence gracieuse. En cette grâce, il désire comprendre le don qui lui est fait de pouvoir prier. Pour cela, il rend grâce à Dieu son sauveur, à l'interlocuteur qu'il ne voit pas, mais qui se donne à lui sans raison, en sa Parole grâce à laquelle la prière est possible. Son interlocuteur est l'origine de toute grâce, spécialement de la connaissance qu'il donne de soi dans la prière.

> Je ne tente pas, Seigneur, de pénétrer ta Hauteur, car je ne lui compare nullement mon intelligence; mais je désire connaître quelque peu ta Vérité, que croit et aime mon coeur. Et je ne cherche pas non plus à connaître pour que je croie, mais je crois pour que je connaisse. Car je crois aussi cela: que si je n'avais pas cru, je ne connaîtrais pas (100,15-19).

On reconnaît dans les dernières lignes de ce texte la traduction d'Isaïe 7,9 [31] dans la LXX reprise par la Vulgate; Augustin a souvent commenté ce verset [32]; pour Anselme, la foi n'est pas une adhésion à des notions; elle est une vie, une communion avec l'Eglise qui proclame le Credo. «La pratique chrétienne est indispensable à l'intelligence de la foi, parce qu'elle illumine le regard en opérant la nécessaire purification du coeur» [33]. Cette pratique ouvre l'espace concret de la recherche intellectuelle. A celui qui refuse la communion au Credo de l'Eglise, pour qui le Credo n'a pas la signification reçue en Eglise et qui propage l'hérésie, il n'y a pas à expliquer le contenu de la foi [34]. Mais la foi connaît en elle-même un moment d'obscurité telle qu'Anselme accepte de discuter avec l'*insipiens* pour qui «Dieu n'existe pas».

Le message est constitué par une demande et un constat. La demande touche le désir, et le constat l'amour. On articule ainsi ces catégories en suivant le rythme de la phrase anselmienne (100,17-18):

> *desiderare, intelligere* = recherche intellectuelle.
> *credere, amare* = don de la présence amoureuse.

---

déjà saisi, et parfois fuyait tout à fait du regard de mon esprit; désespérant à la fin, je voulus cesser comme (s'il s'agissait) de rechercher une chose impossible à trouver» (93, 10-13).

[31] Qui dit littéralement: «Si vous ne croyez pas, vous ne vous maintiendrez pas» (traduction de la seconde édition de la *Bible de Jérusalem*).

[32] Cfr Et. GILSON, *Introduction à l'étude de st Augustin*, (*Etudes de philosophie médiévale*) Paris, Vrin, 1932.

[33] H. BOUILLARD, *Comprendre ce que l'on croit*, (*Intelligence de la foi*) Paris, Aubier-Montaigne, 1971, p. 19.

[34] Cfr *Epistola* 136.

Ces deux registres sont distincts. Le premier évoque l'absence de Dieu et l'interrogation ouverte à un terme; le second est celui de la présence de Dieu, de la paix qui accompagne aussi sa recherche; c'est le registre de l'amour, qui s'épanouit dans l'acte de foi. La recherche de l'Absent se déploie en sa présence amoureuse.

Le priant s'approche de Dieu quand celui-ci le restaure grâce à la mort et la résurrection du Seigneur Jésus à qui va la foi et l'amour d'Anselme. *Credo.* Mais dans le *Proslogion*, la Croix du Seigneur n'est pas présente comme un argument effectif; la thématique reste assez proche du *Monologion* et du Verbe éternel, comme nous le verrons. Le *docere* convient au Verbe au don duquel répond le travail de l'intelligence. Ce travail est intérieur à la grâce s'il est possible malgré le péché; la médiation de la recherche intellectuelle est dès lors perçue comme un don; elle prend l'aspect d'une offrande de la grâce. *Ut intelligam.* Seulement ainsi, Celui qui habite une lumière inaccessible peut se manifester et entrer dans nos mots.

4. *Le rythme du Proslogion*

La recherche intellectuelle de st Anselme est intérieure à sa foi et son amour de Dieu. Elle est donc théologique. Dans le *Proslogion*, Dieu est *id quo maius cogitari nequit* (ch. 2-4), *maius quam cogitari possit* (ch. 15). La magnificence divine n'est pas proportionnée à nos prises. L'enquête intellectuelle, dès lors, tâtonne tranquillement dans la nuit; elle est guidée intérieurement par un grand désir. L'amour de Dieu offert en communion étonne et émerveille la pensée créée. L'intelligence ne parvient pas à se rendre adéquate à ce don, mais elle sait son impuissance; elle sait ce qui la dépasse et travaille à déployer ce savoir. Nous pouvons à partir de là caractériser les étapes les plus importantes du *Proslogion*.

La vérité recherchée par l'intelligence est en Dieu; on la découvre en écoutant la Parole, en lisant l'Ecriture et en professant le Credo. Dans la tradition monastique, la réflexion sur cette vérité d'alliance suit les voies de l'anagogie et de l'action de grâce liturgique. Mais «à l'intérieur de ‹la› contemplation mystique, ‹Anselme› introduit systématiquement le point de vue de l'incroyant; ce qui l'amène à remplacer l'anagogie par une dialectique rationnelle. L'*intellectus fidei* devient, selon l'expression si fréquente et si caractéristique d'Anselme, recherche de la *ratio fidei*, c'est-à-dire du sens de la foi en tant qu'il est manifeste pour tout esprit, même in-croyant»[35] (cfr ch. 2-4 du *Proslogion*).

La réflexion spirituelle suit l'enseignement divin et accueille le silence à l'origine de la Parole. Elle laisse venir en elle un abîme et se connaît quelque connivence avec l'athée qui n'entend rien. Le tra-vail de l'intelligence dialectique montre que nos mots sont ouverts à une réalité en laquelle ils reçoivent une surabondance de sens à condition de s'effacer. Cette réalité, au-delà du mot, peut être toute-fois dite. La tâche de l'intelligence est de conquérir dialectiquement un accès à cette surabondance (ch. 5-13).

Dieu est plus grand; les impasses dialectiques de l'intelligence qui cherche à le penser ne concernent que l'intelligence, non pas Dieu, rayonnant en sa simplicité. L'intelligence tente alors de se sur-monter elle-même, d'accéder à une rationalité nouvelle où elle pour-ra dire, de façon raisonnable, ce dont rien de notre monde n'est la mesure: Dieu est éternel (ch. 14-22).

L'intelligence sait qu'elle ne sait pas. La plénitude attendue, la vision du Bien Aimé n'est pas à sa mesure. Le *Proslogion* insiste sur la limite du bonheur acquis par l'effort intellectuel, qui a laissé, au-tant que possible, l'Ineffable s'inscrire sur son chemin. Au terme de son opuscule, Anselme appelle l'espérance. Celle-ci «constitue l'in-termédiaire efficace entre la pure audition de la foi et la présence à laquelle le contemplatif aspire»[36]. L'intelligence touche alors son extrême limite et reçoit la plénitude de son attente joyeuse (ch. 23-26).

---

[35] H. BOUILLARD, *op. cit.*, p. 22.
[36] H. BOUILLARD, *op. cit.*, p. 28.

DEUXIÈME PARTIE

MAIUS NIHIL

III

L'ARGUMENT ONTOLOGIQUE

Les ch. 2 à 4 du *Proslogion* exposent la 'preuve ontologique' de l'existence de Dieu. Quoi qu'il en soit de la signification kantienne [1] du mot 'ontologique', on note sa composition en *ontos*, génitif du grec *on* qui signifie 'étant' [2], et *logos*, que traduit 'parole' ou 'verbe'. Est donc 'ontologique' ce qui concerne l'étant et la parole. Le génitif *ontos* est subjectif et objectif, désignant à la fois l'étant qu'est le *logos* de façon immanente et celui que vise le *logos* comme son horizon transcendant. Nous allons voir maintenant, avant de nous attacher à la lettre d'Anselme, comment les interprétations classiques de l'argument ontologique' tranchent dans ce double rapport, le rendant ainsi partiel.

1. Les interprétations classiques

Présentons tout d'abord cet argument dans sa forme la plus scolaire:

1. Il y a, au moins dans l'entendement, quelque chose dont on ne peut rien penser de plus grand.

2. Même s'il est dans l'entendement, ce quelque chose de plus grand dont on ne peut rien penser de plus grand peut être pensé aussi être dans la réalité.

---

[1] L'expression 'argument ontologique' vient chez Kant pour la première fois dans son 'Unique fondement possible d'une démonstration de l'existence de Dieu' (1763, dans *Oeuvres Philosophiques* t. 1, ‹La Pléiade› Paris, Gallimard, t. 1, p. 432). Cfr D. Henrich, *Der ontologische* [5.3]; F. Alquié, *La critique kantienne de la métaphysique*, Paris, P.U.F., 1969, pp. 108-120; A. Philonenko, *L'oeuvre de Kant*, t. 1, Paris, Vrin, 1969, pp. 305-311.

[2] Le mot 'étant' a aujourd'hui mauvaise presse philosophique; il signifierait la représentation ou la définition dont l'homme a l'entière disponibilité; dans ce contexte, le *logos* serait une faculté de représentation; l'argument ontologique ferait donc de Dieu une représentation qui aurait pour consistance ce qu'offrirait l'intention de nos significations objectivantes. Il va de soi qu'Anselme n'envisage pas parler de Dieu de cette manière.

3. Etre pensé aussi dans le réalité est plus grand qu'être pensé seulement dans l'entendement.

4. Donc il existe, à la fois dans l'entendement et en réalité, quelque chose dont rien de plus grand ne peut être pensé.

Les interprétations de l'argument ontologique concernent en général cette forme résumée. En 1934[3], Dom Cappuyns, après avoir classé les interprétations favorables en «interprétation par atténuation de la rigueur démonstrative ‹...›, interprétation psychologique ‹...›, cosmologique ‹...›, théologique[4], affirme que toutes ces interprétations renvoient à la même faute logique: elles tirent l'existant du pensé; c'est pourquoi, gênées par quelque prétention illégitime, elles concluent souvent par quelque manière d'excuse.

Une certaine scolastique ne peut pas comprendre l'argument spirituellement; pour elle, Anselme dispose sa preuve en «déduisant l'existence réelle par voie d'analyse logique, de la notion du plus grand pensable»[5]. On ne voit alors dans l'*id quo maius* qu'un concept inerte, synthèse d'éléments juxtaposés, susceptibles d'être soumis à l'analyse qui suffirait pour y trouver l'existence. Mais le point de départ d'Anselme est-il vraiment un concept de ce genre? De cette question préjudicielle dépend l'intelligence de l'argument ontologique.

Contre l'avis défavorable de la scolastique, des philosophes parmi les plus grands ont reconnu l'excellence de l'argument. M. Blondel assume avec ferveur sa forme globalement cartésienne déterminée par l'idée de perfection: l'idée de parfait «est, pour nous, moins une *vue* qu'une *vie*. Elle ne résulte pas d'une spéculation; elle est liée à tout le mouvement de la pensée et de l'action. Elle n'est pas un abstrait, mais un acte, qui fait agir. Elle n'est pas un idéal dont on prétendrait extraire le réel, mais un réel dans lequel on trouve un idéal»[6].

Ne nous étonnons pas de trouver de si fortes oppositions entre les interprétations de l'"argument ontologique' qui, pour les uns, dé-

---

[3] M. CAPPUYNS, 'L'argument' [13.5.1].

[4] *Id.*, p. 315.

[5] *Id.*, p. 329.

[6] M. BLONDEL, *L'action* (1893), (*Bibliothèque de Philosophie Contemporaine*) Paris, P.U.F., 1950, p. 348. La forme cartésienne de l'argument n'est pas anselmienne; l'idée de 'parfait' n'intervient pas en effet dans le *Proslogion*, comme nous aurons encore l'occasion de le dire; le glissement de l'*id quo maius* au 'parfait' est indicatif du changement moderne de mentalité.

compose un concept formel et qui, pour d'autres, est 'vie'. Comment en effet des philosophes seraient-ils neutres là où on articule le rapport de la parole et de l'étant? Décider pour ou contre telle ou telle forme de l'argument ontologique, c'est prendre une décision sur les principes de la réflexion philosophique. Nous le montrerons en exposant les interprétations classiques, d'abord défavorables, puis favorables à cet argument. Il est entendu que l'analyse de l'argument anselmien n'est pas engagée ici; celui-ci a eu en effet l'étrange destin de provoquer l'adhésion ou le refus sans que le texte soit étudié littéralement. L'histoire de l'interprétation de l'argument aura l'avantage d'affiner l'intelligence de ses enjeux.

Dès sa divulgation, l'argument est controversé. Gaunilon, un moine de Marmoutier par ailleurs inconnu, écrit à Anselme une lettre où, «en faveur de l'insensé» (125,5), il attaque les trois chapitres du *Proslogion* qui exposent le fameux argument. Gaunilon demeure modeste; il ne déclare pas que la pensée du prieur du Bec est inconsistante; il en demande seulement une présentation «plus robuste» (129,24). La missive de Gaunilon est «illisible», selon dom Cappuyns [7]; son étude attentive ne nous est pas possible ici; elle exigerait une analyse serrée de la dialectique qui y est mise en oeuvre. Nous nous contenterons d'y repérer la forme de toutes les critiques négatives postérieures: l'argument sauterait du pensé au réel, du *logos* à l'existant, sans prendre garde à l'illégitimité de ce passage.

Pour Gaunilon, l'argument anselmien vise à la preuve [8]; dans son Prooemium, Anselme parle aussi de preuve, ce qui n'était pas le cas du *Monologion* [9]. Or comment prouver une existence à partir d'une idée? Selon Gaunilon, «il est nécessaire qu'il me soit certain d'abord que ce 'plus grand' soit en réalité vraie quelque part, et alors seulement, de ce qu'il est plus grand que tout, il ne sera plus douteux qu'il subsiste en effet en lui-même» (128,11-13). Gaunilon déplace les accents mis par Anselme; la preuve peut conclure que Dieu existe par soi, mais seulement en considérant la disproportion qu'il y a entre les existants déjà là et intérieurs à un ensemble homogène et la grandeur unique de Dieu [10].

[7] 'L'argument' [13.5.1], p. 328.
[8] *Probari* (125, 4).
[9] *Ad se probandum* (93, 6-7).
[10] La position de Gaunilon, au fondement des dialectiques ascendantes qui procèdent par voie d'accumulation et sans négation, suit des principes qui ne sont pas ceux d'Anselme.

S. Thomas suit l'opinion de Gaunilon. Habituellement, l'Aqui-
nate ne nomme pas le Docteur Magnifique lorsqu'il attaque son argument, sans doute par déférence[11]. Sa critique est cependant vive:
l'argument sauterait du *logos* à l'étant. Certes, il est possible de
prouver que Dieu existe en remontant des effets à leur cause, mais il
est illégitime d'en tirer l'existence à partir d'une définition nominale.
En effet, «pour prouver qu'une chose existe, on doit prendre comme
moyen non sa définition, mais la signification qu'on lui donne, car,
avant de se demander ce qu'est une chose, on doit se demander si elle existe»[12]. Appliquons ce principe à la définition anselmienne de
Dieu: «Admettons que tous donnent au mot Dieu la signification
qu'on prétend, à savoir celle d'un étant tel qu'on n'en puisse concevoir de plus grand; il s'ensuit que chacun pense nécessairement
qu'un tel étant est dans l'esprit comme appréhendé, mais nullement
qu'il existe dans la réalité. Pour pouvoir tirer de là que l'étant en
question existe réellement, il faudrait supposer qu'existe en réalité
un étant tel qu'on ne puisse en concevoir de plus grand, ce que refu-
sent précisément ceux qui nient l'existence de Dieu»[13]. On le voit,
la critique de Thomas reproduit celle de Gaunilon: prouver l'existence d'un étant par sa seule définition, toujours quelque peu relative, ne convient pas à Dieu; il faut d'abord concéder l'existence d'un
étant ainsi défini, et admettre ensuite que son concept ou sa définition signifie l'existence qui est irréductible à sa représentation.

Dans ses commentaires sur s. Thomas, Et. Gilson comprend
semblablement l'argument anselmien. L'édition de 1923 du *Thomisme* déclare: «L'existence nécessaire qui appartient à l'être tel qu'on
ne puisse concevoir de plus grand n'est donc nécessaire que dans notre entendement et une fois la définition précédente posée; mais il ne
s'ensuit nullement que cet être conçu possède une existence de fait et
en réalité»[14]. Dans l'édition de 1945, cette appréciation n'est pas
modifiée substantiellement: «L'*est id quo* et le *sic esse* du texte de

---

[11] Cfr H.L. JANSSENS, 'Saint Thomas' [11.3.1], p. 291. Quand, dans ses premiers écrits comme le *De veritate* 10, 12 ou le *Commentaire des Sentences*, I, 3, 1, 2,
ad 4, saint Thomas cite Anselme, il pense que, pour lui, Dieu est *per se notum* grâce
à sa définition.

[12] St THOMAS, *Somme Théologique*, I, 2, 2, ad 2. Par 'signification', il faut entendre la réalité que vise le concept, où cette réalité vient à être présentée.

[13] *Id.* I, 2, 1, ad 2; cfr *Contre les Gentils* I, 2, *deinde*.

[14] Et. GILSON, *Le thomisme*. Introduction à la philosophie de saint Thomas
d'Aquin, 2e éd., (*Etude de Philosophie Médiévale*, 1) Paris, Vrin, 1922, p. 42-43.

saint Anselme remplissent ici une fonction nécessaire, car c'est bien
la modalité de l'être divin qui fonde la nécessité de son existence
dans une doctrine où l'existence est fonction de l'essence. Pas un
instant nous ne sommes sortis du plan de l'essentialité» [15]. Entre ces
deux éditions du *Thomisme*, Et. Gilson avait publié un long article
sur 'Sens et nature de l'argument de saint Anselme' [16], qui scrutait
l'oeuvre de K. Barth, *Fides quaerens intellectum*; Gilson jugeait que,
selon Anselme, «la nécessité où se trouve la raison d'affirmer une
existence possible garantit pleinement le fait de cette existence» [17];
cependant, d'une part, «il n'y a pas de pensée vraie sans un objet
auquel elle se conforme et qu'elle énonce tel qu'il est» [18], et d'autre
part, on ne peut dire inversement qu'une pensée a un objet dès
qu'elle est vraie; si «toute pensée vraie implique la réalité de son
objet ‹...›, l'existence est un prédicat comme les autres» [19],
c'est-à-dire un contenu de pensée qui présuppose malgré tout l'étant
où il existe réellement.

Le problème doit être traité en référence à la noétique d'Anselme. Et. Gilson interprète donc le *Proslogion* en fonction du *De
veritate*, mais avec une perspective scolastique. En fait, comme le
pense J. Rassam, l'interprétation du *De veritate* par Gilson n'est
pas exacte: «Le *De veritate* n'affirme nulle part que la nécessité rationnelle d'une proposition dérive de la nécessité de l'essence affirmée, mais bien au contraire que la vérité d'une proposition a sa
cause en dehors d'elle dans l'existence de ce qu'elle affirme» [20].
D'ailleurs, pourquoi chercher dans une mauvaise lecture du *De veritate* une solution à un problème mal posé? Est-il vrai qu'Anselme
tire l'existence de Dieu à partir d'une analyse conceptuelle, laquelle
ne peut que mettre à jour les notes nécessaires des représentations
ou des définitions?

La *Critique de la raison pure* de Kant formule la même attaque
à partir du même point de vue. «La nécessité absolue des jugements
n'est pas une nécessité absolue des choses. En effet, la nécessité absolue du jugement n'est qu'une nécessité conditionnée de la chose ou

---

[15] *Id.*, 5e éd., Paris, Vrin, 1945, p. 78.
[16] Et. GILSON, 'Sens' [13.5.1], pp. 5-51.
[17] *Id.*, p. 9.
[18] *Id.*, p. 10.
[19] *Id.*, p. 13.
[20] J. RASSAM, 'Existence' [15], p. 334.

du prédicat dans le jugement»[21]. Or l'«être n'est évidemment pas un prédicat réel, c'est-à-dire un concept de quelque chose qui puisse s'ajouter au concept d'une chose»[22]; l'existence n'est donc qu'un élément parmi d'autres de l'idée intelligible; c'est pourquoi, du point de vue de la science ou de l'idée, «le réel ne contient rien de plus que le simple possible. Cent thalers réels ne contiennent rien de plus que cent thalers possibles»[23]. Que l'existence transcende la pensée ne semble avoir aucune importance pour l'analyse scientifique. D'ailleurs, s'il n'en était pas ainsi, l'idée ne serait pas adéquate à ce qu'elle vise et rien ne serait plus intelligible.

Les diverses critiques entendues s'enracinent toutes dans une même pré-compréhension de l'argument anselmien; celui-ci déduirait indûment l'existence de Dieu d'un concept en analysant ses éléments constitutifs. Mais cette perspective ne se préoccupe pas de savoir si l'acte de penser l'*id quo maius* a quelque importance pour constituer la nomination de Dieu; elle met de côté l'activité spirituelle qui sous-tend l'intelligence de l'argument[24]; de cette abstraction résulte un concept formel, logiquement décomposable; l'analyse de ce qui n'est que formel, sans intériorité spirituelle, aboutit inévitablement à l'abstrait, non au réel. La conclusion des critiques sont entièrement proportionnées aux prémisses restrictives qu'elles s'imposent. L'étude de la validité de l'argument, dès lors, reflue vers une critique des critiques et de leur présupposés originaires. Nous ne pouvons pas, dans le cadre de notre étude, faire plus qu'engager une telle critique: la désignation de Dieu est-elle ce concept que veulent voir ses critiques?

Les interprétations favorables voient dans l'argument autre chose qu'un concept simplement rerprésentatif. Les critiques négatives faites à Anselme disent en somme que l'être ne vient pas du *logos*, car celui-ci, purement formel, n'a pas d'être. Anselme, répon-

---

[21] Em. KANT, *Critique de la raison pratique*, dans *Oeuvres Philosophiques*, t. 1, (*La Pléiade*) Paris, Gallimard, 1980, p. 1211.

[22] *Id.*, p. 429.

[23] *Ibid.*

[24] Telle est l'essence de la critique que fait le P. Maréchal à Kant: «La perception réflexive du dynamisme interne de la connaissance tient tellement à l'intime de l'analyse critique, que l'on éprouve quelque déception à constater le flottement, du moins apparent, de la doctrine de Kant sur ce point» (*Le point de départ de la métaphysique*, t. 5, 2e éd., (*Museum Lessianum*) Bruxelles et Paris, Editions universelle et D.D.B., 1949, p. 62.

dant à Gaunilon, affirme ne pas mélanger 'être en réalité' et 'être en pensée'; il n'est pas fou et ne prend pas ses idées pour des réalités. Le *Proslogion* distingue d'ailleurs le concept *in intellectu* et la chose *in re*. Comment peut-on lui objecter de les confondre? Ne serait-ce pas que les critiques ne parviennent pas à surmonter l'abîme qu'elles établissent entre le réel et le *logos*? Le réel ne serait-il donc qu'objectif, et le concept subjectif? N'y aurait-il pas d'être au *logos*, ni de *logos* à l'étant?

Les philosophes de l'esprit adhèrent à l'argument anselmien en le renouvelant. Descartes prétend prouver l'existence de Dieu en considérant l'ordre des perfections. Dans sa troisième *Méditation*, il distingue comme n'importe qui est sensé une idée subjective et le réel objectif; il montre que seule l'idée de Dieu ne peut venir du sujet, qu'elle a donc dans l'esprit une valeur objective. Les critiques adressées à Descartes répètent celles de Gaunilon. L'auteur des Méditations les connaît fort bien et s'en prévient. Dans ses *Premières Réponses*, il se range à l'avis de st Thomas, cité nommément, à propos de la «faute manifeste en la forme» [25] de l'argument. Pourtant il confirme la validité de sa pensée, en glissant d'un processus de dialectique ascendante à la démonstration par l'idée claire et distincte de Dieu: «Mon argument a été tel: ce que nous concevons clairement et distinctement appartenir à la nature, ou à l'essence, ou à la forme immuable et vraie de quelque chose, cela peut être dit ou affirmé en vérité de cette chose; mais après que nous avons soigneusement recherché ce que c'est que Dieu, nous concevons clairement et distinctement qu'il appartient à la vraie et immuable nature qu'il existe; donc alors nous pouvons affirmer avec vérité qu'il existe. Ou du moins la conclusion est légitime» [26].

Descartes retrouve ainsi, par delà le nominalisme, le *topos* augustinien de la pensée ouverte à la vérité et normée par sa nécessité spirituelle et non logique. Il peut donc poursuivre sa *Réponse*: il appartient à l'essence de Dieu d'être effectivement, et non possiblement, c'est-à-dire non seulement *in intellectu*, mais aussi *in re*. Dès lors le philosophe affirme la légitime nécessité de l'idée de Dieu dont la mesure n'est pas subjective. Ce que je conçois clairement et distinctement est, dans le cas de Dieu, une règle pour la pensée plus qu'un concept dont on pourrait déterminer les ingrédients.

---

[25] DESCARTES, *Premières Réponses*, éd. Adam et Tannery, vol. 9, p. 91.
[26] *Ibid.*

Hegel interprète l'argument ontologique dans son *Encyclopédie des sciences philosophiques*. Après avoir jugé «grossière» la critique de Kant, il légitime l'ambition de la preuve ontologique à l'aide de sa compréhension spécifique du concept; le rapport du concept à l'être est, dans le cas de Dieu, immanent au concept qu'il constitue par là dans l'être. «Dieu est absolument l'être qui ne peut être pensé que comme existant, et dont la notion renferme l'être. C'est cette unité de la notion et de l'être qui constitue la notion de Dieu. Ce n'est là encore, il est vrai, qu'une détermination formelle de Dieu, qui, pour cette raison, ne contient en réalité que la nature de la notion elle-même. Mais il est aisé de voir que la notion, même dans cette existence tout-à-fait abstraite, contient déjà l'être. Car, si elle a d'autres déterminations, elle a aussi, et à plus forte raison, celle suivant laquelle elle se produit par la suppression de la médiation, et par suite elle renferme le rapport immédiat avec elle-même; ce qui est précisément l'être» [27].

Concluons ce trop bref survol des principales interprétations classiques de l'argument ontologique. Il est assez frappant de voir que celles-ci ne lisent guère le texte d'Anselme; elles se concentrent sur le thème général du rapport de l'être et du *logos*, refusant ou articulant ce rapport suivant leurs présupposés. En fait, ces interprétations poussées à leur limite extrême perdent toute justification. Ceux qui nient que l'idée puisse indiquer l'étant n'en retiennent que le complexe conceptuel immanent à la conscience, sans considérer son ouverture synthétique vers le réel; vont-ils cependant nier que l'être soit pensé raisonnablement, qu'il s'offre donc à l'esprit de manière intelligible et immanente? Nous pensons ce qui est, et qui n'est pas pour autant qu'un concept mental. Si on tient compte de l'intention de l'esprit que porte la désignation dialectique de Dieu *id quo maius cogitari nequit*, si on y connaît autre chose qu'une définition mesurée comme toute représentation du sensible, nous devrons accorder quelque excellence aux tentatives cartésienne ou hégélienne.

Les tentatives favorables à l'argument sont plus réalistes que les autres, en quoi on les dira 'idéalistes', mais elles ne confondent pas le concept avec la chose; ces tentatives, qui ne méprisent pas le bon sens, savent que les concepts de perfection portent plus que la pen-

---

[27] G.W. HEGEL, *Encyclopédie des sciences philosophiques en abrégé. Logique*, §51. Remarque, trad. A. Vera, Paris, 1874, p. 323. 'Notion' est équivalent à 'concept'. Les *Leçons sur la philosophie de la religion*, qui datent de 1831, un an après l'*Encyclopédie*, développent notre citation.

sée ne mesure. Par contre, les interprétations qui enferment le concept anselmien *in intellectu* se rendent incapables de percevoir le mouvement de transcendance qui oriente vers une transcendance; elles s'obligent ainsi à un contrat avec le réel dont le prix est son inintelligibilité.

Cependant, les tentatives cartésienne ou hegélienne rendent-elles compte du passage du concept au réel, puisque passage il y a malgré tout — dans le seul cas de Dieu toutefois? La preuve cartésienne par l'idée de parfait est écartée par Anselme [28], même si des commentateurs importants prétendent l'identifier dans ses écrits [29]. L'idée de perfection revient encore chez Hegel [30]. La force de l'argument anselmien réside moins dans l'idée de perfection que dans le déploiement de la médiation spirituelle par laquelle on affirme légitimement l'existence de Dieu.

2. *L'introduction à l'argument*

Nous disions plus haut que le mouvement de l'esprit vers ce qui le dépasse répond à un acte hors duquel la pensée devient absurde. Nous ajoutons maintenant que ces deux actes d'attrait et de réponse sont accordés l'un à l'autre. La tenue en compte de cet accord est la condition d'une juste intelligence du *Proslogion*. Notre analyse devra cerner de manière précise les constituants de la pensée en acte, leur corrélation et leur fondation en ce qui l'attire. Mais avant tout, dégageons les grandes articulations des chapitres de l'argument anselmien.

Le texte est divisé en trois chapitres, dont les titres, d'Anselme lui-même [31], indiquent l'objet ainsi que la progression. Le ch. 2 est intitulé *Quod vere sit deus* ('Que Dieu, véritablement, est'). L'expression *vere esse* n'est pas réservée à Dieu; tout ce qui est, est 'vrai-

---

[28] Cfr notre *Dire l'Ineffable* [4], p. 70, à propos de Boèce.

[29] «Dieu est ‹...› l'être absolument parfait, l'être réalisant la plus haute perfection concevable, le plus parfait être possible, l'*ens quo maius cogitari nequit*» (Al. KOYRE·, *L'idée* [5.3], p. 200).

[30] G.W. HEGEL, *Les preuves de l'existence de Dieu*, trad. de N. Niel, (*Bibliothèque Philosophique*) Paris, Aubier, 1947, pp. 242-243.

[31] Anselme prend grand soin de ses titres; le choix de 'monologion' et de 'proslogion' est raconté dans le Prooemium du *Proslogion* (94, 8-13); des notes destinées aux copistes invitent parfois à transcrire soigneusement la suite des titres des chapitres qui suivent le Prooemium, par exemple dans le *Cur deus homo* (43, 4-5).

ment'; le ch. 36 du *Monologion* expose la modalité de ce *vere*: «toute substance créée est plus vraie dans le verbe ‹...› qu'en elle-même» (55,4-6); 'est vraiment' donc, dans le premier texte d'Anselme, ce qui est dans le principe, selon l'analogie de l'acte mental; *vere esse* signifie alors concorder avec son intelligibilité originelle. Dans le *Prologion*, la perspective est différente; le ch. 3, et non le second, démontre la nécessité pour la pensée de l'affirmation du *vere esse*; par contre, pour le ch. 2, *vere esse* signifie 'être vraiment', c'est-à-dire autrement que *in intellectu* seulement.

Quod non possit cogitari non esse ('Qu'on ne peut pas penser qu'il n'est pas'), titre le ch. 3 où l'on déclare devoir penser discursivement ce qui a été saisi dans le chapitre précédent. Selon Et. Gilson, «le chapitre 3 du *Proslogion* ne doit sous aucun prétexte être considéré comme séparable du chapitre 2 ni inversément» [32]. Ces deux chapitres sont en effet comme l'envers et l'endroit d'une unique argumentation. Le ch. 2 considère la vérité 'objective' de l'existence de Dieu ('Que Dieu existe vraiment') et le ch. 3 sa vérité 'subjective' ('je dois dire que Dieu existe'); toujours selon le même auteur, «la nécessité d'affirmer l'existence de Dieu n'est qu'une imitation, par mode de connaissance, de la nécessité intrinsèque de l'existence réelle de Dieu» [33]; le ch. 3 déploierait donc, en écho sur la pensée subjective, la portée objective de l'affirmation de Dieu montrée au chapitre précédent.

K. Barth propose un principe de distinction un peu différent. Le ch. 2 prouve l'existence de Dieu «d'une manière générale: Dieu n'est pas seulement dans la pensée, mais en face de la pensée. Dans la mesure où il n'est pas seulement 'dedans', mais aussi 'dehors' (*in intellectu et in re*), il est 'véritablement' (du point de vue de l'homme)» [34]. Le ch. 3 prouve, lui, que l'existence de Dieu est unique: «Dieu est véritablement d'une façon unique: celle de l'être qui est en même temps l'origine et le fondement de tout ce qui existe en dehors de lui et à côté de lui — et, de ce fait, l'origine et le fondement de toute vérité de la pensée d'une chose existante, quelle qu'elle soit» [35].

---

[32] Et. GILSON, 'Sens' [15.3.1], p. 13.
[33] *Id.*, pp. 13-14.
[34] K. BARTH, *La preuve* [5.3], p. 90.
[35] *Id.*, p. 90-91.

Nous montrerons comment les ch. 2 et 3 articulent effectivement les existences particulières dans une existence commune, l'existence de Dieu ayant aussi tous les traits d'une existence générale,
mais avec un nécessité unique; cette nécessité sera mise en évidence
par l'articulation de l'*intellectus* et de la *cogitatio*, c'est-à-dire de l'intelligence (ch. 2) et de la pensée discursive (ch. 3); le caractère unique de l'existence de Dieu sera souligné par la nécessité de l'accord
entre ces deux instances, accord nécessaire dans le seul cas de l'affirmation de Dieu.

Notons la complexité de la composition du ch. 3. Anselme semble clore son argumentation au milieu, quand il écrit: «Et toi, Seigneur notre Dieu, tu es cela» (103,3), c'est-à-dire «quelque chose
dont on ne peut pas penser de plus grand» (103,1); en disant ainsi, il
répond à la question posée au début du ch. 2: «Donne-moi ‹...›
que je comprenne que tu es comme nous croyons, et que tu es ce que
nous croyons. Et assurément nous croyons que tu es quelque chose
dont on ne peut rien penser de plus grand» (101,3-5). Le second paragraphe du ch. 3 ne traite plus de la seule existence de Dieu, mais
de la norme de jugement qu'impose le rapport de création.

Le ch. 4 confirme alors ce qui a été montré par un argument
par l'absurde: *Quomodo insipiens dixit in corde, quod cogitari non
potest* ('Comment l'insensé a-t-il dit dans son coeur ce qui ne peut
être pensé'). Selon Barth, le ch. 4 «met en lumière la thèse opposée
‹aux ch. 2 et 3›: il n'y a pas de Dieu»[36], en réfléchissant sur «la
possibilité de la négation de l'existence de Dieu»[37]. Anselme y
rend compte du discours ‘athée’ en montrant qu'il ne tient droit
paradoxalement qu'à condition de reconnaître la vérité de l'existence de Dieu.

Après avoir ainsi brossé à grands traits les axes majeurs des ch.
2 à 4, nous pouvons commencer notre analyse. Les trois premières
lignes du ch. 2 introduisent l'argument en présentant le concept anselmien de Dieu.

> Donc, Seigneur, ... (101,3)

Le chapitre commence par une adresse au Seigneur. Le mot
Proslogion signifie ‘allocution’ (94,13), c'est-à-dire un discours
adressé à un interlocuteur; la forme dialogale du texte le distingue

---

[36] *Id.*, p. 91.
[37] *Id.*, p. 147.

du *Monologion*, qui est un «soliloque» (94,12). Doit-on conclure de cette 'allocution' priante que la pensée d'Anselme est 'théologique' et non 'philosophique'? L'opposition de la philosophie et de la théologie est consacrée au 13e siècle quand st Thomas distingue [38] les chemins différents de chacun de ces domaines; la philosophie irait du contingent au nécessaire selon une progression rationnelle, tandis que la théologie accueillerait la révélation pour en recevoir ses lumières sur Dieu, l'homme et le monde. K. Barth juge la méthode anselmienne théologique et non philosophique, au sens défini ici. Gilson ne voit pas plus de philosophie que de théologie dans l'opuscule d'Anselme: «Il n'y a pas du tout de théologie, puisque rien — *penitus nihil* — n'y est fondé sur l'autorité de l'Ecriture, mais tout sur la nécessité de la raison. Serait-ce donc là, par hasard, la part de la philosophie? Mais ce n'est pas du tout de la philosophie puisque cette recherche, si purement rationnelle qu'elle soit, s'interdit tout autre objet que celui de la foi et se l'accorde tout entier» [39].

Nous entrerons dans le débat sur la méthode d'Anselme en le lisant. La qualification de sa méthode n'est d'ailleurs pas essentielle pour en comprendre la portée. La prière initiale du *Proslogion* a en réalité moins d'importance par ses thèmes que par l'ouverture spirituelle qu'elle entraîne. Pour le moment, nous pouvons nous contenter de considérer le mot *intellectus* qui vient dans les premières lignes du ch. 2.

> Toi qui donnes l'intelligence de la foi, donne-moi autant que tu sais ‹que cela m'est› bon (101,3-4).

Intellectus possède un sens augustinien déterminé; la pensée (*mens*), accomplissant son acte propre (*ratio*), accède au savoir (*intellectus*) [40]; *intellectus* signifie donc un contenu de pensée rendu évident au terme du travail rationnel. Chez Anselme, ces catégories ont un sens similaire mais non pas identique. La *ratio*, ou la *cogitatio*, désigne la pensée discursive, la recherche effectivement en train de s'exercer; par contre, l'*intellectus* évoque quelque intuition, quel-

---

[38] St Thomas, *Contre les Gentils*, I, 3; *Somme Théologique*, I, 1, 1.

[39] Et. Gilson, 'Sens' [13.5.1], p. 49.

[40] Cfr Et. Gilson, *Introduction à l'étude de saint Augustin*, 3e éd., (*Etudes de Philosophie Médiévale*, 11) Paris, Vrin, 1949, p. 34.

que savoir immédiat, comme lorsqu'on dit «avoir l'intelligence de quelque chose»[41].

Cependant, la *cogitatio* anselmienne n'est pas la *ratio* augustinienne, car, chez le prieur du Bec, l'intelligence guide intérieurement la pensée; la *ratio* augustinienne prépare l'*intellectus*, tandis que la *cogitatio* anselmienne lui est conséquente[42]. «*Intellectus, intelligere* représente dans l'activité mentale son aspect 'passif', si cette notion était moins équivoque; le *cogitare* se réfère à la réalité, mais il constitue une démarche qui s'accomplit dans l'esprit même de façon autonome; l'*intelligere* implique une confrontation, un contact permanent entre l'esprit et la réalité extérieure»[43].

En d'autres termes, l'*intellectus* désigne l'aspect de la pensée qui est orienté vers la réalité transcendante; il exerce l'extase de l'esprit en sa fonction intellectuelle; la pensée s'y conjoint à la réalité en s'y intériorisant (le mot 'intelligence' vient de *intus-legere*, lire-dedans), en s'y soumettant pour la faisant sienne; quant à la *cogitatio*, elle signifie la réflexion discursive de cette *intentio*, de sorte que l'esprit connaisse intérieurement l'étant objectif pour pouvoir en rendre compte ensuite rationnellement. Semblablement Dieu, ainsi accueilli par la pensée extatique, est reconnu quand l'esprit y adhère en se connaissant structuré par cette extase.

L'*intellectus fidei* désigne donc une vue du contenu de la foi susceptible de devenir un savoir. Anselme caractérise son *Proslogion: Fides quaerens intellectum* (94,7). La foi cherche l'intelligence ou la vision, non pas pour confirmer son adhésion, mais parce qu'elle est intrinsèquement une imperfection que l'intelligence l'aidera à surmonter, pour accéder à ce qui est mieux pour l'homme. Pour le *Monologion*, la raison humaine est abritée dans les raisons de la foi perçues par l'intelligence[44]; le *Proslogion* se situe au centre de

---

[41] J. MOREAU distingue *Monologion* et *Proslogion* comme on distingue *ratio* et *intellectus*; cfr *Pour ou contre l'insensé* [5.3]; le *Monologion* «est un discours intérieur d'un théologien qui raisonne, qui cherche une explication des mystères de la foi» (p. 7); dans le *Proslogion*, «il s'agit d'obtenir l'intelligence, la vision intellectuelle de quelques unes au moins des vérités de la foi» (p. 8).

[42] Cette distinction n'est pas à majorer. Dans le débat du 21 mars 1931 sur le concept de 'Philosophie chrétienne', publié dans le *Bulletin de la Société Française de Philosophie*, Gilson commente Augustin disant que *Credo ut intelligam* invite à passer de la vérité crue à la vérité sue (cfr p. 44).

[43] P. MICHAUD-QUANTIN, 'Notes' [10], pp. 24-25.

[44] Cfr notre ch. 1.

cette présupposition du *Monologion*; la foi a un contenu intelligible,
qu'il faut toutefois déployer dans sa forme propre.

Le mot *intellectus* se charge ainsi d'une signification de plus en
plus riche. Selon le P. de Lubac, l'effort intellectuel d'Anselme lui
permet, d'une part, de rendre compte rationnellement de sa foi, et,
d'autre part, de se réjouir en contemplant le mystère cru: «on remarque que lorsqu'il s'agit du premier des deux buts à atteindre, le mot
intellectus se double naturellement sous la plume d'Anselme du mot
ratio; tandis que lorsqu'il s'agit du second but, il se double du mot
contemplatio» [45]; une analyse du vocabulaire conduirait sans doute
à préciser cet avis du P. de Lubac; nous faisons cependant nôtre ceci: par l'*intellectus* et le déploiement de ses médiations rationnelles,
«on se rend raison à soi-même de la vérité du mystère» [46], comme
on en rendrait compte à un autre.

En présentant son *Cur deus homo*, Anselme déclare que l'intelligence est *inter spem et speciem* (40,10); est *species* la manifestation
distincte, tandis que la foi est définie selon l'épître aux Hébreux: «la
preuve des réalités qu'on ne voit pas» (Hb 11,1). L'*intellectus* ne se
substitue pas à la foi; il est plus que la foi, puisque, espèce d'intuition, il est plus que la 'non-vue', mais il n'est pas un face à face
achevé avec la *species*; c'est pourquoi il fait appel à la *cogitatio* pour
tendre vers l'évidence objective. Pour J. Paliard, Anselme a fait cette
expérience fondamentale «de la conscience privée de Dieu qui n'i-
gnore pas cependant que cette privation si vivement ressentie est déjà le signe d'une présence» [47]; nous avons lu le ch. 1 en ce sens;
l'*intellectus* anselmien n'est pas accompli par quelque intuition, mais
il exige la *cogitatio*.

L'appréciation de Gilson selon laquelle l'*intellectus* est «l'acte
de l'intellect appréhendant la vérité» [48] doit donc être nuancée si
l'on entend par là la saisie d'un contenu de foi. K. Barth paraît plus
exact; pour lui, l'intelligence atteint une compréhension immédiate
fondée dans la foi; *intellectus* «signifie: reconnaître la rationalité
noétique, et par conséquent aussi la nécessité noétique des propositions révélées, en se fondant sur le fait qu'en tant que propositions
révélées, elles possèdent la rationalité ontique et la nécessité ontolo-

[45] H. DE LUBAC, 'Seigneur' [13.7], p. 222.
[46] *Ibid.*
[47] J. PALIARD, 'Prière' [13.4], p. 55.
[48] Et. GILSON, 'Sens' [13.5.1], p. 21.

gique, avant toute ‹...› preuve»[49]. K. Barth suppose que l'intellect touche un contenu de conscience; ce contenu doit avoir une rationalité, mais qui n'est pas encore reconnue; quand au rapport de l'*intellectus* avec la réalité révélée, il est hors discussion.

Le premier moment de l'acte anselmien de connaissance n'est pas un savoir explicite; il n'est pas non plus un non-savoir radical. La compréhension initiale est secrète ou implicite; l'intellect y accède à l'aide de la foi; il a une pré-compréhension de Dieu qu'exprime la confession de foi et qui passe à la connaissance explicite grâce à la *cogitatio*. La *cogitatio* désigne le moment de l'acte intellectuel qui, en produisant le raisonnement, serre son concept jusqu'à savoir clairement ce qu'il affirme. Par la *cogitatio*, ce qui est immédiatement mais obscurément compris dans le Credo devient un savoir béatifiant.

L'*intellectus* ne mesure pas ce vers quoi il tend et qu'il perçoit comme un don de la magnificence divine digne d'être demandé: «Donne-moi, autant que tu le sais bon, de comprendre ce que je crois». La *cogitatio*, elle, relève, de l'entière responsabilité de celui qui l'exerce.

> ... que je comprenne que tu es comme nous croyons et que tu es ce que nous croyons (101,4).

Anselme décrit enfin l'objet de sa recherche en une formule qui semble distinguer l'existence et l'essence de Dieu: *quia es* et *quia hoc es*, distinction semblable à celle du Prooemium entre *quia deus vere est* et *quia est summum bonum* (93,7-8). L'analyse de l'essence divine commencant au ch. 5[50], on pourrait dire que l'expression *quia es* renvoie aux ch. 2 à 4. Toutefois, le *hoc* concerne aussi ces chapitres. En effet, le *hoc* de Dieu confessé par la foi est reconnu au milieu du ch. 3: «Et cela, tu ‹l'›es, Seigneur notre Dieu» (103,3), c'est-à-dire «quelque chose dont plus grand on ne peut penser, de sorte qu'on ne puisse même pas penser qu'il n'existe pas» (103,1-2). Cette 'essence' de Dieu est reçue *sicut credimus*, dit-on maintenant (101,4), c'est-à-dire à la manière de la foi qui, nous venons de le rappeler, va au-delà du connu explicitement représenté, et non en tant que seulement cru; c'est en effet dans la foi que sera interrogé ce que nous croyons, mais sans se contenter de la seule foi.

---

[49] K. Barth, *La preuve* [5.3], p. 131.
[50] *Quid igitur es* (104, 11).

La foi ne voit pas son objet. Cependant, elle n'est pas possible si elle n'est pas comprise et accueillie en sa vérité. Si vous ne comprenez pas, vous ne croirez pas, disait st Augustin, à la suite de st Paul pour qui on ne peut croire si on n'a pas entendu d'abord la proclamation de la foi (cfr Rm 10,14), si donc on n'a pas compris que croire est raisonnable. Les ch. 2 à 4 sont intérieurs à la foi dont l'intelligible a priori est spécifique, sans que son inévidence soit supprimée pour autant. La formule *id quo maius* exprime justement cette inévidence.

Qu'est-ce que comprendre l'incompréhensible, sinon le comprendre comme incompréhensible? L'*id quo maius* est reçu comme une indication intelligible de l'incompréhensible, sans essence humainement abordable, identique à l'objet non-vu de la foi, mais compréhensible pour que la foi en reçoive une perfection: *tu es id quo maius cogitari nequit.*

IV

COMPRENDRE

1. La dénomination de Dieu

> Et assurément, nous croyons que tu es quelque chose dont on ne peut rien penser de plus grand (101,4-5).

La dénomination anselmienne de Dieu, célèbre entre toutes, ne se trouve pas dans l'Ecriture; Boèce semble la préparer [1], s'inspirant peut-être de Sénèque [2] ou de st Augustin [3]. Elle est en réalité une création anselmienne, née dans un contexte dialectique. Bien que l'origine de sa formulation lui soit étrangère, la foi l'accueille [4] et y exprime sa vénération priante.

Le poids de la dénomination porte sur *maius*. *Maius* est un comparatif, non un superlatif. Le superlatif est à l'extrême d'une série d'étants homogènes, telle la perfection qui achève la série des imparfaits du même genre; *summum* est un superlatif, bien que son usage dans le *Monologion*, comme à partir du ch. 5 du *Proslogion*, en signifie une plus grande complexité rationnelle.

Mais *maius* ne suppose-t-il pas un terme homogène auquel le comparer? Le comparatif ne relève-t-il pas de la relation? Ce qui est *maius* l'est par rapport à quelque chose, nécessairement. Cependant, dans la formule anselmienne, ce qui est *maius* que *aliquid* est *nihil* et ne peut être pensé 'quelque chose' (cfr 23,15-16); ce à quoi on compare le *maius* n'est rien pour la pensée qui réfléchit sur l'*aliquid* incomparable; ce en comparaison de quoi le *maius* a une signification logique échappe donc à toute relation. Par conséquent, l'expression *nihil maius* est intelligible si elle indique une loi formelle, en fait une interdiction adressée à la *cogitatio* ou à la pensée pour exprimer

---

[1] *Consolation de la philosophie*, III,10: *nihil deo melius excogitari queat* (CSEL 67, 1934, p. 65, lg. 10-11).

[2] Sénèque, *Questions naturelles*, I, Préface.

[3] St Augustin, *De doctrina christiana*, I,7; *De libero arbitrio*, II,VI,14; cfr aussi *De moribus manichaeorum*, II,XI.

[4] L'expression 'nous croyons' ne signifie pas que la formule soit reçue du Credo, mais que la foi l'accueille en y reconnaissant ce qui lui convient parfaitement. Le croyant comprend Dieu de manière qu'il puisse adhérer à la formule dialectique.

l'*aliquid* divin sans s'en faire une représentation illégitime. L'intelligence de Dieu impose une négation à la pensée, une voie négative
par limitation: comprendre vraiment ce qu'est Dieu n'est possible
qu'en se soumettant à l'interdiction de penser plus grand que lui.

Cette interdiction n'est pas une censure arbitraire de la pensée;
elle s'origine dans ce qui est compris a priori de l'*id quo maius* entendu (*intellectus*) en vérité. En cela, Anselme rompt avec la tradition
augustinienne et néoplatonicienne auquel on tente souvent de le ramener; dans cette tradition, la pensée monte progressivement vers le
principe en suivant le rythme d'une dialectique ascendante. Pour
M.S. Charlesworth par exemple, «il n'y a pas de doute que la source
immédiate de la formule d'Anselme est ‹...› à trouver chez st Augustin, quoique bien sûr la notion de Dieu comme 'être si souverainement grand qu'il n'est pas concevable que soit un plus grand que
lui' fait partie du théisme judéo-chrétien» [5]; cela serait juste si la notion anselmienne de Dieu était ce qu'en dit Charlesworth; mais l'*id
quo maius*, est-ce «supremely great»? Ch. Hartshorne et N. Malcolm
interprètent semblablement le *maius* comme un «more perfect» ty-
piquement néoplatonicien [6].

Le sens de la formule anselmienne viendrait d'une sorte d'expérience 'religieuse' caractérisée comme une ascension vers quelque
sommet toujours plus haut. Malcolm, dès lors, «suspecte que l'argument ne peut être parfaitement compris que par celui qui a en vue
cette forme humaine de vie qui donne de monter vers l'idée d'un être
infiniment grand, qui la voit de l'intérieur et non de l'extérieur, et
qui a pour cela au moins quelque inclination à partager cette forme
religieuse de vie» [7]. Mais si telle est l'intention d'Anselme, comment
convaincre celui qui ne communie pas à l'identité qu'il y aurait entre
cette formule et la vie religieuse, c'est-à-dire l'*insipiens*?

En fait, pour Anselme, notre expérience ne peut pas apporter
de quoi énoncer directement Dieu; nous le pensons donc à travers
une négation. Dieu est ce dont rien de plus grand ne peut être pensé.
Certes, la formule semble indiquer un maximum, puisque ce qui n'a
rien de plus grand que soi est lui-même le plus grand. Comment
comprendre autrement l'*aliquid*? Cependant, cet *aliquid* n'est rien

---

[5] M.S. CHARLESWORTH, *St. Anselm's* [5.3], p. 56.

[6] Ch. HARTSHORNE, *The Logic of Perfection* et *Anselm's Discovery* [5.3]; N.
MALCOLM, 'Anselm's' [13.5.1].

[7] N. MALCOLM, 'Anselm's' [13.5.1], p. 62.

(*nihil*) de mondain; il diffère donc totalement de l'expérience et nous l'affirmons seulement en cette différence. Par conséquent, nous l'énonçons conformément à une règle négative (*nihil*) pour la pensée (*cogitari*) et non en fonction de sa représentation. L'expression *id quo maius* signifie faussement l'équivalent d'une connaissance objective du monde, un concept d'expérience; du concept aristotélicien, construit en universalisant l'expérience du monde, connu du ch. 10 du *Monologion* (25,8-9), nous ne tirons pas Dieu, l'Unique; nous connaissons Dieu seulement par la foi[8].

K. Barth analyse longuement la formule anselmienne. Pour lui, la signification de l'*id quo maius* est révélée[9]; on n'y dit pas «que Dieu soit la chose la plus élevée que l'homme conçoive véritablement, et au-dessus de laquelle il ne pourrait rien concevoir de plus élevé. ‹On› ne dit pas non plus que Dieu soit la chose la plus élevée que l'homme puisse concevoir» (p. 66). En effet, l'argumentation d'Anselme laisse de côté la question de l'existence 'concrète' de Dieu et de sa possibilité 'ontique'. «Du reste, il convient de dire ceci: c'est un concept de contenu purement noétique qu'Anselme présente ici comme un concept de Dieu. ‹Sa définition› ne contient aucune indication relative à l'existence et à l'essence de l'objet désigné. On ne peut donc en déduire analytiquement rien de semblable» (p. 67). La formule anselmienne doit être considérée comme un 'nom' ou une 'désignation' de Dieu; elle a une incidence sur la pensée, mais sans aucune portée 'ontique'; le nom n'est pas une représentation.

La preuve anselmienne consisterait à montrer la nécessité du lien entre la désignation formelle de Dieu et sa révélation; la 'désignation' de Dieu, une fois reconnue sa concorde avec les articles du Credo, devient alors le 'nom' de Dieu de sorte que l'existence de Dieu est «reconnue et prouvée, comme s'imposant à la pensée de façon nécessaire» (p. 69). Refuser le nom de l'Existant impliquerait l'absurdité du Credo. La désignation de Dieu ainsi composée est intégrée à la foi; la preuve est faite quand est assurée la nécessité du lien de la désignation dialectique avec la nomination de la foi. Anselme administrerait sa preuve en montrant que l'affirmation dialectique est intérieure à l'écoute de Dieu qui révèle son nom. La réflexion serait donc théologique.

---

[8] Et aussi par la «conscience» (130,16), ajoutera la 'Réponse' d'Anselme à Gaunilon.

[9] K. BARTH, *La preuve* [5.3], p. 65-79.

Cette thèse de Barth, aussi puissante soit-elle, ne rend pas compte de tous les aspects du texte anselmien; à force d'intégrer la raison dans la foi, elle risque de dénier à la réflexion toute dignité propre. H. Bouillard admet que l'existence de Dieu ne sort pas analytiquement d'une formule dialectique, mais cela n'implique pas qu'elle ne soit que révélée. «Des deux termes ici employés, 'nom' et 'désignation', nous préférons pour notre part le second, qui renvoie plus directement à la signification intelligible de l'expression anselmienne et ne laisse aucunement entendre que celle-ci se trouverait dans la Bible»[10]. La formule anselmienne est comprise dans sa portée exacte à l'intérieur d'une noétique spécifique qui n'est pas seulement celle de la foi.

La formule d'Anselme suggère une expérience spirituelle extatique: l'esprit tend vers ce qui l'attire et qu'il n'est pas. En règle générale, selon le *De veritate*, «il n'y a pas de pensée vraie sans un objet auquel elle se conforme, et qu'elle énonce tel qu'il est, parce que sa fonction propre est de l'énoncer ainsi. ‹...› Il n'y aura jamais un Dieu parce qu'il y a des preuves de l'existence de Dieu, mais il y a des preuves de l'existence de Dieu parce qu'il y a un Dieu»[11]. Le *maius* vers lequel tend l'esprit n'est pas mondain; l'objectivité de Dieu n'est pas l'objectivité du monde. Gaunilon mondanise la signification de la formule anselmienne en la transposant en *aliquid quod est maius omnibus* (134,27-28). Ayant ainsi courbé la réflexion dans l'ordre du monde homogène et de la représentation, il se contente de prouver que Dieu existe d'une manière unique au regard des autres existants, sans prouver son existence alsolue, simple en elle-même. Bien que le *Monologion* ait déjà écarté cette perspective (cfr 28,18-23), la 'Réponse' d'Anselme accepte de rencontrer la demande de son contradicteur: «Il est évident à tout esprit rationnel que, remontant des biens moindres aux biens plus grands, nous pouvons conjecturer à partir de ceux dont on peut concevoir quelque chose de plus grand celui dont on ne peut rien concevoir de plus grand» (137,16-18). Cette 'Réponse' suggère donc la possibilité d'affirmer Dieu par voie ascendante, ce qu'il faut comprendre attentivement.

J. Rassam conclut de la réponse d'Anselme à Gaunilon que, «sans être une définition, le *quo maius* est ‹...› une idée formée par analogie de l'inférieur au supérieur» (p. 335); il traduit «un

---

[10] H. BOUILLARD, *Karl Barth* [5.3], p. 149.
[11] Et. GILSON, 'Sens' [13.5.1], p. 10-11.

mouvement de notre pensée dont le point d'appui se trouve dans l'existence réelle des perfections visibles ‹...›. Par conséquent, le *quo maius* est une perfection visée à partir des perfections réellement vues» (p. 336). La pensée anselmienne est alors comprise à l'aune de Descartes. Mais H. Bouillard remarque qu'au terme de sa 'Réponse', Anselme «arrive à la formule caractéristique du *Proslogion*: *id quo maius cogitari nequit*, laquelle, incluant une négativité, est moins un concept qu'une règle de pensée» (p. 163), moins un contenu de perfection qu'une norme de réflexion. Dès lors, Anselme rompt avec les processus de dialectique ascendante auxquels Gaunilon le rame-nait. Il manifeste ainsi l'originalité de son entreprise.

Pourtant, les prémisses de la 'Réponse' régressent par rapport au *Monologion* et semblent vraiment envisager la future dynamique cartésienne. Comment le comprendre? Anselme a envers ses objec-tants, Gaunilon, *insipiens* ou autre, une attitude constante: partant de leurs prémisses initiales, sans les critiquer de front, il les conduit à ses conclusions. Anselme veut donc se rendre accessible à Gauni-lon, en risquant de se charger de ce qui ne lui convient pas. Com-ment se faire comprendre autrement de celui qui doit changer son point de vue? La pédagogie a ses nécessités. Seul Gaunilon peut mo-difier sa perspective; il faut donc, partant de sa position, lui montrer que la désignation de Dieu n'est pas un contenu mondain intelligi-ble, une représentation, mais une règle de la pensée.

Anselme met essentiellement à profit une noétique qui, tout en se développant dialectiquement, ne manque pas de profondeur spiri-tuelle «contemplative et mystique», comme le dit le P. de Lubac (p. 96) et que J. Paliard avait mise en évidence: «C'est tout au-trement qu'il faut entendre l'idée de Dieu: non l'essence s'offrant au regard de l'homme, mais la désignation de l'essence ‹...›. Et si cet indépassable n'est pas davantage un concept logique, c'est qu'il est seul de son espèce: il est l'idée unique et privilégiée qui conditionne à la fois le mouvement de l'aspiration et la démarche de la con-naissance» (p. 55). L'accès à une telle idée peut être assuré par une dialectique ascendante. Cependant la formule anselmienne fait in-tervenir une négation qui n'invite pas seulement à un dépassement et une *Aufhebung*, mais qui naît de ce que l'*intellectus* perçoit dès le principe.

Les diverses dénominations de Dieu font toutes appel à une né-gation; celle-ci porte tout d'abord sur *maius* (101,5,8,14), puis sur *cogitari* (101,14,18; 102,1,2); elle passe donc de ce qui est pensé à qui le pense. Quand la négation porte sur *maius*, sur ce qui est pensé, elle ouvre l'esprit à l'indéterminé, puisque le comparatif n'est comparable à 'rien', *nihil*. Ce n'est pas seulement de la foi que la pensée reçoit d'être ainsi ouverte; la *cogitatio*, le raisonnement dialectique sur l'*id quo nihil maius* confirme cet élan. Quand la négation porte sur le verbe ou sur la pensée en exercice, la 'dénomination' impose une limite à la *cogitatio*; cette limite s'applique à l'étude rationnelle de la formule anselmienne et met en réserve l'entière clarification de la signification.

L'objectivité de ce qui est cogité découle de l'interdiction faite à la pensée; cette interdiction noétique est fondée positivement sur l'intelligence originaire et a-thétique de Dieu que présente d'abord intelligiblement l'*id quo nihil maius* et qu'assume ensuite le raisonnement dans les limites du *nihil cogitari*. Nous proposons de déterminer le premier usage du *nihil* par l'exercice de l'*intellectus*, et le second par celui de la *cogitatio*. En effet, nous avons l'intelligence de l'*id quo maius nihil cogitari nequit*, donc l'intelligence de ce à quoi le raisonnement devra se soumettre; en même temps, cette intelligence limite l'effort rationnel de telle manière que la *cogitatio* obéisse à une interdiction lorsqu'elle réfléchit ce qu'elle reçoit de l'*intellectus*.

Dès lors, la pensée fait venir à sa clarté ce vers quoi l'*intellectus* est orienté, et celui-ci, dessinant un trajet impossible à clôturer mondainement, affermit en poids ontologique les connaissances que la pensée fait siennes en les raisonnant. Or ce vers quoi va l'*intellectus* est en même temps objet de foi et, ajoute la 'Réponse' à Gaunilon (130,16), de conscience. La conscience, chez Anselme, exprime «la réalité intérieure, l'attitude de l'âme, mais en insistant davantage sur l'aspect intime et profond, affectif également, de la personalité»[12]; elle désigne ce qui, en l'homme, connaît profondément, à l'image de deux amis pour qui l'amitié est repos malgré l'absence due à la séparation; elle met en oeuvre ce qui ne peut être réduit au sensible représentable. Que l'*id quo maius* soit présent à la conscience de cette manière permet d'en cerner la signification. «L'idée du *quo maius* n'est pas abstraite de l'expérience au sens habituel d'abstraction; c'est pourquoi, en tant qu'idée, elle est en quelque manière première par rapport à l'expérience ‹...›. La priorité, dans ce contexte, est logique plutôt que temporelle ‹...›. Il y a des pensées qui montent dans l'esprit quand il en use dans l'expérience. Sans expérience, per-

---

[12] P. Michaud-Quantin, 'Notes' [10], p. 29.

sonne n'en prendrait conscience; mais personne ne trouve leur objet, *per se*, dans l'expérience. Il y a des pensées qui sont naturelles à l'esprit et qui viennent à la conscience quand l'esprit travaille selon certains chemins naturels. Les médiévaux appellent de telles idées 'idées virtuellement innées', puisque l'esprit a le pouvoir de former de telles idées sans les abstraire de l'expérience. L'idée d'Anselme du *quo maius* est une telle idée» [13].

La 'conscience' norme donc, comme la foi, le savoir explicite; ce savoir met à jour ce qui est compris immédiatement en conscience. L'*aliquid* paraît être une 'chose' pour la pensée laissée à sa puissance de représentation, mais non pas si on le réfléchit en fonction de l'extase spirituelle et de l'*intellectus*. L'intellect vise un *aliquid*, en effet, dont la seule positivité réside en sa capacité d'être incomparable (*nihil maius*), fondement d'une norme (*posse*) négative (*nihil*) pour la pensée. Il s'ensuit que la désignation de Dieu ne peut être laissée à la merci de la pensée dialecticienne. «Dans l'esprit d'Anselme, l'argument du *Proslogion* n'est peut-être pas tant une preuve de l'existence que la démonstration que notre activité de pensée révèle le fait que la notion, vague et a priori, du *quo maius* travaille en nous» [14].

L'argument anselmien s'articule donc sur l'unité de l'acte spirituel qui, tendu vers Dieu, entrelace la *cogitatio* et l'*intellectus*.

2. L'insensé

La contestation de l'insensé, que nous allons entendre maintenant, confirme notre lecture; elle se situe exactement là où la désignation de Dieu, *id quo maius*, a une signification ou non, selon que le croyant proportionne sa pensée à ce dont il a l'intelligence, ou que l'incroyant refuse la relation entre l'*intellectus* et la *cogitatio*.

> Est-ce donc qu'une nature de ce genre n'existe pas, parce que «l'insensé a dit dans son coeur: Dieu n'existe pas» (101,5-7)?

La contestation de l'insensé est essentielle à la dynamique anselmienne. Des livres importants de notre auteur naissent d'objections, celles des 'infidèles' du *Cur deus homo* (48,1), des Grecs du *De processione Spiritus Sancti* (177,3). L'objection impose à la 'mysti-

---

[13] S.F. CROCKER, 'The ontological' [13.5.7], p. 54.
[14] *Id.*, p. 56.

que' une médiation rationnelle universalisante: la *cogitatio*, intérieure à l'*intellectus*, a ainsi une importance que rien ne peut substituer. Dans le *Proslogion*, l'objection ne peut toutefois pas être accueillie si elle refuse a priori l'intégration de la pensée à l'intellect; il faudra que la pensée, découvrant les conditions de son exercice dans sa conformité avec l'*intellectus*, reconnaisse qu'il y a plus en elle qu'une puissance de logique formelle; l'objection repose sur une inattention à ces conditions.

La compétence dialectique d'Anselme n'est pas négligeable. Il s'était voué à l'étude de la dialectique dans un climat de disputes vigoureuses [15]. La possibilité de la dispute révèle un statut nouveau de la subjectivité dans la réflexion du croyant; la raison donne son accord au vrai en étant capable de légitimer raisonnablement sa décision, sans se soumettre aveuglément au resplendissement de ce qui est reçu dans la foi. La théologie dialectique est au service de la foi; elle construit la vérité grâce aux ressources de la 'seule raison' [16], c'est-à-dire en mobilisant toutes les énergies de la subjectivité. Rien n'est plus étranger à Anselme que le *credo quia absurdum* de Tertullien.

Le *Monologion* avait déjà enquêté sur les conditions de possibilités de l'affirmation de Dieu (cfr ch. 64-67); le *Proslogion* radicalise le problème en accueillant la contestation 'athée', évoquée par le Ps 14, 1. La raison est ainsi rendue à ses propres responsabilités. Les raisons subjectives ne sont plus seulement mesurées par les raisons objectives qui, selon le *Monologion*, les abritent; la cohérence objective de la foi va maintenant être mise à l'épreuve.

K. Barth passe rapidement sur le rôle de l'insensé; il le comprend en fonction du *nabal* hébreux, dont Anselme aurait retrouvé le sens; le *nabal* n'est «pas sot, mais ‹... il› se comporte comme un sot; c'est un homme intelligent, mais il suit une maxime fausse et pernicieuse, parce qu'il ne connaît pas la crainte du Seigneur, parce qu'il est détaché de Dieu» (p. 94). L'*insipiens* est donc intelligent, mais sans droiture morale. Cette interprétation moralisante ne rend pas compte de la position de l'insensé dans le texte d'Anselme et de la suspension de la prière.

---

[15] Cfr la dispute eucharistique entre Lanfranc et Béranger.

[16] L'expression *sola ratione* se trouve dans le *Monologion* 13,11; 32,57 et dans le *Cur deus homo* 88,8; 111,28; 133,8.

Pour J. Paliard, la négation de l'insensé «sert de réactif à la pensée anselmienne, obligeant l'aspiration à suspendre pour un instant sa ferveur, à se réfléchir, à se mettre en cause. C'est elle qui sera l'occasion pour l'esprit de prendre conscience de son affirmation fondamentale» (p. 56). Par là, l'élan spirituel reçoit son 'objectivité' et l'*insipiens* peut être invité avec succès à s'y joindre. La contestation a rendu nécessaire l'indépendance de la réflexion; elle oblige à établir la discussion là où l'objectant se trouve. «Ce n'est pas en tant qu'elle s'impose au croyant que l'idée ‹de l'indépassable› devient règle dialectique, c'est en tant qu'elle offre un sens à l'incroyant lui-même ‹...›. Pour Anselme adoptant provisoirement le point de vue de l'incroyant, la preuve doit établir que Dieu existe réellement, et cela par le moyen d'une règle dialectique ayant valeur universelle» [17]. La contestation athée va donc mettre à jour d'une part la nécessité des médiations rationnelles et d'autre part leur qualité, grâce à quoi on pourra reconnaître et affirmer que la désignation de Dieu a un sens si elle exprime son existence réelle. La désignation a un sens si nous acceptons que l'on peut éventuellement penser Dieu par elle, à condition de vérifier cette possibilité.

Le texte d'Anselme a grande force. Qu'on y réfléchisse. Dieu est unique, Seigneur de Gloire, Créateur de tout ce qui est. Qu'est-ce que l'objectant pourrait bien lui enlever? Homme qui ne croit pas, qu'est-ce que ta négation pourrait produire, si Dieu est Dieu? Face à Dieu, l'incroyant n'a aucun poids; il pense qu'il suffit de nier Dieu pour que Dieu ne soit pas, comme si son existence dépendait de l'acte humain qui l'affirme ou la nie. Certes, l'homme ne fait pas que Dieu soit Dieu, mais pour l'*insipiens*, il suffirait de dire: «Dieu n'est pas» pour lui enlever toute plénitude de signification. En réalité, la négation athée solidifie le moment négatif de la foi et l'abstrait de la totalité de son acte. Mais la contestation athée peut être reçue dans la foi elle-même. Son sens est alors totalement renouvelé; la négation athée est vide si Dieu est Dieu; Dieu n'est pas le fruit de mon affirmation, et ma négation ne peut rien changer à sa splendeur; mais il y a dans la foi un moment négatif; de la contestation athée, la problématique *Fides quaerens intellectum* reçoit un puissant stimulus; l'attitude athée invite la foi à réfléchir son obscurité, son imperfection, lui donnant par là un élan vers plus de clarté.

---

[17] H. BOUILLARD, K. Barth [5.3], p. 159.

La réflexion qui accueille la contestation athée n'abandonne pas les données de la foi pour les reconstruire à la manière des rationalistes. La foi étant maintenue, la recherche rationnelle va tenter d'en comprendre les obscurités. Pour cela, elle va interroger les activités d'affirmation ou de négation de Dieu pour voir si elles effectuent ce qu'elles prétendent.

L'*intellectus* et la *cogitatio* sont invités à leur concorde en désignant l'*id quo maius cogitari nequit*: le fondement du mouvement intentionnel de l'*intellectus* est exprimé par l'interdiction qui limite la *cogitatio*. Pour K. Barth, cette interdiction exprime le premier commandement de la loi (Ex 20,3); en termes rationnels, cela signifie que l'existence de Dieu n'est pas déductible par une analyse conceptuelle; l'antériorité de l'existence divine sur notre affirmation est nécessaire à la reconnaissance de l'opérativité de notre désignation[18]. Mais, contrairement à l'avis de Barth, le travail qui conduit à cette reconnaissance n'est pas uniquement celui de la foi; la dialectique peut y aider. Pour Barth, «du moment que cet incroyant dit explicitement 'non', le croyant doit dire explicitement 'oui', et cela signifie qu'il est appelé à concevoir de nouveau l'article cru par la foi de l'existence transcendentale de Dieu» (p. 93). Selon le théologien suisse, cette 'nouvelle conception' serait le fruit d'un travail formel; la démarche engagée ici relève de la cohérence du témoignage; intérieure à la foi, la cohérence formelle de l'article incriminé avec d'autres articles du Credo suffirait à la preuve. Mais nous notons qu'Anselme ne fait pas appel au Credo; il articule plutôt les deux instances de l'acte de connaissance que sont l'*intelligere* et le *cogitare*.

> Mais certainement, ce même insensé, lorsqu'il entend cela même que je dis: «quelque chose dont on ne peut rien penser de plus grand» comprend ce qu'il entend et ce qu'il comprend est dans son intelligence, même s'il ne comprend pas que cela existe (101,7-9).

Anselme suppose que l'insensé a une compréhension immédiate de ce que signifie dialectiquement la désignation de Dieu, *id quo maius nihil cogitari possit*. Cette intelligence ne porte pas encore sur la signification vraie et objective de cette formule, mais sur son intelligibilité intrinsèque. «Lui, l'insensé, qui nie dans son coeur l'existence de Dieu, ne peut faire autrement, lorsqu'il entend cette formule, que la repenser lui-même pour son compte dans son sens

---

[18] L'objection de Gaunilon est-elle différente?

littéral ‹...› Qu'Anselme, en faisant cela, envisage la possibilité que l'"insensé" répète le texte de cette formule et, tout en comprenant son sens littéral, nie l'existence de Dieu ainsi nommé, c'est ce que montre le formulation ultérieure de cette constatation: il affirme que l'insensé ne peut formuler cette négation sans penser en même temps le nom de Dieu»[19].

L'insensé comprend ce qu'il entend; il en a l'intelligence littérale, mais il n'en reconnaît pas le poids ontologique. Ce minimum littéral est nécessaire, car si ce n'était pas le cas, l'insensé ne pourrait pas contredire ce qui lui est dit; nous serions en plein non-sens. La loi de la contradiction, qui sert de mesure fondamentale à la dialectique, fonctionne déjà au plan de la lettre des termes affirmés. L'insensé comprend littéralement l'*id quo maius*. Il faut donc mettre à jour la contradiction intérieure à la science dialectique incroyante: l'incroyant a un savoir de l'*aliquid quo nihil maius cogitari potest*, mais il ne débouche pas, à partir du sens littéral, au sens vrai, spirituel; il se cantonne dans la pure formalité abstraite ou logique. Anselme accepte que la science dialectique soit inattentive à l'intention significative de la dénomination qui implique l'existence; il met donc celle-ci provisoirement de côté, mais pour la retrouver comme une nécessité qui s'impose à la pensée dialectique, au terme d'une recherche menée *sola ratione* sur la totalité unifiée de l'acte de connaissance.

> En effet qu'il y ait une chose dans l'intelligence, est autre ‹chose que› comprendre que la chose soit (101,9-10).

Nous avons vu les critiques d'Anselme lui reprocher de mélanger ce que notre auteur sait très bien distinguer: on ne passe pas immédiatement de l'idéal au réel. Anselme sait bien qu'imaginer une île parfaite ne la fait pas exister. Le rapport pensée — réalité n'est pas immédiat, et l'idée de perfection n'en est pas la médiation; qu'une chose parfaite soit pensée ne la fait pas exister. On le comprend bien, et on comprend en même temps qu'il y a plus dans cette compréhension de la limite de nos pensées que dans la compréhension de cette proposition banale: nous n'avons que des pensées mentales, sans contenu réel.

Entre ces deux compréhensions, il y a la différence qui sépare l'affirmation réflexive et la constatation, l'une et l'autre portant sur autre 'chose' que des choses, sur des idées, des contenus mentaux.

---

[19] K. BARTH, *La preuve* [5.3], p. 96.

Pour comprendre réflexivement ce que l'on constate, il faut l'avoir
d'abord dans la pensée. Nous savons par la pensée que nous avons
des pensées. Anselme convainc ainsi l'insensé qu'il a l'idée de l'*id
quo maius* dans sa pensée, bien qu'il ne comprenne pas qu'une existence puisse y être signifiée, l'intention de ce concept étant encore vide pour l'insensé qui n'a pas fait attention à sa médiation vers le
réel. Mais, à partir de la connaissance de l'immanence de ce
concept, Anselme montre une transcendance, un *aliquid*, en suivant
le rythme de l'intellect qui sait distinguer ce qui n'est qu'en lui et ce
qui, bien qu'en lui, doit être aussi plus qu'en lui.

> En effet, lorsque le peintre réfléchit préalablement à ce qui doit être
> fait, il ‹l'› a assurément dans l'intelligence, mais il comprend que
> n'existe pas encore ce qu'il n'a pas encore fait. Mais lorsqu'il a enfin
> peint, il ‹l'› a dans l'intelligence et il comprend qu'existe ce qu'il a
> enfin fait (101,10-13).

L'idée ne fait pas la réalité. L'intelligence le sait bien; elle sait
discerner entre «avoir dans l'intelligence» et «comprendre que cela
existe». Par le fait même, et l'insensé devra marquer son accord
puisqu'il fait appel à ce même principe, l'intelligence sait que de tout
cela qui est en elle certaines 'choses' peuvent n'être qu'en elle, et
d'autres peuvent ne pas être qu'en elle; elle comprend que tout cela
n'est que pensée, mais elle comprend aussi que tout cela n'est pas
qu'en elle.

Le peintre sait qu'existe dans son intelligence ce qu'il porte en
lui; il sait très bien que l'idée ne remplace pas le fruit de son travail,
mais que la réalité lui est présente en pensée. C'est d'ailleurs pour
cette raison qu'il se salira les mains au travail des pinceaux et de la
toile. L'intelligence discerne entre ce qui est en elle et ce qui la dépasse — elle est donc capable de ce qui ne lui est pas seulement immanent.

Le concept qui soutient l'élan de l'esprit vers la transcendance
est un concept que l'on pourrait définir comme une «transparence
dirigée», et non pas comme une 'idée' vide, un fantasme sans contenu 'réel'. L'esprit sait qu'il se porte vers ce qui le transcende; il sait
aussi que cette tension est autre que son mouvement universellement
intentionnel vers n'importe quel objet sensible ou mental. C'est
pourquoi nous ne pouvons entièrement suivre Barth lorsqu'il oppose deux existences: pour lui, «cette existence dans l'intelligence, de
même que la reconnaissance de ce qui existe aussi dans l'intelligence

est une chose; autre chose serait son existence indépendamment de cette limite, son existence authentique» (p. 107). Entre ces deux existences, dans le cas de ce qui transcende l'intellect en l'attirant, il peut y avoir identité originelle: l'unique intelligence sait discerner entre ses instances, l'une qui va vers la forme abstraite, logique, formelle, sans existence, la pensée cogitante, et l'autre, l'intelligence proprement dite, qui accueille ce qui la dépasse en tendant vers lui à travers cette forme abstraite, son concept. Dès lors, ce dont la conscience porte subjectivement le concept n'est plus mesuré nécessairement par sa seule immanence à la pensée puisque cela peut au moins exister, au témoignage de l'intelligence elle-même.

> On convainc donc ainsi l'insensé qu'il y a pareillement dans l'intelligence quelque chose dont rien de plus grand ne peut être pensé, parce qu'il comprend ce qu'il entend, ‹et que› tout ce qu'il comprend est dans l'intelligence (101,13-15).

L'insensé comprend la formule utilisée par Anselme, sans quoi son objection ne pourrait être énoncée. Il comprend aussi, comme Kant, comme Anselme, comme quiconque n'est pas fou, la différence entre le mental et le réel. Il sait aussi que dire: «Dieu n'est pas» peut ne pas être une proposition sans contenu. Il sait donc qu'entre la pensée et la réalité, il peut y avoir une continuité: «Vraiment, Dieu n'est pas»: cette 'vérité', il la sait présente à l'intelligence. En d'autres termes, l'*insipiens* sait avoir dans l'intelligence ce qui dépasse l'intelligence. L'intelligence se pensant ainsi à un second degré, confirme sa puissance de discernement, non plus seulement entre la pensée et la réalité sensible, comme le peintre, mais entre ce qui est en elle et ce qui, en elle, est aussi présence de ce qui la transcende.

Nous arrivons maintenant au coeur de l'argument.

> Et certainement ce dont on ne peut penser de plus grand ne peut pas exister dans la seule intelligence. Si en effet il existe pareillement dans la seule intelligence, il peut être pensé exister aussi en réalité, ce qui est plus (101,15-17).

Nous serions tentés de dire l'intellect 'supérieur' à la pensée. Mais ce n'est pas là une thèse anselmienne. La puissance de discernement de l'intellect est en fait exercée par la *cogitatio* qui objective ce qu'elle comprend, qui distingue la diversité d'intention des essences intelligées, les unes se terminant à un contenu intra-mental et les autres à un objet extra-mental, et qui sait distinguer ce qui est seule-

ment dans l'intellect et ce qui, quoique dans l'intellect, est aussi réel.
La *cogitatio* pense que le dernier cas est *maius* que le premier. Elle
épouse et affermit ainsi l'extase de l'intelligence qu'elle redouble en
la posant comme objet de réflexion.

La *cogitatio* qui thématise la distance entre l'intellect et le réel et
en articule le rapport d'attrait et de désir, est elle-même finalisée vers
ce qui la transcende et dont elle porte l'écho intérieur en son concept.
Ce mouvement de transcendance, considéré en lui-même, servira d'ar-
mature à l'argument anselmien. L'intelligence sait, d'un savoir ferme,
qu'elle peut s'ouvrir à ce qu'elle n'est pas; elle sait aussi que ce qui
l'attire hors d'elle-même est plus que ce qu'elle maîtrise.

K. Barth «ne voit pas pourquoi il serait interdit d'attribuer en
pensée, au ‹nom de Dieu›, en plus de cette existence intramentale, une existence extra-mentale» (p. 113); ou encore: 'être dans
la chose' «peut être pensé d'une façon aussi inadéquate que l'on
voudra, cela peut en tout cas être pensé» (p. 113). Le même auteur
précise que ce qui est 'dans la chose' «possède ‹la› supériorité,
non pas quantitative mais qualitative, de l'origine de toute vérité,
non pas il est vrai en soi, mais — accordée par soi — pour soi, à l'é-
gard de la connaissance intellectuelle» (p. 114). Pour Anselme, cette
'supériorité' anime l'intelligence, l'ouvre à ce dont elle n'est pas la
mesure et qu'elle reconnaît dans une formule dialectique. Le *maius*
exprime donc la vérité 'objective' et divine en exposant et exerçant le
mouvement de l'esprit: ce qui est *in re* offre plus d'ampleur au mouvement extatique de l'esprit qu'un terme formel plus grand, une idée
abstraite ou idéale, une représentation qui enthousiasmerait seulement la subjectivité.

> Si donc ce dont plus grand on ne peut penser est dans la seule intel-
> ligence, celui-même dont plus grand on ne peut penser est ce dont
> plus grand on peut penser. Mais certainement cela ne peut être
> (101,17-102,2).

Anselme confirme son argument par une sorte de preuve par
l'absurde. Le mot *cogitari* a deux usages; en un premier sens, il signifie penser quelque chose, en général; en un sens plus précis, il signifie penser en exprimant le mouvement de l'intelligence, comme
dans la désignation de Dieu. L'intelligence connaît ces deux types de
pensées, et juge par la *cogitatio* l'une plus grande que l'autre. L'intelligence préside originellement à la reconnaissance du statut spirituel et ontologique de ces pensées. Elle distingue ce qui est en jeu

dans ces intentions qui diffèrent comme la représentation et le concept. Le concept est nécessairement plus que le fantasme; il médiatise l'esprit et le réel. Or le 'plus' du concept est inclus dans la désignation de Dieu: *id quo 'maius'*. On ne peut penser vraiment cette désignation qu'en pensant plus que l'image, plus qu'un concept seulement représentatif. Penser distraitement le concept comme une représentation ne serait plus voir la différence ontologique entre penser *maius* en traversant une négation et se représenter quelque chose; ce serait ne plus penser *maius*. Penser ce que l'on ne pense pas, cela ne peut être. L'acte de penser ne peut contredire ce qui lui donne de penser.

La pensée cogitante peut discerner l'attrait à l'origine de son extase à la faveur d'un *maius* qui lui ouvre, de loin, le champ de son activité. Telle semble être l'ultime parole du chapitre: la pensée, en son travail dialectique, expose la tension qui constitue intérieurement l'intelligence, mais c'est l'intelligence qui donne à la pensée de ne pas s'éteindre dans l'imaginaire qui compare des représentations après les avoir rendues homogènes, de tenir l'excellence de son effort à l'intérieur d'une tension vers un *maius* auquel elle n'accède que dans la reconnaissance, l'hommage et la vénération.

> Il existe donc sans aucun doute, et dans l'intelligence et en réalité, quelque chose dont plus grand on ne peut pas penser (102,2-3).

L'expression «sans aucun doute» insiste moins sur l'existence de Dieu que sur la nécessité d'en comprendre la transcendance envers l'esprit. La preuve conclut en effet, non pas que Dieu existe, mais que son existence n'est pas seulement immanente à l'esprit. Le *vere* du titre du chapitre reçoit alors un sens précis: la vérité de l'existence n'est pas déduite de son essence, de sa représentation intelligible; elle est inférée du discernement que l'intelligence fait entre ce qui est en elle et ce qui, en elle, est d'abord réel. «*Vere est* signifie: il n'existe pas seulement dans pensée, mais encore en face de la pensée»[20] et pour la pensée. La preuve anselmienne n'est pas une preuve par l'essence ou l'idée; elle montre en effet comment l'idée de l'*id quo maius* est dépassée par l'intelligence qui connaît, grâce au concept, son ouverture à ce qui le transcende, à l'être irréductible à son essence immanente à l'esprit.

---

[20] K. BARTH, *La preuve* [5.3], p. 118.

L'indisponibilité de l'existant, trait de sa transcendance, constitue le centre du ch. 3 où Anselme montre que la désignation de Dieu est scellée par une nécessité si objective qu'on ne peut pas penser qu'elle ne soit pas telle. Le *valet* du ch. 2 (102,3) évoque déjà cette nécessité, mais d'une manière seulement noétique et subjective; il faut montrer que son fondement est non seulement à la mesure de l'intelligence, mais aussi de ce qui est compris et que la pensée assume et pose objectivement.

V

PENSER

Même si le mot *existit* [1] ne vient, dans les ch. 2 à 4 du *Proslogion*, qu'à la fin du ch. 2 (102,2), on ne peut dire que la preuve de l'existence de Dieu y soit achevée. Elle se prolonge en effet dans les chapitres suivants; stylistiquement au moins, elle inclut le ch. 3 jusqu'en son milieu, là où Anselme identifie le résultat de sa réflexion à Dieu: *Et hoc es tu, domine deus noster* (103,3). Nous examinerons maintenant l'articulation de ces chapitres, avant de continuer notre commentaire.

1. Du ch. 2 au ch. 3

Contrairement à Gaunilon qui ne consacre au ch. 3 du *Proslogion* que le septième et dernier chapitre de son *Pro insipiente*, contrairement aussi à plusieurs interprètes de l'argument ontologique, Barth remarque que le ch. 2 ne se termine pas de manière positive: il conclut seulement à l'impossibilité d'enserrer l'*id quo maius* dans le seul intellect, lui donnant ainsi les traits essentiels de l'existence extra-mentale. Peut-on dire pour autant que le *maius* soit *in re*? «Ce qui est démontré, c'est seulement la négation. La proportion positive relative à l'existence authentique ‹...› n'est démontrée par la pensée que dans la mesure où la proposition opposée, relative à l'existence purement intramentale de Dieu, est démontrée absurde» [2].

Pour Barth, l'absurde n'est pas manifesté dans le *Proslogion* en regard des exigences de la réflexion, mais du contenu de la foi [3]. Le

---

[1] Le mot *existens*, lié à *subsistens* (*Monologion*, 20, 16,17-18), est un participe qui signifie la réalisation du substantif en acte d'*esse*; il indique l'effectivité de l'essence; c'est pourquoi on dira que la Subtance simple 'existe' la justice, non pas qu'elle a la justice (cfr 30,22,24,25,28). Le mot *existit* est utilisé à ce moment du *Proslogion* parce que l'*id quo maius* a été vu dans son effectivité propre, et non seulement *in intellectu*, c'est-à-dire relativement à la pensée.

[2] K. BARTH, *La preuve* [5.3], p. 117.

[3] L'argumentation par l'absurde procède ainsi: supposé que 'X' soit vrai et que 'Y' lui est nécessairement cohérent, la proposition 'Y' est vraie; voici la preuve

ch. 3, qui tente l'affirmation *in re*, argumente de cette façon-ci: le refus de la proposition X, que l'on reçoit par ailleurs de la foi, rend in-
cohérentes les propositions a, b et c, reçues également de la foi; la vérité des propositions a, b et c implique la vérité de la proposition X.

Ce n'est pas là une démonstration au sens déductif; on ne tire
pas une nouvelle proposition à partir d'autres, au moyen de quelque
analyse de celles-ci; en effet, on reçoit de toutes manières dans la foi
ce qui est à prouver[4]. «Si cela est une preuve, c'est la preuve d'un
article de foi fermement établi, même et surtout sans aucune preuve»[5]. Prétendre qu'il s'agisse là d'une démonstration est une manière de dire. La proposition positive relative à l'existence de Dieu est
vraie en raison de sa cohérence avec l'ensemble du Credo, qui est assurément vrai; la démonstration est orientée par la vérité reçue de la
foi: il serait absurde, de ce point de vue, de nier que l'existence de
Dieu est unique.

La preuve ne fait pas que Dieu existe, mais Dieu existe de sorte
que je puisse prouver qu'il existe nécessairement. La nécessité de la
preuve ne touche pas l'existence divine, mais la pensée[6] de cette
existence; la preuve par l'absurde concerne le sujet pensant, non
Dieu; elle montre que Dieu doit nécessairement être pensé, que cette
nécessité est unique, et que penser autrement est contradictoire pour
la pensée elle-même. C'est pourquoi le ch. 3 ne dira plus seulement
que Dieu est *id quo maius*, mais qu'il est tel qu'«il n'est pas possible
de le concevoir comme non-existant»[7].

---

par l'absurde: si 'Y' est faux, 'X' doit être aussi faux; mais il est absurde de dire
d'une part que 'X' est vrai, et que d'autre part il est faux; donc 'Y' est vrai.

[4] Choisir d'appliquer la raison à une affirmation de foi suppose que cette proposition de foi soit d'abord entendue et que sa signification soit acceptée; après
quoi la raison s'y attache. En 1931, lors du débat de la *Société Française de Philosophie* sur la notion de 'Philosophie Chrétienne', Gilson et Maritain ont soutenu des
thèses semblables. Le processus s'apparente plus à une vérification rationnelle des
énoncés de la foi qu'à la découverte d'une conclusion inconnue (par exemple, Dieu
existe) à partir de prémisses connues.

[5] K. BARTH, *La preuve* [5.3], p. 117.

[6] Pour LEIBNIZ, *Monadologie*, la preuve a priori de Dieu considère que la possibilité appliquée à Dieu qui est sans limite implique sa nécessité et donc son existence; «ainsi, Dieu seul (ou l'Etre nécessaire) a ce privilège qu'il faut qu'il existe, s'il
est possible» (§ 45).

[7] K. BARTH, *La preuve* [5.3], p. 120. Semblablement: «La nature particulière de
l''existence' 'véritable' (*vere esse*) qui lui est propre ‹...› consiste dans le fait
‹...› qu'il est tel qu'il ne peut être conçu comme non-existant» (p. 128).

Pour Barth, l'argument n'est pas achevé au ch. 2 parce que ce chapitre aboutit à poser une existence générale dont ne se détache pas encore l'existence unique de Dieu; le ch. 3 établit l'unicité de cette existence, unicité quant à nous, noétique. Pour notre part, nous pensons plutôt que le ch. 2 n'a pas encore solutionné le problème de la fondation de la pensée: cette fondation en effet n'y est pas assurée en ce qui est pensé. Pour sceller la preuve, il faut montrer que le mouvement de l'intelligence vers l'*aliquid quo maius* suppose que cet *aliquid* intègre la pensée à l'intellect.

«La signification essentielle de l'argument «consiste» à saisir au sein même d'une expérience spécifiquement intellectuelle la réalité qui la conditionne et qu'elle réfléchit en objet»[8]. La pensée ne peut pas ignorer ce que propose l'intellect et qui est son objet véritable. Nous ne supposons pas que l'argument déploie d'abord (ch. 2) la signification de l'*id quo maius* pour en chercher ensuite (ch. 3) le comment unique, comme le voudrait Barth[9]; l'existence divine est certes unique; mais son unicité réside dans sa puissance d'intégration ou de simplification; Anselme obtient l'intelligence de l'existence de Dieu en considérant le mouvement de l'esprit contraint à lier sa pensée discursive et ce dont il a l'intelligence en quelque sorte immédiate; la pensée de l'*id quo maius* a alors une force démonstrative unique.

2. Possibilité et nécessité

De toute manière, véritablement, il est de telle sorte que l'on ne peut pas même penser qu'il ne soit pas (102, 6).

Le ch. 3 montre que nous est nécessaire l'affirmation conclue au ch. 2. L'expression *vere esse* concerne, avons-nous dit, l'aspect cognitif de l'existence de l'*id quo maius*. A. Stolz pense que *vere* désigne l'existence unique de Dieu; il se justifie en montrant l'enracinement biblique et augustinien de l'expression et en pesant le poids 'mystique' de la désignation de Dieu ainsi construite; le *Proslogion*

---

[8] J. PALIARD, 'Prière' [13.4], p. 57.

[9] Pour ce dernier, «le croyant doit saisir ‹...› que Dieu n'existe pas à la façon des êtres du monde, mais d'une manière unique, en ce sens qu'il est impossible de penser sa non-existence», comme si, «dans la perspective d'Anselme prouver l'existence de Dieu, c'est simplement comprendre cela» (H. BOUILLARD, *Karl Barth* [5.3], p. 146).

procéderait en supposant la signification commune de l''être' et le
caractère unique de l''être' divin; «la simple existence de Dieu est
supposée dès le commencement, ce qui correspond au caractère
mystique de l'écrit»[10]; l'argumentation consisterait donc à montrer
que l'existence de Dieu est différente de toute autre; «le *Proslogion*
est ‹...› un morceau de théologie mystique»[11]. Il s'ensuit que,
«dans le titre du deuxième chapitre, *vere esse* n'a pas la signification
de l'être réel immuable et absolu, mais ‹qu'› il est à comprendre
tout simplement de l'existence de Dieu»[12]. Gilson consacre un chapitre de son article 'Sens et nature' à la position de Stolz; il conclut
que celle-ci ne vaut pas, car dom Stolz aboutit là d'où part Anselme:
que Dieu soit *id quo maius*[13]; dans l'esprit d'Anselme, le *Proslogion*
vise à établir une preuve de Dieu à partir d'une nécessité de jugement, le *nihil cogitari*, de sorte que son exister tranche par rapport à
tout autre existence. On ne peut nier qu'Anselme pose l'unicité de
l'exister divin à partir d'une nécessité épistémologique.

L'expression *vere esse* venait dans le titre du ch. 2, mais non
dans le corps du texte; le titre est cependant légitime; la preuve dégage en effet un type de nécessité incontournable: la pensée doit acquiescer à sa capacité de penser ce qui n'est pas à la mesure de son
immanence. Mais ce qui fut dit alors paraît maintenant insuffisant.
Penser que l'*id quo maius* existe est une nécessité dont il faut montrer la raison particulière, qui fait qu'il n'existe pas comme n'importe quel existant.

Anselme invite à cerner de près la réalité de l'acte de connaissance. L'*id quo maius* est nécessaire en raison du mouvement de
l'*intellectus* et de la *cogitatio* tout à la fois, parce que celle-ci est intérieure à celui-là. L'attrait de tout l'esprit vers l'*id quo maius* est une
réponse à une invitation qui le précède. En confessant le *vere esse*,
l'esprit adhère à un élan dont aucune de ses puissances ne peut être
la raison. La réflexion se renverse alors; elle ne manifeste plus seulement l'ouverture de l'esprit à l'*id quo maius* transcendant, mais elle
perçoit que l'*id quo maius* ouvre l'esprit à sa présence. Ce renversement assure au *maius* une nécessité qui n'est plus d'ordre seulement
épistémologique.

---

[10] A. STOLZ, '*Vere esse*' [13.5.1], p. 408.
[11] A. STOLZ, 'Zur Theologie' [13.1], p. 4.
[12] A. STOLZ, '*Vere esse*' [13.5.1], p. 409.
[13] Et. GILSON, 'Sens' [13.5.1], ch. 3: 'Le *Proslogion* et la mystique', pp. 30-38.

Ce renversement vient sceller ce qui fut dit au ch. 2. Ce chapitre articulait effectivement les diverses puissances de la connaissance, la pensée discursive (*cogitatio*) et l'intellect intuitif (*intellectus*). Mais cette articulation était une oeuvre de *cogitatio* qui, par raisonnement, se découvrait exercer la puissance de discernement de l'intellect. Par la *cogitatio*, nous avons découvert ce qu'implique cette puissance, la réalité qui transcende l'esprit et l'attire. Par conséquent, la *cogitatio* voit dans la désignation dialectique de Dieu une règle qui limite son extension en l'intégrant à l'*intellectus* qui la porte; mais inversement, et nous entrons alors dans le ch. 3, l'intelligence détermine par sa *cogitatio*, ce qui l'attire vers le *maius* tout en la limitant. Dès lors, le ch. 3 reflue vers le centre du ch. 2, vers ce qui le rend nécessaire parce que ce qui est pensé est découvert donné à l'intellect.

> En effet, on peut penser qu'il existe quelque chose qu'on ne peut pas penser ne pas être; ce qui est plus grand que ce qui peut être pensé ne pas être (102,6-8).

Anselme précise le chemin de sa réflexion: ce qui a été perçu au chapitre précédent comme objet (*id*) d'affirmation raisonnée (*cogitari*) possible (*potest*) et thétique (*quo*), un raisonnement à la seconde puissance le reconnaît effectif (*est*) et nécessaire (*non possit*). Le cadre de cette réflexion paraît assez simple; on distingue, outre la pensée qui réfléchit sa structure et ses possibilités pratiques, deux niveaux de pensées objectives: d'une part la pensée d'une chose qu'on ne saurait concevoir non-existante et qu'on doit donc concevoir existante, et d'autre part la pensée d'une chose dont la conception de l'existence n'est pas nécessaire; on dit que la première pensée est plus 'grande' que la seconde. Anselme se fixe ici dans le domaine du concevable, c'est-à-dire du concept mental; c'est de l'"intention' objective de la globalité de ce domaine qu'il va falloir montrer maintenant la cohérence avec la pensée qui réfléchit sa propre nécessité.

Pour cerner de plus près ce que dit Anselme, il convient de revenir à la critique de Gaunilon. Le *Pro insipiente* propose de remplacer *cogitare* par *intelligere* et de comprendre l'*id quo maius* comme une *summa res* (129,10-12).

L'intellect comprend intuitivement; la pensée achève le savoir en complétant l'intuition par la réflexion et la vérification raisonnée. Or Gaunilon perturbe l'ordre des instances de la connaissance; l'intellect intuitif est identifié à un savoir 'objectif', en réalité représentatif, soumis à la norme de vérité qu'est la certitude[14]; «je suis très certain que moi aussi j'existe[15], mais je sais aussi que je n'en peux pas moins ne pas exister» (129,14-15)[16]. L'intellect serait un savoir de 'choses' vraies tandis que la pensée serait plus libre, déliée. «Selon la rigueur du mot, des choses fausses ne peuvent pas être comprises ‹intelligere›, quoiqu'elles puissent être pensées ‹cogitari›» (129,12-14).

Quelle est la raison de la vérité des choses 'comprises'? La vérité de l'intellect est formelle; elle s'oppose plus à l'impensable ou à l'impossible qu'au contingent saisi en sa nécessité de fait. L'intellect n'intuitionne pas ce qui est, mais la représentation simplement intelligible; il aperçoit la nécessité de ce qui n'échappe pas à la contingence. C'est pourquoi, selon Gaunilon, l'*insipiens* peut penser que Dieu n'existe pas comme il peut penser qu'il existe, mais il ne peut pas en comprendre la nécessité absolue puisque l'intellect n'accède pas à un tel plan.

Les vues de Gaunilon sur l'acte de connaissance insistent sur sa formalité; l'*intellectus* va vers le pensable, qui est possible, ou ce qui n'est pas en soi contradictoire, tandis que la *cogitatio* va vers n'importe quoi, pensable ou non. De ces confusions où l'*intellectus* est la faculté de la nécessité factuelle et la *cogitatio* celle de n'importe quel possible, naît une objection radicale que ni Augustin ni Descartes n'ont cru pouvoir énoncer raisonnablement: «Tandis que je sais très certainement que j'existe, je ne sais pas si je peux cependant penser que je ne suis pas. Si je ‹le› peux, pourquoi n'en aurai-je pas la même ‹in›certitude pour n'importe quoi d'autre? Mais si je ne le peux pas, cela n'est plus propre à Dieu» (129,17-19). Ainsi, de toutes manières, l'argument d'Anselme n'aboutit pas, soit que je puisse penser que Dieu n'est pas, même si je sais certainement qu'il existe (ce qui suppose que la pensée n'est pas normée par l'intellect ansel-

---

[14] Au sens cartésien de la certitude; cfr *Regulae ad directionem ingenii*, III.

[15] Cfr par exemple AUGUSTIN, *La cité de Dieu*, XI,26.

[16] Une explication de K. Barth est proche de cette affirmation de Gaunilon: «Nous pouvons en effet concevoir toute chose (à l'exception de Dieu) comme non-existante, c'est-à-dire que nous pouvons élaborer l'hypothèse ou la fiction correspondante, quoique nous connaissions son existence ‹...›. Et il en est de même pour notre pensée relative à tous les objets, excepté Dieu» (p. 127). Barth veut cependant échapper à cette perspective de Gaunilon en faisant de Dieu une exception à cette épistémologie générale.

mien), soit que je ne puisse pas le penser (et l'existence 'unique' de Dieu n'est plus 'unique').

Anselme répond à Gaunilon au ch. 4 de sa 'Réponse'. Il commence par rétablir le sens vrai d'*intelligere* et de *cogitare*; l'intellect est engagé en ce qu'il vise, tandis que la pensée met à distance; l'intellect a un destin ontologique, alors qu'on peut penser, ou s'imaginer [17], ce qui n'est pas. Toutefois, dans le cas unique de l'*id quo maius*, la pensée doit se proportionner à l'intellect; le moment thétique de la connaissance n'est pas libre; il suit la visée ontologique de l'intellect parce qu'il ne peut absolument rien se représenter qui puisse correspondre à ce qui est pensé. En réalité, pour Anselme, la pensée n'est pas libre lorsqu'elle fonctionne selon l'intellect. Le confirme ce que suggère le Docteur Magnifique sur la puissance de la pensée.

Anselme ne reprend pas l'analogie augustinienne de la réflexion spirituelle bien que Gaunilon y ancrait furtivement ses principes. A la fin du ch. 4 de sa 'Réponse', il montre cependant le caractère unique de la pensée de l'existence divine; la pensée ne peut y être séparée de l'intellect; je puis, à la rigueur, imaginer que rien n'est de ce que je pense; mais si je pense *id quo maius*, alors, cette imagination m'est interdite. Pourquoi? Anselme ne se fonde pas ici sur la présence de l'esprit à soi, l'arrêt augustinien au doute; il ne méconnaît pas, évidemment, la pertinence de cette analyse: son *Monologion* en était nourri; mais il sait que la pensée réflexive est inaccessible à qui se laisse distraire par l'imagination. L'expérience psychologique à laquelle Gaunilon semble donner grande importance n'est pas ce qui nourrit Anselme, dont la méthode de réflexion déploie l'*id quo maius* en y découvrant les conditions d'exercice de ce qui le pense; le philosophe d'Hippone s'attache beaucoup plus au rythme psychologique de la pensée et risque d'obscurcir le chemin de qui se laisse ainsi guider. Le *Monologion* avait conjoint à cette analyse psychologique une norme grammaticale dans le but d'éviter précisément les ambiguïtés du modèle psychologique.

Revenons maintenant au *Proslogion*. Nous avons distingué la pensée qui va vers le nécessaire et la pensée qui va vers le contingent, et nous avons 'cogité' que penser ce qui existe nécessairement est plus grand que penser ce qui peut éventuellement exister. La ré-

---

[17] Pour l'épistémologie du Moyen-Age, la conception n'est pas sans l'aide de l'imagination, sans fantasmes.

flexion sur le contraste entre la pensée du nécessaire et celle du contingent conduit à voir que la première est plus grande que la seconde, et l'adhésion à la première plus fidèle à la puissance de l'esprit que l'adhésion à la seconde. Il en va ainsi parce que la pensée, acquiesçant à ce que l'intellect voit nécessaire, accomplit ce pour quoi elle est faite. La pensée du nécessaire, explicitée par la négation du *posse* et de l'*esse* ('ce qui ne peut pas être pensé ne pas être'), n'est toutefois encore qu'un objet possible dont juge la *cogitatio*.

La pensée se dédouble ainsi en instances ouvertes l'une au possible et l'autre au nécessaire; en outre, elle pense ce dédoublement. La réflexion, qui pense la différence entre penser le contingent et penser le nécessaire, est inaccessible à l'imagination qui n'accède à rien qui ne soit pas contingent, qui se représente le nécessaire en fonction de son opposition au contingent; cette distinction est donc fondée réflexivement. Penser selon la nécessité est plus grand que penser selon la possibilité parce que cela exerce une réflexion en laquelle la *cogitatio* elle-même se sait destinée; elle est faite pour dire droitement ce que perçoit l'*intellectus*; penser selon l'intellect est *maius* qu'imaginer n'importe quoi de contingent ou nécessaire; seule la pensée qui se réfléchit elle-même est capable d'accéder à la raison de ce *maius*.

Voyons comment se légitime cela. Dans le ch. 2, être *in re et in intellectu* était dit *maius* qu'être seulement *in intellectu*. Dans le ch. 3, les termes en présence ne sont pas comparables selon la même mesure; les deux termes opposés, «ce qui ne peut pas ne pas être pensé existant» (qui désigne l'*id quo maius* nécessaire) et «ce qui ne peut pas ne pas être pensé non-existant» (qui désigne n'importe quel contingent), sont l'un et l'autre immanents à l'intelligence; ils peuvent aussi appartenir à ce qui est *in re*; l'opposition ici en jeu n'est plus du tout celle du mental et du réel, mais celle du nécessaire et du possible, opposition qui traverse en biais l'opposition précédente.

Pour Barth, ces deux cas «se distinguent par le fait qu'une négation hypothétique de ‹l'› existence est impossible à l'égard du premier être, et qu'elle est possible à l'égard du second»[18]. L'exclusion de la négation hypothétique met en relief l'affirmation nécessaire. Pourquoi l'affirmation nécessaire est-elle plus grande que la négation opposée? Parce que la négation est possible sous la condition de l'affirmation nécessaire; elle relève de l'instance intellectuelle qui

---

[18] K. BARTH, *La preuve* [5.3], p. 128.

produit l'image; mais, nous l'avons vu au ch. 2, la pensée qui pose l'*id quo maius* se soumet à une règle précédente qui détermine réellement sa compréhension. L'expression *maius* est saisie dès lors par une instance intellectuelle plus haute, accordée au nécessaire, et par là à la plénitude de l'être qui est à lui-même sa propre origine, qui n'est pas livré à l'imaginaire, qui n'est pas qu'un possible.

La pensée du nécessaire est plus grande que la pensée du contingent parce qu'elle inscrit l'acte de penser en·cela qui est compris, tandis que la pensée du contingent ne lie pas définitivement à ce qui est pensé. La pensée du nécessaire assume subjectivement la plénitude que l'absolu est nécessairement pour lui-même. Cette pensée est donc nécessairement plus grande que la pensée du possible. En effet, «de l'existence véritable (*vere esse*) générale se détache maintenant une existence véritable dont la vérité n'est pas seulement subjective, pas seulement subjective et objective, mais qui, par delà cette opposition, est fondée elle-même (*a se*)»[19]. La présence de l'absolu à lui-même, sa simplicité intérieure, garantit l'excellence de la pensée qui acquiesce à la nécessité de son affirmation.

> C'est pourquoi si ce dont plus grand on ne peut penser peut être pensé ne pas être: cela même dont plus grand on ne peut pas penser n'est pas ce dont plus grand on ne peut pas penser; ce qui ne peut convenir (102,8-10).

L'objectivité du nécessaire n'est pas sans la pensée; cependant elle n'est pas de la pensée. La nécessité de l'affirmation s'impose à l'esprit sans que celui-ci ne puisse en disposer. Anselme sait argumenter selon les 'raisons nécessaires'. Par cette expression, il faut entendre «un argument basé sur la vérité objective et capable, par là même, de provoquer la certitude»[20]. L'argument de nécessité, qui promet dès maintenant les développements du *De veritate*[21], suit les voies rigoureuses de la raison dialectique. Or la dialectique n'est pas éclairée par sa propre forme, mais par l'intellect ouvert à ce qui le transcende. Le rapport entre cette transcendance et l'intellect est parcouru réflexivement par la *cogitatio*. L'argument sur la nécessité réfléchit le mouvement de l'intellect en le traduisant dans l'articula-

---

[19] K. BARTH, *La preuve* [5.3], p. 129.
[20] A.-M. JACQUIN, 'Les *rationes*' [13.3], p. 73.
[21] Où la vérité est ainsi définie: *veritas est rectitudo mente sola perceptibilis* (191,19-20).

tion de la pensée dialectique soumise à une règle qu'elle ne peut pas transgresser.

On distingue selon les instances de la connaissance la nécessité dialectique et la convenance. «La notion de convenance s'inscrit plutôt dans l'ordre de la sagesse et de l'honneur divin, alors que l'intelligence et la justice divines seraient plutôt les régulatrices de la raison», explique R. Roques, à propos du *Cur deus homo*[22]. Les raisons de convenance sont adaptées à ce qui déborde la raison dialectique; elles relèvent du pur intellect, alors que la nécessité exprime l'obéissance de la *cogitatio* à ce qui la dépasse par la qualité de sa pénétration. A.-M. Jacquin termine son article sur les 'raisons nécessaires' par ce dépassement, dans la foi, de ce qui ne serait autrement que raison subjective[23].

Ces considérations[24] éclairent le texte d'Anselme. «Ce dont plus grand on ne peut penser» relève de l'intellect qui intègre, anime et limite la pensée. Devoir penser que cela soit nécessairement concerne la pensée animée intérieurement par l'intellect. La pensée qui propose la non-existence de l'*id quo maius* refuse son fondement intellectuel tout en prétendant le penser; c'est en effet le *maius* qui donne son mouvement à l'intellect et, par là, à la pensée; une contradiction traverse un tel esprit, qui ne conjoint plus l'*intellectus* et la *cogitatio* dans l'unité de son acte cognitif; cette contradiction ne se trouve plus entre deux propositions; elle n'est plus 'logique', mais spirituelle, et concerne l'alliance de l'être et de l'esprit, l'alliance onto-logique.

> Donc il y a, véritablement, quelque chose dont plus grand on ne peut penser, de sorte qu'on ne puisse même pas penser qu'il n'existe pas (103,1-2).

L'expression *vere esse* se précise alors. Elle évoque la parfaite coïncidence de l'intellect et de la pensée; mais cette parfaite coïncidence n'est pas le lot de la réflexion humaine, contingente parce que capable de ne pas acquiescer à la nécessité qui lui est présente. La contradiction traverse l'esprit qui peut y adhérer en manifestant ainsi sa contingence radicale; l'esprit ne vit pas adéquatement à la par-

---

[22] R. Roques, 'Introduction' à *Pourquoi Dieu* [18], p. 81.

[23] A.-M. Jacquin, 'Les *rationes*' [13.3], p. 76.

[24] Proposons ce schéma: l'*intellectus* intuitionne le transcendant et ouvre l'espace de la convenance; la *cogitatio* raisonne sous la lumière de l'*intellectus* et argumente par la nécessité. La pensée que ne guide pas l'intellect connaît le seul possible.

faite plénitude de l'*id quo maius*. C'est bien pourquoi il n'en mesure pas la compréhension, mais en est au contraire mesuré. La pensée droite refuse toute pensée de non-existence de l'*id quo maius* et acquiesce humblement à sa présence.

3. Le Créateur et les créatures

Et cela, tu ‹l'› es, Seigneur notre Dieu (103,3).

L'argument 'philosophique', exposé en forme de monologue, semble maintenant terminé. L'allocution, interrompue à la cinquième ligne du ch. 2, reprend ici. La démarche dialectique a conclu d'abord que l'*id quo maius* existe *in re et in intellectu* et puis qu'on ne peut pas penser qu'il ne soit pas (cfr 102,2; 103,1-2).

Pourtant, que ce *maius* soit Dieu, nous pouvons le supposer, mais cela n'est ni nécessaire ni évident. Les arguments de théodicée achoppent tous sur cette difficulté: le raisonnement aboutit-il vraiment à Celui qu'aime le croyant? Les cinq voies de st Thomas sautent toutes des conclusions du raisonnement à «cela, que tous appellent Dieu» [25]. Pour K. Barth, «nous avons ici devant nous le texte dont dépend peut-être, pour chaque lecteur d'Anselme, la compréhension ou la non compréhension de l'ensemble» [26]: en effet, il est maintenant manifeste que *id quo maius* est un 'nom' de Dieu. «Comment sait-on que Dieu s'appelle justement *quo maius cogitari nequit*? On le sait, parce que Dieu s'est ainsi révélé et qu'on le croit tel qu'il s'est révélé» [27].

Barth ignore le recul de l'insensé, le raisonnement en forme de monologue; il méconnaît que Dieu, inaccessible, se donne pourtant à la réflexion qui lui rend un humble témoignage par ses médiations dialectiques. Pour nous, l'*id quo maius* a un sens universellement accessible et une nécessité propre, quand bien même l'adhésion intelligente à son sens rationnellement nécessaire n'est pas un acte de foi. Toutefois, l'esprit sait qu'il doit affirmer ce qui le transcende, et que cela relève de sa responsabilité. La philosophie conduit à un seuil que seul un acte libre peut traverser. Mais il n'y a là rien qui ne fasse passer dans l'irrationnel. Nous devons accéder à une nouvelle rationalité, que développeront les ch. 5 et suivants du *Proslogion*. Pour le

---

[25] St. THOMAS, *Somme Théologique*, I,2,3.
[26] K. BARTH, *La preuve* [5.3], p. 137.
[27] K. BARTH, *La preuve* [5.3], pp. 138-139.

moment, serrons la signification de cet acte de liberté que nous venons d'évoquer.

La réflexion développée à l'aide des catégories de la création
fait évidemment appel à la foi. Anselme, qui a repris le genre littéraire de la prière à cet effet, invite à reconnaître que ce vers quoi
tend l'intellect n'est autre que le Créateur. Cette identité n'est pas
connue par l'intelligence laissée à ses propres puissances extatiques,
mais par la foi. Au moins l'insensé peut et doit adhérer au mouvement spirituel qui tend vers ce qui le mesure, même s'il ne confesse
pas le Credo. L'accord avec la foi demande une démarche neuve,
nullement nécessaire. Cependant, Anselme réinterprète dans la foi
les résultats de son enquête; ce faisant, il conduit ce qui précède à
son entière plénitude et y discerne une dimension pneumatique.

> Donc, véritablement, tu es, Seigneur mon Dieu, de sorte que tu ne
> puisses même pas être pensé ne pas être. Et à juste titre (103,3-4).

Le *vere* ne porte pas sur l'*esse*, mais sur son rapport, son acces-
sibilité nécessaire à l'esprit pensant. La structure trinitaire éclaire
singulièrement la manière dont Anselme comprend l'être'. L'intellect et la pensée s'articulent à la lumière de cette foi: «Le Père engendre son Fils, son Verbe; à l'image de cette procession éternelle, le *cogitare* est l'activité créatrice, génératrice pour être précis, par laquelle l'esprit profère son verbe mental, construit un concept» [28]. Le
Verbe provient de ce qui le profère, de l'*intellectus*, en exerçant la
cogitatio. Selon quelque schématisme transcendental, l'intellect est à
la pensée comme le Père est au Fils.

Pour le ch. 3, l'*id quo maius* est parfaitement présent à soi, une
entière unité intérieure. Anselme met toute sa foi en la Trinité et
toute son intelligence dans ce modèle trinitaire de l'être. L'esprit humain, à cause de sa contingence, n'est pas la 'raison' qui pourrait
rendre compte de l'*id quo maius* donné à être pensé en sa transcendance, tout comme le Père se donne au Fils qu'il n'est pas, dans l'u-
nité de leur amour.

> En effet, si un esprit quelconque pouvait penser quelque chose ‹qui
> soit› meilleur que toi, la créature monterait au-dessus du Créateur;
> ce qui est tout à fait absurde (103,4-6).

Si l'esprit peut contredire ce qui le constitue en son mouvement
extatique en contredisant le lien de l'intellect et de la pensée, si donc

---

²⁸ P. Michaud-Quantin, 'Notes' [10], p. 24.

il est contingent, il n'a pas de quoi juger ce qui est pure présence et pur don de soi à soi. Pour les ch. 6 et 7 du *Monologion*, la distance qui sépare le Créateur de sa créature est identique à celle qui sépare l'Etre par soi des êtres par Lui. Comment ce qui est par le Créateur pourrait-il juger Celui qui est par soi et par qui il est? Selon Augustin, le juge est plus grand que ce qu'il juge: Anselme ne pense pas autrement. Que la créature juge le Créateur n'est pas seulement inconvenant; c'est impossible. L'esprit qui porte en soi la possibilité de la contradiction envers lui-même est trop contingent pour s'élever au-dessus de Celui qui est pure présence à soi, identique à soi. L'obéissance de la foi s'allie ainsi à une vue exacte de l'ordre des choses.

> Et assurément, tout ce qui est autre que toi seul peut être pensé ne pas être. Donc, ‹Toi› seul «es», le plus véritablement de tous, et c'est pourquoi tu as d'être de la manière la plus grande de toutes: parce que tout autre chose n'est pas, véritablement, et c'est pourquoi elle a moins d'être (103,6-9).

Dieu seul est entière présence à soi; il est dynamiquement ce qu'il donne, sans dépendre de rien, purement à l'origine de soi. Pour cette raison de simplicité intérieure, lui seul ne peut pas ne pas être conçu existant. Mais tout le reste peut être conçu à l'aune de la contingence qui frappe l'esprit humain, à distance de soi puisque sa pensée n'est pas nécessairement intérieure à l'intellect. L'être est donné à la créature qui n'a rien en elle qui légitimerait sa prétention à se le donner. Rien de créé n'a en soi la raison de son être; tout entière contingente, la créature ne manque pas d'être, mais ne produit pas son être.

La présentation, dans le *Monologion*, de l'acte d'être en clef grammaticale est particulièrement suggestive. Barth rappelle également l'équivalence entre d'une part *essentia, esse et existens* et d'autre part *lux, lucere et lucens*: «le mot 'essence' (*essentia*) désigne la potentialité (*potentia*), 'être' (*esse*) désigne l'actualité (*actus*) de l'être, d'un objet. Cet objet est appelé 'existant' (*existens*) ou 'subsistant' (*subistens*) dans la mesure où il est présent et ‹...› où il n'est pas seulement objet dans la pensée ou pour la pensée humaine ‹...›. Les termes 'existant' ou 'subsistant' en revanche caractérisent un objet qui 'sorte' (*ex-sistens*) du cercle intérieur de la pensée, un objet qui, en face de toute pensée concernant la potentialité et l'actualité de son être et de son existence, 'est par lui-même' indépendant (quoique n'étant pas formé à cette pensée) (*sub-sistens*)» [29]. Nous avons montré dans notre ch. I comment la compréhension de cette unité dynamique, exprimée grammaticalement, pouvait éclairer notre intelligence du mystère trinitaire en même temps que celui de l'esprit.

Notre analyse du *Monologion* [30] a conclu qu'on ne peut pas séparer l'origine (*esse*) de son essence ou de sa substance où, se disant, l'être s'expose (*essentia*) dynamiquement (*ens*). L'*esse* est actualité pure, et non potentialité; l'*Esse* originaire se pose en acte en se donnant tout entier en son Essence; cependant, tandis qu'il se pose en substance, l'être dynamique suspend son élan; l'essence n'est pas l'*esse*. Enfin, *esse* (*lucere*), *essentia* (*lux*) et *existens* (*lucens*) sont entre eux comme le Père, le Fils et l'Esprit, dans l'unité de leur actualité et la diversité de leurs propriétés. C'est pourquoi reconnaître l'essence vraie pour ce qu'elle est, c'est confesser l'*esse* paternel qui s'y déploie intérieurement.

Anselme ne déduit pas l'existence d'une essence, mais il discerne dans l'*essentia* l'*esse* qui s'y donne. Dès lors, la qualité de la vérité ou de l'intelligibilité suit la donation de l'être reconnue en l'essence. La pure présence à soi qu'est l'*id quo maius* est la pure présence de l'*esse* à son essence, ou encore, la perfection du rapport de l'intellect à la pensée, ou la perfection de l'*intellectus* qui anime la *cogitatio*. Cette perfection est intériorité accomplie de l'existence et de l'essence: l'être se dit, se propose et s'expose dans son essence ou son intelligibilité objective; la pensée de l'*Esse* originaire, ou son Verbe, est l'expression parfaite de son être et du don absolu de soi. L'opacité qui sépare l'intellect humain de sa pensée signe l'imperfection de sa présence à soi, quoique l'antériorité de l'*intellectus* sur la *cogitatio* et l'intériorité de celle-ci en celle-là ne puissent que confirmer la participation de l'esprit créé à l'Esprit créateur; l'*intellectus* sait en effet la pure présence à soi, tout en demeurant humainement divisé de ce qui l'anime intérieurement.

4. *La lettre ou l'esprit*

«Anselme a prouvé que Dieu ne peut pas ne pas exister. Cela signifie qu'il a prouvé ce qui ne peut être prouvé que de Dieu» [31]. La

---

[29] K. BARTH, *La preuve* [5.3], p. 80-81.
[30] Cfr notre *Dire l'ineffable*, [4], pp. 94-95, 153-160, 287.
[31] K. BARTH, *La preuve* [5.3], p. 140.

preuve est terminée lorsque l'esprit voit à la fois sa participation au dynamisme de l'unité trine et sa contingence ou sa distance envers la présence qu'est Dieu en son Esprit. L'esprit humain sait que penser l'*id quo maius* mobilise toutes ses forces spirituelles dans leur unité idéale, fondée en son origine.

> Pourquoi dès lors l'insensé dit-il dans son coeur: Dieu n'existe pas, puisqu'il est si évident pour un esprit rationnel que tu existes de la manière la plus grande? Pourquoi, sinon parce qu'‹il est› sot et insensé (103,9-11)?

Anselme introduit maintenant le problème traité au ch. 4. Nous avons vu la place essentielle tenue par l'insensé dans l'économie anselmienne: son attitude met en évidence la distance qui sépare l'intellect et la pensée; elle témoigne par là que la créature n'est pas le Créateur; l'*insipiens* agit comme le dialecticien *in voce* qui prétend poser ou nier la réalité avec ses seuls mots, alors que le sens des mots du transcendant est intérieur à la réalité qu'ils visent comme la pensée est intérieure à l'intellect, l'*essentia* à l'*esse*.

Faisons ici écho aux interprétations logiciennes de l'argument anselmien. Depuis quelques décades, à la faveur du renouvellement de la logique par les mathématiques et de la philosophie néo-positiviste, des auteurs ont entrepris de lire les ch. 2 à 4 du *Proslogion* en clef formelle. Le travail de J. Vuillemin [32] va dans ce sens; extrêmement précis, il éveille à une profonde intelligence du texte. Il reconnaît l'aspect négatif de la désignation de Dieu: «Dieu est ainsi défini par sa relation à une entité qu'il est impossible de penser. Cette entité est indéfinie et universelle» [33]. On en conclut que «la preuve d'Anselme se distingue à la fois de la preuve ontologique qui déduit l'existence de la perfection absolue et de la preuve cartésienne par l'idée de parfait en moi» [34]. Pourtant le postulat du parfait a quand même un rôle essentiel dans la preuve anselmienne vue par J. Vuillemin.

Au ch. 4 de son livre, cet auteur, qui traite précisément du postulat de perfection, interprète le *Proslogion* à la lumière d'une dialectique ascendante qui conviendrait au *Monologion*. Une telle interprétation provient de ce que la 'Réponse' d'Anselme à Gaunilon,

---

[32] J. Vuillemin, *Le Dieu d'Anselme* [5.3].
[33] J. Vuillemin, *Le Dieu* [5.3], p. 20.
[34] J. Vuillemin, *Le Dieu* [5.3], p. 21.

nous l'avons déjà noté, assume cette dialectique: «Anselme est contraint d'admettre que pour que la description de la prémisse du *Proslogion* puisse être pensée selon la chose et non seulement selon le mot, il faut en appeler à la gradation du *Monologion*»[35]. De quelle gradation s'agit-il? L'auteur distingue la dénomination négative de Dieu et la réflexion sur cette dénomination; mais à son estime, la dénomination négative, digne de l'ineffable, ne prouve rien, tandis que la réflexion, strictement logique, est incompatible avec la prémisse et donc prouve n'importe quoi. J. Vuillemin en conclut que la preuve de toutes manière ne fonctionne pas.

De fait, dans de telles conditions, elle ne peut pas fonctionner. Le problème est celui du rapport de l'intellect à la pensée; selon l'auteur, ce rapport est antinomique; dans une dialectique ascendante vers une limite transcendante, «ou bien la preuve a un caractère démonstratif et la prémisse doit respecter le postulat de la ressemblance, mais alors il est impossible de penser la transcendance. Ou bien on pose la transcendance mais en introduisant dans la pensée et dans la parole l'ambiguïté, et la position correspondante de relation sans converse rend inopérante la démonstration»[36].

Cette analyse fait une pétition de principe. Ou bien Dieu est dans l'ordre des homogènes hiérarchisés, ou bien il n'y est pas; et de toute façon, aucune preuve ne peut en être tirée. En effet, si Dieu est homogène aux choses, il n'est pas *nihil maius*; s'il ne l'est pas, il échappe à toute prise de la logique. On postule par là que la preuve se déploie dans le seul espace des semblables susceptibles d'être réduits à une aune commune — ce qui est une nécessité logique stricte et le fondement de toute dialectique ascendante — mais on méconnaît la médiation de la vie de l'esprit contingent, la réflexion sur cette contingence et l'intériorité de la pensée à l'intellect. Les représentations logiques sont fermées sur elles-mêmes, pensées sans engagement ontologique, *logos* sans être, incapables de se donner l'être qu'elles n'ont pas, bien évidemment.

Revenons au texte d'Anselme. Pourquoi (*Cur*) l'insensé a-t-il dit dans son coeur que Dieu n'existe pas? Serait-ce par intention malveillante? Selon Barth, la colère de Dieu porte sur l'insensé, marqué par la «perversion de la nature toute entière. ‹... Il est› un homme qui ‹...› parvient à faire ce qui n'est pas physiquement

---

[35] J. Vuillemin, *Le Dieu* [5.3], p. 62.
[36] J. Vuillemin, *Le Dieu* [5.3], p. 67-68.

impossible, mais interdit, un homme qui ‹...› se place sur un terrain où tout homme — qu'il pense et sente correctement ou non — ne peut faire autre chose que tomber»[37]. Barth ne peut arriver à cette interprétation qu'en évoquant, outre l'élimination de la raison commune, «la réprobation divine sur celui qui peut nier l'existence de Dieu»[38]. Une citation du *De concordia* (III, 3) confirme, dit-il, sa thèse: «Aucune créature ne peut avoir la rectitude que j'ai appelée de la volonté que par la grâce». Par cette interprétation, K. Barth manifeste que, pour lui, la grâce vient s'ajouter à l'esprit d'une manière extrinsèque; le don gracieux de l'être, de la création, n'est vu en fait qu'à travers le péché qui suit ce don.

Nous commenterions plutôt ainsi: l'insensé nie Dieu parce qu'il se livre à la béance qui sépare l'*intellectus* de la *cogitatio*, parce que ce qu'il pense et raisonne ignore la lumière irradiée sur l'intellect. Mais pourquoi se livrer à cet abîme spirituel d'incohérence et d'obscurité? Ne serait-ce pas que l'esprit laissé à lui-même, sans la rigueur du juste raisonnement illuminé par ce que comprend l'intellect, est écartelé entre son intelligence et sa pensée? L'esprit contingent divisé d'avec lui-même pourrait-il être autrement que sot et inintelligent[39]?

---

[37] K. BARTH, *La preuve* [5.3], p. 145.

[38] K. BARTH, *La preuve* [5.3], p. 144.

[39] A. HAYEN, 'Saint Thomas' [11.3.1], met l'accent sur la fraternité qui lie le croyant et l'insensé (pp. 70-82 surtout).

VI

EXPRIMER

1. Le verbe intérieur

La fin du ch. 3 s'était posé la question de savoir 'pourquoi' (*cur*) l'*insipiens* a dit: «il n'y a pas de Dieu». Le ch. 4 cherche maintenant 'comment' (*quomodo*) a pu se produire une telle négation. La question 'pourquoi' est différent de la question 'comment'; le fait de ne pas comprendre ('pourquoi') a été expliqué par la sottise, c'est-à-dire la rébellion de la créature envers le Créateur; elle doit recevoir maintenant une explication plus affinée au plan du processus ('comment') de la connaissance, afin de rendre compte à ce niveau simplement épistémologique de l'attitude de l'insensé. Par là, Anselme démonte les mécanismes qui aveuglent l'insensé; cette mise à jour est une invitation raisonnable à s'ouvrir à la lumière; l'explication du processus qui conduit à nier Dieu conduit l'objectant à se rendre aux arguments d'Anselme. Le ch. 4 conclut donc ici l'argument sur l'existence de Dieu, que l'insensé ne peut plus raisonnablement nier.

> Mais comment a-t-il dit dans son coeur ce qu'il n'a pu penser? ou comment a-t-il pu penser ce qu'il a dit dans ‹son› coeur, puisque c'est la même chose de dire dans le coeur et de penser (103,14-16)?

On distingue deux temps dans la formation de la pensée explicite. En un premier temps, conformément à la doctrine augustinienne du *De trinitate* [1], l'esprit se forme intérieurement le verbe d'un objet extérieur; dans un second temps, ce verbe intérieur est produit extérieurement, prononcé.

La pensée explicite naît d'un verbe intérieur; la connaissance est en effet d'abord une réceptivité d'objet et une construction immanente à l'esprit; l'expression verbale, sans laquelle la pensée objectivante n'est pas achevée, suppose un sol d'où elle émerge, une demeure intérieure où l'esprit accueille l'objet. Le verbe intérieur suit

---

[1] Cfr St Augustin, *De trinitate*, XV,X,19-XI,20. On sait qu'Anselme invite à comprendre son *Monologion* à la suite de cette oeuvre d'Augustin (cfr 8,12-14).

de cet accueil, et précède la prononciation des mots articulés en signes sonores; il est un *logos* dit silencieusement dans le coeur; parfaitement cohérent avec l'*intellectus*, il permet d'en exprimer verbalement l'intuition ou la 'non-parole' principielle, la compréhension immédiate.

Entre comprendre et exprimer, il y a une médiation, la parole dans le coeur, liée à la fois à l'expression articulée et à ce que voit l'intellect; le coeur médiatise, du point de vue du processus de connaissance, l'*intellectus* et la *cogitatio*. Dire dans son coeur que Dieu n'existe pas signifie rompre l'harmonie entre ces instances du savoir et rendre le coeur ambigu.

> Si véritablement — bien plus: parce que véritablement — il ‹l'›a pensé parce qu'il ‹l'›a dit dans ‹son› coeur, et ‹s'› il ne ‹l'› a pas dit dans ‹son› coeur parce qu'il n'a pas pu ‹le› penser, ‹ce n'est› pas d'une seule manière ‹que› quelque chose est dit dans le coeur et est pensé (103,16-18).

Comment donc l'insensé a-t-il pu nier Dieu? D'une part, d'un point de vue psychologique, «parce qu'il ‹l'›a dit dans ‹son› coeur, il ‹l'› a pensé»; la parole du coeur est en effet une pensée secrète. D'autre part, d'un point de vue réflexif, «il ne ‹l'› a pas dit dans ‹son› coeur, parce qu'il n'a pas pu ‹le› penser»; en effet, l'illégitimité théorique de l'expression: «Dieu n'est pas» reflue vers l'intériorité où se forme toute expression. On conclut de là, non pas que «dire dans son coeur» ne correspond pas à «penser», ce qui contredirait leur identité posée dans la première phrase du chapitre (103,15-16)[2], mais qu'entre ces deux aspects (psychologique et réflexif) du processus de la connaissance il y a une ambiguïté, qui concerne en fait le statut du 'verbe'.

> La chose est en effet pensée d'une manière quand on pense le mot qui la signifie, d'une autre manière quand on comprend cela même qu'est la chose (103,18-19).

Anselme reprend ici la distinction, déjà classique en son temps et féconde plus tard dans le nominalisme, entre la *vox* et la *res*, le mot et la chose. Le *Monologion* avait déjà distingué, aux ch. 10 et 11, la *vox* et la *conceptio*. La *vox* signifie le 'mot', au sens le plus gé-

---

[2] Comme le fait Al. KOYRÉ, qui intervertit l'ordre des propositions d'Anselme, exposant d'abord le ch. 4 du *Proslogion*, puis l'exemple du peintre issu du ch. 2 (*L'idée* [5.3], pp. 205-206).

néral, la parole prononcée soumise à la logique qui lui attribue sa signification dans l'ensemble cohérent et unifié du dictionnaire [3]; cette *vox* exprime un verbe; les verbes sont de genres divers, selon la division augustinienne entre le signe naturel et le signe qui exprime
une intention volontaire [4]; quant à la *conceptio*, elle concerne le rapport de l'esprit à ce qui est, le mouvement de l'intellect, «la vue en
esprit des choses elles-mêmes, futures ou déjà existantes, par la fine
pointe de la pensée» (24,27-29). Dans le *Monologion*, le verbe naturel (25,12) est proche de cette *conceptio* [5].

   Le couple *intellectus-cogitatio* du *Proslogion* s'étend sur un espace typologique semblable. La pensée est intérieure à l'intellect
dont elle objective en raison manifeste ce qu'il perçoit immédiatement; mais elle peut réduire ses mots signifiants au domaine de la
seule dialectique formelle, se rendre maître de l'intention objective
de l'intellect et mimer ainsi ce qui l'anime intérieurement [6]. Quant à
l'intellect, de soi, il opère de manière immanente à l'esprit, mais il
tend, comme la *conceptio* du *Monologion*, vers la chose.

   Il peut donc y avoir deux usages de la même *cogitatio*, l'un formel et dialectique, l'autre selon la *res* et animé par l'intellect [7]. «Dire dans son coeur» a la même ambiguïté. Le verbe intérieur peut
n'être le résultat d'aucune 'impression' de l'intellect et n'engendrer
que des formes arbitraires.

> C'est pourquoi on peut penser que Dieu n'est pas de cette maniè-
> re-là, mais ‹on ne peut› pas du tout ‹le penser› de cette ma-
> nière-ci (103,20).

   Nous venons de considérer la solution générale du problème de
la constitution d'une langue sensée; Anselme applique maintenant

---

[3] La *vox* correspond à l'objet d'une étude synchronique qui ne considère que
les éléments matériels en présence et leur relation systématique, où chacun reçoit
une signification possible.

[4] AUGUSTIN, *De doctrina christiana*, 2,1,2; 2,2,3. Cfr J. ENGELS, 'La doctrine du
signe chez saint Augustin' dans *Studia Patristica*, 1962, 366-373; B.D. JACKSON,
'The Theory of Signs in St. Augustine's *De doctrina christiana*' dans *Revue des Etudes Augustiniennes*, 1985, pp. 9-49.

[5] Dont la perfection est symbolisée par les verbes de la *suppositio personalis*,
comme diront les nominalistes dont Anselme anticipe l'idée en 25,17-19. Cfr notre
Dire l'ineffable [4], pp. 111-116.

[6] La possibilité de l'anticipation de la *suppositio personalis* manifeste ce risque.

[7] On distingue à partir de là deux modes de 'dialectique': la dialectique *in voce*
(les formalistes) et la dialectique *in re* (Anselme).

cette solution à l'affirmation du ch. 2: l'*id quo maius* est Dieu
lui-même. On peut traiter le mot 'Dieu' selon le schéma commun à
la constitution de tout verbe, comme forme logique ou comme intention de l'intellect. Dans la perspective dialectique ou formelle, la
réflexion est vide de tout contenu; le signe linguistique, la *vox*, ne
renvoie qu'à lui-même et son objectivité est déterminée par sa position dans le jeu arbitraire des relations des signes de son système;
dans la mesure où ces relations fixent l'espace où le mot a sa signification, comme en logique pure, on peut 'penser' que le mot ne dit
pas Dieu; en effet, dans ce cas, il n'y a pas de lien constitutif entre le
mot et la chose tel qu'un mot puisse dire ce qui est réellement unique et hors toute relation, *maius*; un système formel est une création
sans fondement objectif et spirituel [8]. Mais il en va tout autrement
dans la seconde perspective, celle où l'intellect anime la *cogitatio* qui
en traduit correctement l'intention.

> Personne, bien sûr, qui comprend ce que Dieu est, ne peut penser
> que Dieu n'est pas, quoiqu'il dise ces mots dans le coeur, soit sans si-
> gnification, soit avec quelque signification étrangère (103,20-104,2).

De même que la *cogitatio* peut recevoir deux usages, ainsi
l'activité de signification peut être double; elle peut d'une part suivre
les indications de l'intellect et en indiquer le sens; elle peut d'autre
part s'en détourner et gérer à son propre compte ce que la pensée
saisit. Dans ce dernier cas, la signification objective n'a aucun poids;
la pensée soumet toute signification à sa guise, soit en refusant qu'il
y ait un sens, soit en pervertissant celui-ci et en le détournant de sa
vérité.

Comment est-ce possible? Anselme comprend-il cette ambiguïté
en fonction du péché auquel il a déjà fait allusion dans son premier
chapitre et qu'évoqueront les chapitres suivants sur la miséricorde?
En réalité, la possibilité du péché résulte de l'écart humainement insurmontable entre l'intellect et la pensée. Les mots prononcés dans
le coeur sont ceux du verbe intérieur; mais la pensée qui expose thé-
tiquement ce verbe intérieur peut refuser de se laisser normer par l'*id
quo maius* qu'il comprend; dès lors le verbe intérieur perd sa fondation objective. Le verbe intérieur, engendré en l'esprit, ouvre celui-ci

---

[8] Le traitement purement logique de l'argument anselmien, particulièrement
par les moyens de la logique formelle, n'a pas la largeur suffisante pour rencontrer
ce qui y est effectivement en jeu.

à ce qu'il n'est pas, l'engageant à une extase où il répond à l'appel
de ce qui le mesure; mais ce mouvement extatique peut être refusé
par la pensée qui est contingente, et le verbe chute dans la forme.

> En effet, Dieu est ce dont plus grand il ne peut être pensé. Qui com-
> prend bien cela, comprend en tout cas que cela-même est, de telle
> sorte qu'il ne puisse même pas penser qu'il ne soit pas (104,2-4).

Le poids de l'argumentation réside moins dans le mot prononcé
et son analyse dialectique que dans la réalité engagée lorsque ce mot
est reçu en son sens; il s'agit de pénétrer cette réalité en réfléchissant
l'acte qui nous permet de la dire de manière sensée, pour en découvrir les conditions de possibilité. Anselme propose alors de nouveau
sa 'dénomination' de Dieu. Il ajoute que comprendre cela (id),
c'est-à-dire ces mots, implique l'intelligence de leur sens et de la réalité qui en est le terme d'intention; on conclut qu'il est interdit de
penser que Dieu n'est pas.

> Donc, celui qui comprend que Dieu est ainsi, ne peut pas le penser
> ne pas être (104,4).

Anselme pose avec force les limites de la pensée; celle-ci, intérieure à l'intellect, en reçoit ce qu'elle doit penser; son oeuvre d'objectivation est au service du don qui l'anime.

2. Une preuve

A la fin du ch. 4 reparaît la forme littéraire de la prière; celle-ci
était d'abord une demande au ch. 2, puis une confession au ch. 3; elle est maintenant une action de grâce.

> Je te rends grâce, bon Seigneur, je te rends grâce, parce que ce que
> j'avais cru d'abord ‹parce que› tu ‹me› donnais ‹ta grâce›,
> maintenant je ‹le› comprends ‹parce que› tu ‹m'› illumines de
> telle sorte que si je ne voulais pas croire que tu es, je ne pourrais pas
> ne pas ‹le› comprendre (104,5-7).

Commentons ce texte conclusif en répondant à trois questions.
Les chapitres de l''argument ontologique' prouvent-ils? Prouvent-ils
a priori ou a posteriori? L'existence prouvée est-elle celle de Dieu?

Ces chapitres administrent une preuve. L'intention d'Anselme
est nette; les expressions utilisées [9] autant que la forme monologale

---

[9] *Astruendum* (93,7); *probandum* (93,6-7).

de l'exposé interdisent de répondre négativement. Mais n'y a-t-il pas erreur de l'intention? Le contexte priant ne fait-il pas partie intégrante du texte?

Voyons si le texte concorde avec ce que 'prouver' signifie. Les modalités d'une 'preuve' sont multiples; le syllogisme déductif en est une, apparemment la plus concluante; ce n'est pas celle qu'utilise ici Anselme, pourtant fin connaisseur de Boèce et de ses commentaires d'Aristote. Toutefois, même si la forme syllogistique n'est pas utilisée (et pour cause, puisque cette forme n'a de consistance que par l'identité des contenus conceptuels des prémisses, et que la *maius* est unique), l'exigence logique n'est pas abandonnée.

La preuve anselmienne ne montre pas qu'une proposition X est vraie et nécessairement vraie si l'on accepte les prémisses A ('je pense le *maius*') et B ('ce *maius*, je le vois sensé'), comme si celles-ci pouvaient conclure (le *maius* transcende la pensée). Anselme conclut une proposition litigieuse à partir de prémisses, mais à condition de les traiter de manière réfléchie. Ainsi, d'une part, l'expression *id quo maius cogitari nequit* peut être pensée universellement; en effet, n'importe qui peut s'y rendre attentif; d'autre part, cette expression a un sens universel, même si aucune 'réalité objective' ne semble lui correspondre. La conclusion de l'argument ne se tire pas du spectacle de ces prémisses. L'analyse formelle aboutit seulement à poser la nécessité de penser que soit possiblement ce qui est plus que *in intellectu*[10]. Pour aller au-delà de ce possible, il faut que la pensée fasse réflexion sur cette position et y reconnaisse ce qui anime la réalité de son mouvement; elle voit alors la nécessité, pour elle, du *maius*.

En fait, tout le monde sait distinguer ce qui est seulement 'mental' et ce qui est en outre dans la 'réalité'. On tire de là une conclusion essentielle: on peut comprendre qu'il y a des 'choses' qui ne sont pas seulement des contenus immanents à la pensée; la pensée est capable de saisir ce qui n'est pas seulement en elle; on concède alors que penser ce qui n'est pas seulement dans la pensée est plus grand que penser ce qui y est confiné, car la pensée sort alors de sa forme; on en déduit que la pensée est capable d'extase et qu'il y a plus dans cette extase que dans la pensée d'un contenu immanent à la pensée. Dès lors, à partir de l'évidence acquise de son propre élan

---

[10] Telle serait la critique de Kant: Anselme ne dépasse pas la nécessité d'un postulat; de ce que l'intelligence doive penser la possibilité de Dieu ne découle évidemment pas son existence.

et de celle de la dénomination de Dieu saisie par la *cogitatio* à défaut d'être confessée, la pensée est invitée à accueillir une donation dont elle n'est pas l'origine et qui la fonde. On conclut ainsi qu'«il existe dans l'intellect et dans la chose quelque chose dont plus grand on n'est pas capable de penser» (102,2-3).

Tel est le chemin du ch. 2. S'agit-il là d'une vraie preuve? Anselme contraint, si du moins on accepte ses prémisses, à dire que la pensée peut tendre vers le *maius*, que son mouvement est intérieur à l'intellect et que celui-ci laisse resplendir sur soi une lumière qui ne vient pas de lui. La dialectique pose ainsi une nécessité d'ordre ontologique: l'*id quo maius* ne peut pas être seulement dans la faculté de connaissance, ce que sait la simple *cogitatio* qui réfléchit la signification de la formule dialectique *id quo maius cogitari nequit*, car alors elle pourrait penser quelque chose de plus grand que ce dont plus grand on ne peut pas penser. On déduit de là que la pensée rend nécessaire la reconnaissance de ce qui dépasse toute puissance de l'intellect, de telle manière qu'elle soit à son tour contrainte de respecter les limites qu'expose la façon négative de désigner Dieu.

La composition de la première partie du ch. 3 et du ch. 4 tout entier est de même facture argumentative. Anselme déploie la nécessité signifiée au ch. 2 jusque dans le travail de la pensée (ch. 3) et de son expression où l'esprit achève son mouvement (ch. 4). On ne peut construire démonstration plus contraignante que celle-là: les conditions de l'argumentation, c'est-à-dire de la discursivité, sont réfléchies à partir de la désignation sensée de l'*id quo maius* où l'intellect voit son principe qui fonde la discursivité de sa pensée.

Mais le second paragraphe du ch. 3, ainsi que les dernières lignes du ch. 4, ne dévoilent-elles pas qu'en fait le texte a un fondement mystique, ou à tout le moins théologique? Certes ces lignes sont théologiques, paroles dites à Dieu. Mais ajoutent-elles quelque chose à la force logique du texte? Tout se passe comme si elles interprétaient dans un langage nouveau ce qui a été tenu raisonnablement; leurs affirmations relèveraient plus d'une herméneutique que d'une logique; le nerf de la preuve réside dans la réflexion du mouvement de l'esprit qui dit et pense l'*id quo maius*. Les lignes théologiques interprètent cet élan spirituel selon la vérité qu'en livre la foi. La preuve qu'il y a une transcendance fonctionne sans elles; mais que cette transcendance soit Dieu ne peut être connu sans elles.

Est-ce une preuve a priori ou a posteriori? Anselme ne fait pas une analyse du concept *id quo maius* pour en extraire, parmi ses éléments intelligibles, l'existence qui y serait incluse nécessairement. La réflexion progresse plutôt en rapportant ce qui est compris à qui le comprend, ce qui est pensé à qui le pense, afin de déterminer ce qui est ontologiquement compris et effectivement signifié. La preuve n'est pas analytique.

Est-elle synthétique a posteriori? C'est ce que nous semblions suggérer à l'instant. L'expérience de l'esprit permet de saisir la plénitude signifiée par un concept dont il pourrait méconnaître la véritable signification s'il n'en faisait pas précisément l'expérience de l'attrait. Pourtant, cette expérience de l'*id quo maius* est unique. Celui-ci n'est pas disponible pour une expérience semblable à une autre, mais seulement à travers la réflexion sur une formule dialectique. Il se soumet à ce contexte réflexif, et ne peut pas être dissocié de ce en quoi il a sens. Nous n'avons pas d'un côté l'*id quo maius*, que l'on pourrait inspecter de manière neutre, et de l'autre l'intelligence, indépendante de lui. L'*id quo maius* n'est rien sans l'expérience spirituelle dont il met à jour l'ouverture vers la transcendance, quand la *cogitatio* en assume le sens.

La preuve anselmienne est certainement synthétique; elle est d'une certaine manière a posteriori, puisqu'une expérience spirituelle en conditionne l'accès au sens, mais cette expérience n'est pas étrangère à un a priori. La preuve anselmienne est synthétique, a posteriori du point de vue de la *cogitatio* qui réfléchit le mouvement de l'esprit se rapportant vers ce qui le mesure, et a priori du point de vue de l'*intellectus* accédant à ce qui le dépasse. Cet accès retenu ou surveillé au bord de l'inaccessible est désigné par *id quo maius cogitari nequit*.

Anselme avait le projet de prouver que, «véritablement, Dieu est» (93,7). A la fin de la première moitié du ch. 3, il juge réussie son entreprise: «Donc il y a vraiment quelque chose dont plus grand on ne peut penser» (103,1-2); cet *id quo maius*, c'est Dieu. L'insensé n'a pas le droit de penser que l'*id quo maius* n'est pas. Mais Anselme a-t-il prouvé le lien entre *id quo maius* et Dieu? Si non, a-t-il prouvé que Dieu existe?

Prouver que Dieu existe serait montrer que la proposition: «Dieu est» est universelle et nécessaire, c'est-à-dire qu'on ne peut pas vraiment penser en niant que «Dieu est». La preuve ne montre certes pas, par les moyens de la raison, qu'il y a Dieu' quelque part; elle ne trouve pas un existant supérieur ou meilleur au détour d'un chemin fictivement rationnel qui traverserait le monde des choses mondaines. On prouve Dieu en montrant que la raison est ce qu'elle est parce que Dieu est ce qu'Il est.

Dire que la proposition: «Dieu est» est nécessaire signifie qu'il est impossible de penser vraiment si l'on nie cette proposition, qu'il est donc nécessaire, pour l'humaine raison, que Dieu soit. La preuve a priori a jusque là fondé cette nécessité: l'*id quo maius* mesure la pensée. On a démontré qu'on ne peut pas penser vraiment, c'est-à-dire selon l'*intellectus* fondateur, si l'on dit que *id quo maius* n'est pas. Celui-ci est nécessaire quant à nous. Au terme de la réflexion, il suffit à la pensée de reconnaître modestement ses limites et en même temps son excellence, car elle pense ce qui déborde ses limites.

Pour les ch. 2 à 4 du *Proslogion*, la réflexion sur l'activité de l'esprit est capable de découvrir une réalité nécessaire. Toutes les créatures sont contingentes; elles n'ont pas de nécessité essentielle pour la pensée. Mais la pensée ne peut pas penser les choses contingentes si elle n'accepte pas, au coeur même de son activité, une tension vers ce qui lui donne son mouvement, une 'origine' qui l'attire à soi et qui fait de tout ce qui est un bien désirable. Dieu est unique, car lui seul transcende absolument l'esprit humain et se donne en même temps amoureusement à lui en l'attirant vers soi, son bien ultime. A ce moment, on doit dire que Dieu n'est pas un postulat; la pensée doit confesser et louer la réalité divine pour rendre compte de sa propre efficacité.

Dieu est ainsi, par la médiation du mouvement de l'esprit, l'*id quo maius* attirant. S'agit-il là de le comprendre grâce à un schème néoplatonicien dont le christianisme se serait accommodé? Cette interprétation ne convainc guère, car elle prend le *maius* pour un maximum, alors que la formule, essentiellement négative, ne désigne aucun étant supérieur sur une échelle de grandeur. La compréhension proposée par Anselme ne concerne pas les étants dont on pourrait comparer objectivement les grandeurs, mais une transcendance absolue par rapport à laquelle l'esprit pense.

N'est-ce pas là justement ce qu'est Dieu, en vérité? Le thème théologique de la création ne convainc personne qui ne soit d'abord convaincu. Même celui qui accède à l'intelligence de l'*id quo maius* peut refuser de vénérer Dieu; il est pécheur. Le ch. 2 et le début du ch. 3 invitent l'esprit à l'humilité. Le thème de la création vient sceller en Dieu cet appel; il ne suffit pas, mais il est nécessaire, de vivre selon le dynamisme spirituel et de penser à l'intérieur de ce dynamisme, pour que le thème de la création donne un sens ultime à ce dynamisme; il répond à l'éclat de l'amour et de la vérité divine. A ce moment, illuminé par la grâce de la révélation, nous connaissons le 'nom' de celui qui est *id quo maius cogitari nequit*.

TROISIÈME PARTIE

SUMMUM OMNIUM

VII

JUSTICE

Le nom révélé de Dieu est 'justice, tendresse et miséricorde'[1], 'Père'; Anselme ne croit pas qu'il soit une formule dialectique, ni l'être d'Ex 3,14 expliqué par la technique logique aristotélicienne. Après avoir traité de l'affirmation du *maius* et montrer qu'il existe nécessairement pour nous *in intellectu et in re*, Anselme poursuit sa réflexion en cherchant ce qu'on pourrait appeler les traits essentiels de l'essence divine. C'est alors seulement que l'on pourra reconnaître en l'*id quo maius* celui que le croyant aime. Les ch. 2 à 4 ont répondu à la première partie du projet décrit dans le 'Prooemium': *quia deus vere est* (93,7); les chapitres suivants poursuivent en expliquant le point suivant: *quia est summum bonum* (93,8). Cette recherche va du ch. 5 où Dieu est dit *summum omnium* (104,12) et se conclut au ch. 22: *non es nisi unum et summum bonum* (117,1-2).

Les chapitres qui traitent de l'essence divine peuvent être divisés en deux groupes; le premier, du ch. 5 au ch. 12, assume sous la désignation *summum* les traits divins essentiels transmis par l'Ecriture; le second, du ch. 13 au ch. 22, introduit une nouvelle désignation de Dieu et en approfondit la signification grâce à la catégorie philosophique de l'éternité.

La longueur de l'étude anselmienne sur l'essence divine invite à la diviser en deux. Par ailleurs, les dénominations de Dieu sont présentées en un ordre qui n'est pas sans signification; après l'*id quo maius cogitari nequit* des ch. 2 à 4, Dieu est dit *summum* (104,12), puis, au ch. 15, *quiddam maius quam cogitari possit* (112-14-15). Ces dénominations sont disposées progressivement; leur contexte en livre l'articulation. Nous consacrerons donc la troisième Partie de notre recherche au *summum*, et nous réservons pour la quatrième l'étude du *quiddam maius*. Il reste toutefois bien entendu que cette quatrième partie s'achève à l'intérieur d'une réflexion sur le *summum* (117,1).

---

[1] Cfr Rm 4,6-9, etc.

Les chapitres consacrés strictement au *summum* montent vers une méditation sur la justice et la miséricorde de Dieu. Nous avons vu que, dans les ch. 2 à 4, la situation de l'*insipiens* impliquait un certain sens du péché, de même que la prière du ch. 1, bien sûr. C'est pourquoi, avant de lire les ch. 5 à 12, nous mettrons en évidence les lignes essentielles de la pensée anselmienne sur la justice, ainsi que les présupposés herméneutiques qui permettent d'en construire avec assurance la réflexion.

1. *Méditation sur la justice*

La méconnaissance de l'ampleur et de l'unité de l'oeuvre d'Anselme fut à l'origine d'appréciations erronées de certains de ses textes. Les théologiens savent comment fut lue l'argumentation sotériologique du *Cur deus homo*: il fallait que le Fils meure pour nos péchés afin de payer la dette encourue par le pécheur envers son Créateur et afin de calmer le courroux de celui-ci envers qui refuse de lui rendre l'honneur dû en toute justice[2]. Cette lecture d'Anselme lui attribue une représentation de Dieu peu digne de la magnificence et de la miséricorde révélée par l'Evangile; le Père justicier serait terrible, tout différent de celui que Jésus annonce dans la parabole de l'enfant prodigue (Lc 15,11-12). On peut légitimement se demander si cette image de Dieu correspond fidèlement à la pensée du Docteur Magnifique.

Les chapitres du *Proslogion* qui traitent de la justice et de la miséricorde de Dieu accueillent selon la raison l'enseignement de la foi sur l'essence du Père manifestée dans le Fils, accomplissant ainsi le programme du *Proslogion*: «la foi cherche l'intelligence»; ces propriétés, les premières que le *Proslogion* reconnaît à Dieu avant même son éternité, nomment l'être divin à partir de la surabondance de son *Esse*, d'une autre manière que par l'immutabilité que signifie son concept grec.

Nous voudrions défendre cette thèse: la miséricorde et la justice de Dieu désignent deux aspects complémentaires de l'acte créateur. La miséricorde divine convient à l'essence de Celui qui crée gratuitement (Dieu quant à lui); sa justice le représente auprès de sa créature (Dieu quant à nous), dont l'unité intérieure est une tâche, un de-

---

[2] M. Corbin a d'excellentes pages sur ces lectures dans son 'Introduction' au *Cur deus homo* [18].

voir. Ainsi, à l'intérieur de l'acte créateur, la miséricorde concerne la magnificence divine et la justice le devoir de la créature.

La réflexion sur la justice est centrale chez Anselme. En parcourant les titres de ses oeuvres, on s'aperçoit qu'un certain nombre d'entre elles traitent de problèmes strictement dogmatiques; ces textes datent de l'épiscopat d'Anselme et répondent à des difficultés nées de circonstances historiques précises[3]. D'autres textes ont une portée essentiellement éthique. Le *Monologion* et le *Proslogion* cherchent comment l'esprit accède au terme auquel Dieu le destine; chacun de ces textes conclut en entraînant le lecteur à louer le bonheur auquel il est appelé. Suit un ensemble de trois traités[4] dont les catégories essentielles cernent le mystère de la liberté. Le *Cur deus homo* 'déduit' ensuite une sotériorologie à partir d'un ensemble d'axiomes tels que la béatitude à laquelle l'homme est destiné et le péché dans lequel il se trouve aujourd'hui, béatitude et péché étant entrecroisés dans le concept de justice. L'oeuvre d'Anselme, qui se termine dans le *De concordia* en 'questionnant'[5] sur la prédestination et la liberté, propose donc une recherche sur l'éthique, rythmée par une méditation sur la béatitude, la liberté et le péché; le thème de la justice traverse toute cette oeuvre.

D'où vient cette accentuation sur la justice divine? D'une attitude globale de l'époque? Dans son libre *Le péché et la peur*, Jean Delumeau défend, à l'aide de documents bien choisis et taillés, cette thèse: «Comme saint Augustin et les Pères du désert, les moines du moyen âge allièrent mépris du monde et honte de soi dans une expérience globale du péché et un pessimisme foncier, dont les plus chrétiens des hommes d'Eglise ne s'excluaient surtout pas eux-mêmes. Dans la poésie religieuse des Xe-XIIIe siècles revient sans cesse la confession éplorée de fautes innombrables»[6]. «Aucun doute ne peut subsister sur ce fait historique essentiel: c'est dans les monastères, puis dans les couvents des mendiants que s'est développée et affirmée la 'conscience malheureuse' qui

---

[3] Par exemple la théologie de la procession de l'Esprit Saint, ou du sacrifice eucharistique.

[4] *De veritate, De libertate arbitrii, De casu diaboli.*

[5] Le *De concordia* est l'une des premières oeuvres, dans la littérature philosophique, qui expose son problème sous forme de 'question disputée'.

[6] J. Delumeau, *Le péché et la peur.* La culpabilisation en Occident (XIVe-XVIIIe s.) Paris, Payot, 1983, p. 23.

allait bientôt être proposée comme une évidence à une civilisation tout entière» [7].

Le thème du mépris du monde peut se prévaloir sans doute de certaines connotations négatives du terme 'monde' tel qu'il est utilisé par l'Evangile de st Jean. Le mépris du monde alimente une ample littérature dramatique. Peut-on penser qu'à partir de ce drame se soit développé un sentiment de culpabilité? Le concept de 'justice de Dieu', essentiel à la piété et à la réflexion, n'a-t-il d'autre origine que la culpabilité reconnue en une sorte de psychanalyse sauvage? Sa fonction est-elle psychologique, ou même morale? Nous verrons qu'il en va bien autrement chez Anselme.

Certes, notre auteur participe au sentiment de culpabilité de son époque, à peine sortie des grandes famines d'Occident. «Ma vie m'épouvante», écrit-il au début de sa *Première méditation*. «En effet, après y avoir soigneusement réfléchi, toute ma vie me paraît ou bien péché ou bien stérilité. Et si quelque fruit apparaît en elle, c'est ou bien simulation, ou bien imperfection, ou bien corruption de quelque manière, en sorte que cela peut ou bien ne pas plaire à Dieu ou bien lui déplaire. Donc, ô pécheur, ta vie tout entière, certainement et non seulement peut-être, est ou bien dans le péché et condamnable, ou bien infructueuse et méprisable» (76, 4-8). Même les prières les plus douces, comme la prière pour les amis, sont pétries du sentiment de la faute: «Ton serviteur veut, veut, aimé Seigneur, veut prier pour ses amis, mais coupable envers toi, il est retenu en arrière par ses délits» (72, 28-29). On n'entend guère dans ces textes l'écho du Ps 139, 14: «Je te rends grâce pour la merveille que je suis».

En fait, une tradition d'inspiration augustinienne a interprété l'Ecriture en fonction de l'expérience dramatique de l'existence. Le péché contredit l'acte créateur. L'homme, créé bon, devenu mauvais par le péché originel, ne peut rien faire de bon par lui-même; il choisit ses propres intérêts, s'aime d'un amour préférentiel, faisant de l'amour de Dieu l'instrument de l'amour de soi. Anselme médite cette théologie du péché dans son *De libertate arbitrii* et son *De casu diaboli*. Pour les augustiniens, la création n'est pas seulement le don de l'être, la position par amour dans l'existence; elle est aussi le don de l'énergie par laquelle l'étant se tourne vers Dieu. Le péché inverse l'intention de cette énergie par laquelle l'homme devrait répondre droitement au don d'amour de Dieu; par là, le libre arbitre use en

---

[7] *Id.*, p. 24.

faveur de soi de la force d'amour par laquelle il devrait s'orienter vers Celui qui le fait être.

Pécher, c'est prétendre tenir de soi l'être reçu de Dieu, c'est donc prétendre «être semblable à Dieu» [8]. Dieu donne à l'âme de revenir vers lui; ce don fait être; l'étant créé est un désir, une réponse à un don, à un attrait; il est essentiel désir de Dieu. On conçoit la liberté comme l'exercice volontaire de cet attrait créateur; même si le désir de soi pervertit le désir de Dieu, il se nourrit de ce dernier en animant à son profit ce qui lui est donné pour être. Par conséquent, «pécher sera se détourner librement de Dieu qui est le Bien et l'Etre; ce sera se tourner vers le néant» [9].

Certains auteurs insistent sur la dimension juridique du péché, «sur l'offense de Dieu, l'injure faite au souverain maître. ‹Le péché› est un refus de l'honneur qui est dû à Dieu. Qui refuse à Dieu cet honneur est en dette envers lui, et il devra compenser» [10]. Nous voudrions corriger ce que cette description, faite à l'aide des catégories de l'honneur chevaleresque, a de trop juridique, d'extérieur; le rapport de la liberté à son Seigneur ne peut être identifié à un échange calculé, sans gratuité. Si, selon un point de vue juridique, il appartient à Dieu de ne pas laisser la faute sans en compenser la dette d'une manière ou l'autre, il faut noter que cette compensation vise au rétablissement de l'alliance, c'est-à-dire au salut, de sorte que l'homme puisse atteindre sa fin, la béatitude. L'injustice envers Dieu blesse l'homme autant que Dieu; elle l'empêche d'accéder à son achèvement; elle lui enlève son identité en obscurcissant son désir de Dieu. La peine pour le péché serait vaine si elle ne conduisait pas à ramener l'âme auprès de Dieu. Nous voudrions montrer que la justice selon Anselme ne concerne pas d'abord un rapport juridique, mais une relation d'ordre ontologique où le Créateur pose dans l'être celui qui, en retour, désire profondément être à Dieu.

Le vocabulaire anselmien du vouloir, du pouvoir et du devoir donne l'intelligence de la 'justice'; nous le verrons en lisant le *Monologion* et le *De veritate*.

La dernière partie du *Monologion* explique la dynamique de l'action humaine droite en même temps qu'elle en indique le mode d'inversion possible. Elle réfère les catégories de l'action à sa fin en

---

[8] *De casu diaboli*, 240,15.
[9] M. HUFTIER, 'Libre arbitre' [16], p. 511.
[10] M. RONDET, 'Grâce et liberté' [16], p. 160.

permettant ainsi de les nouer autour d'une compréhension déterminée de la rétribution par la béatitude. Le *Monologion* réfléchit l'idée
de la justice rétributive.

L'esprit, créé à l'image et à la ressemblance de Dieu, accomplit
en soi cette image.

> La créature ne doit s'appliquer à rien autant qu'à exprimer par
> un effort volontaire cette image imprimée en elle par sa puis-
> sance naturelle. En effet, outre qu'elle doit à son Créateur cela
> même qu'elle est, elle sait aussi qu'elle ne peut rien de si impor-
> tant que de se rappeler le souverain bien, d'en avoir l'intelli-
> gence et de l'aimer, ‹et› elle est convaincue de ne rien devoir
> vouloir d'autre de vraiment si important (84,14-19).

Ce texte contient ces trois mots: pouvoir, vouloir, devoir. Le
pouvoir désigne l'essence de l'esprit créé à l'image de Dieu; l'image est
une puissance de l'être actualisée par la volonté. L'actualisation ou
l'effectivation pratique découle de l'effort volontaire. L'esprit sait que
vouloir son pouvoir, c'est-à-dire vouloir ce qu'il est comme image, est
pour lui un devoir. L'identité ou la séparation du pouvoir et du vouloir, de l'être et de l'agir, séparation que le devoir surmonte, définit la
différence entre l'Etre 'par soi' et l'étant créé contingent.

L'esprit, en accomplissant son devoir, actualise son pouvoir, le
rend effectif comme est effectif l'Etre par soi dont il est l'image; faisant accéder ainsi volontairement à l'image, le devoir exerce l'amour
créateur; il accomplit subjectivement le don de l'Esprit divin, la vie
généreuse de l'Essence originaire. Par conséquent, la béatitude promise pour la fin des jours est déjà anticipée par l'esprit créé fidèle à
son devoir. Cette béatitude n'est pas un cadeau extérieur, un ajout à
ce qui constitue l'esprit. Elle est donnée dans l'union du pouvoir et
du vouloir, de l'être et de l'agir. Si la béatitude est donnée à l'âme,
ce n'est pas comme un bien surajouté de l'extérieur. «Quel est l'émo-
lument de l'amour?» (80,18) La «récompense sera l'objet même désiré, aimé»[11]. La rétribution de l'amour, c'est l'aimé qui se livre en
faisant resplendir l'accord de son pouvoir et de son vouloir, identité
spirituelle de et dans l'amour à laquelle l'esprit créé avec amour
vient participer.

Le 'vouloir' créé n'est rien sans son pouvoir, bien qu'il en soit
séparé. Le vouloir actualise la nature, le pouvoir, l'être, parce qu'il

---

[11] P. Vignaux, 'Note' [12], p. 328.

est désirable pour lui d'effectuer ce qu'il est en tant que mémoire, intelligence et amour de Dieu, dont il est ainsi l'image. Le vouloir qui refuserait d'exercer son pouvoir se voudrait lui-même à l'origine de soi, mais il serait sans nature, dépourvu de réalité; le vouloir qui se veut lui-même est pure forme. Vouloir pur, abstrait de tout réel, il ne comble que par phantasme et rend vain le désir du 'pouvoir', de l'image, de l'être reçu gracieusement; un tel vouloir pécheur n'a rien à désirer; sans aucun devoir, il n'a pas à s'accorder à son pouvoir. Le désir du vouloir est dès lors anarchique. Il aboutit à son exténuation et à l'absence inconsolable de la source de la vraie vie (cfr 82,3).

La logique du raisonnement impose de comprendre le bonheur éternel comme le don divin fait à l'âme, l'accomplissement en elle de l'admirable échange trinitaire, tandis que le malheur est la vraie conséquence d'un agir entièrement immanent à l'esprit incapable de s'accorder à son être réel. Mais Anselme exprime la malheur éternel de l'âme comme une sanction, une rétribution déterminée par les mérites, selon la conception classique de la justice rétributive. On pourrait donc penser que le don de Dieu, source de tout amour, soit ainsi mesuré par nos mérites humains.

Mais on ne parle que par métaphore d'un jugement divin extérieur à l'acte humain. «Si en effet celui qui est le plus juste ne donne rien en rétribution à celui qui l'aime, il ne discerne pas entre celui qui aime et celui qui méprise ce qu'il doit aimer souverainement» (80,11-12). «Si on dit que celui qui a un tel mépris est assez justement puni de ce mépris lui-même en perdant l'être même, ou la vie, parce qu'il ne s'est pas conduit lui-même vers ce pour quoi il a été fait, la raison n'admet nullement qu'après une telle faute il reçoive pour peine d'être ce qu'il était avant la faute» (81,10-13) — c'est-à-dire un vouloir simplement distinct du pouvoir, et toujours soumis au devoir de les conjoindre l'un à l'autre.

La condamnation consiste en somme à désespérer de conjoindre jamais pouvoir et vouloir. Le malheur infligé est l'échec du désir, l'épuisement de l'esprit dans l'«indigence inconsolable» (82,3); il est immanent à l'exercice du vouloir. On peut en légitimer l'expression métaphorique par la justice distributive, parce que le 'vouloir', pour s'exercer, a besoin d'une nature, d'un 'pouvoir' au sens anselmien, et que donc un 'devoir' demeure, ainsi que la justice concomitante. Ce devoir apparaît tout extérieur à la volonté vouée au non-être et à l'abstraction, à la contradiction; une telle justice est alors exprimée droitement sous le mode de la rétribution.

Ainsi, le destin de la créature est lié à l'accomplissement de son devoir; mais cet accomplissement n'est jamais parfait; c'est pourquoi on peut exprimer la structure de l'agir humain grâce aux catégories juridiques de l'obligation ou de la rétribution. De toutes manières, la justice rétributive ne convient en toute rigueur qu'aux actes de l'homme; Dieu n'a aucun devoir, ni envers lui-même, ni envers ses créatures.

Dans son *De veritate*, au ch. 8 [12], Anselme définit la justice comme la «rectitude de la volonté gardée pour elle-même» (194,26). Pour Anselme, il y a deux sortes de rectitudes, l'une qui se soumet au devoir, et l'autre qui en est déliée. La différence entre ces deux rectitudes est d'ordre ontologique. L'Essence souveraine, qui est Dieu, est par elle-même; elle ne doit rien à rien; «la vérité souveraine n'est pas rectitude pour cette raison qu'elle doit quelque chose; en effet, tout lui doit, mais elle ne doit rien à personne; il n'y a aucune raison de ce qu'elle est, sinon qu'elle est» (190,2-4). Tout le reste, qui reçoit l'être de Dieu, doit être selon ce qu'il reçoit. Dès lors, la rectitude définit l'identité ontologique de l'étant selon qu'il est 'par soi' ou 'par un autre'. L'Essence souveraine n'est pas liée à un devoir, qui est propre à qui n'a pas sa raison d'être en soi, à celui qui doit se tourner vers l'Essence créatrice pour en recevoir d'être. C'est pourquoi est droite la volonté créée qui veut ce qu'elle doit vouloir; le devoir est constitutif de la rectitude du vouloir créé; il le met en accord avec sa condition de créature à laquelle il adhère ainsi droitement.

La différence ontologique est ainsi tracée entre deux volontés, l'une qui, à distance de son être, est soumise à un devoir, l'autre qui adhère, immédiatement, sans devoir, à ce qu'elle est. C'est pourquoi le devoir désigne le mouvement par lequel le vouloir de l'étant créé accède à sa perfection de créature. Selon le *De veritate*, la rectitude ne réside pas dans le vouloir d'un objet extérieur; pour mériter la qualité de 'juste', la «volonté ne doit être mue ni par une contrainte extérieure, ni par un mobile étranger au devoir» [13]. On ne peut qualifier 'droit' «un vouloir qui dépendrait d'un motif extrinsèque au bien voulu et «qui» se trouverait subordonné à un autre vouloir ou chose voulue» [14]. Si la rectitude de la volonté ne réside pas en

---

[12] A propos de la 'justice' dans le *De veritate*, cfr M. Corbin, 'Se tenir' [15], et Ed. Briancesco, *Un triptyque* [7], pp. 33-43.

[13] R. Pouchet, *La rectitudo* [3], p. 87.

[14] Ed. Briancesco, *Un triptyque* [7], p. 40.

l'obéissance à quelque extériorité, en une fin étrangère au vouloir, c'est qu'elle se trouve dans la volonté dont elle définit l'exercice parfaitement accompli selon l'identité de son être.

Lorsqu'on dit: «la justice est la rectitude de la volonté gardée pour elle-même» (194, 26), on signifie que «ce que ‹la volonté› cherche, somme toute, ce n'est pas tellement à faire ce qu'elle doit, mais à être fidèle à elle-même, à sa finalité intrinsèque, qui lui fait viser la rectitude et pour cela faire et vouloir faire ce que l'on doit faire en tant que tel»[15]. L'adhésion de la volonté à ce qu'elle est n'est cependant pas une clôture de la volonté sur elle-même, puisque son être est d'être reçu. Le devoir de la volonté, dès lors, n'est-il pas de vouloir cette distance intérieure? Pour Anselme, «il faut vouloir le *debitum* en tant que tel pour mériter d'être regardé juste»[16]. La volonté doit adhérer à son être créé, non pas en y étant forcée par un devoir extérieur, mais par aspiration pour son bien propre. La volonté humaine n'est pas immédiatement présente à soi, parce qu'elle n'est pas à l'origine de soi; son pouvoir ou sa nature lui sont données, et c'est pour elle un devoir béatifiant que de vouloir ce don. Puis donc que le devoir constitue le vouloir créé et que le vouloir droit ne tend pas vers une extériorité, l'étant créé doit se vouloir lui-même en sa contingence reconnue et acceptée; il doit se vouloir comme n'étant pas la source de son être et béatifié par celui qui lui donne l'être et l'énergie.

Il y a une tension intérieure à la volonté créée. L'acte créateur est à l'origine de l'être en même temps que de cette béance et du devoir qui lui est consécutif. Le devoir, au sens strict, exerce la volonté créée en tant que créée. En cet exercice, la volonté accomplit la justice. En effet, ce qui est créé reçoit d'être; l'être, pour Anselme, est activité, action, effectivité; la volonté doit s'exercer, se rendre active, exister selon son mode d'être, et participer de la sorte à l'acte créateur qui donne «la vie, le mouvement et l'être» selon l'expression des *Actes des Apôtres* (17,28). Dans la perspective de la création, le devoir, et donc la justice qui connote l'obligation, n'a pas une signification d'abord juridique, mais ontologique: le devoir donne à l'étant créé d'être ce qu'il est, car de lui-même il n'est pas. C'est un devoir fondamental de se vouloir créé, suscité à l'être par l'origine de tout étant; l'étant créé est alors juste.

[15] Ed. BRIANCESCO, *Un triptyque* [7], p. 42.
[16] Ed. BRIANCESCO, *Un triptyque* [7], p. 39.

Ainsi donc, selon le *De veritate*, «c'est en identifiant sa volonté avec celle de Dieu, source (*causa*) non due de la justice, que l'homme atteint la plénitude de sa rectitude morale»[17]. Cette identification de la volonté humaine à celle de Dieu n'est autre que l'adhésion de l'homme à ce qu'il est, créé par la volonté amoureuse de Dieu, à son image et à sa ressemblance, fils dans le Fils bien-aimé du Père. Le devoir détermine donc la réponse d'amour de la créature à celui qui la fait être par amour. Dans ce contexte, la justice évoque plus la gratuité de l'amour que la rétribution calculée, extérieure.

S'il en est ainsi, la justice est digne de Dieu, *maius*. Pour la foi et ses conceptions spontanées, la miséricorde tempère la rigueur de la rétribution. Pour Augustin à peine converti, la justice est encore classiquement la «vertu par laquelle on rend à chacun son bien propre»[18], mais elle devient ensuite pour l'évêque d'Hippone le soulagement des misères d'autrui[19]. Augustin passe ainsi de l'ordre du droit à celui de la gratuité, de l'ordre de l'avoir humain à celui du don divin. «Dieu dit à Moïse», écrit st Paul aux Romains, «'Je fais miséricorde à qui je fais miséricorde, et j'ai pitié et qui j'ai pitié'. Il n'est donc pas question de l'homme, mais de Dieu qui fait miséricorde» (Rm 9,15-16).

Dieu, au principe de soi, ne doit aucunement déterminer son agir en fonction de l'homme; personne n'a de mérites tels qu'ils doivent être rétribués en bonheur éternel. D'ailleurs, qui serait assez juste devant Dieu? «Car Dieu a enfermé tous les hommes dans la désobéissance pour faire à tous miséricorde» (Rm 11,32). Mais, pour saint Jacques, «le jugement est sans miséricorde pour qui n'a pas fait miséricorde; mais la miséricorde se rit du jugement» (Jc 2,13). La justice rétributive et calculatrice n'est-elle qu'humaine, et la miséricorde gratuite, divine? En quoi Dieu pourrait-il être juste, à la mesure de l'homme? Comment entendre la 'colère' du Juste (cfr Rm 1,18; 3,5)? Anselme réfléchit à ces interrogations dans le *Proslogion*; mais cherchons auparavant dans le *Monologion* les principes herméneutiques qui permettront d'assurer la réflexion.

---

[17] Ed. BRIANCESCO, *Un triptyque* [7], p. 72.
[18] S. AUGUSTIN, *De libero arbitrio*, I,XIII,27.
[19] S. AUGUSTIN, *De trinitate*, XIV,IX,12.

2. Le Monologion et le summum

Les plans des *Monologion* et *Proslogion* sont parallèles. Les ch. 13 à 28 du *Monologion* discutent sur les attributs de Dieu; cette même discussion va, dans le *Proslogion*, du ch. 5 au ch. 22. On peut encore déterminer davantage:

Monologion.	*Proslogion.*
13-14: introduction.	
15 : *quid* du *summum*.	5-11 : *quid* du *summum*.
16-17: simplicité.	12-22: simplicité.
18-24: espace-temps.	13-22: espace-temps.
25-27: logique.	
28 : conclusion.	

On conclut de ce schéma que les ch. 5 à 11 du *Proslogion* sont à lire à la lumière du ch. 15 du *Monologion*.

La problématique et le vocabulaire de ces chapitres sont similaires. Au ch. 5 du *Proslogion*, Anselme annonce son projet: chercher à définir le *quid* du *summum omnium*, l'identité de ce qui est souverain par rapport à toutes choses (104,12); il en va de même au ch. 15 du *Monologion* (29,31-33). La détermination des attributs qui conviennent au *summum* est soumise à une loi identique: «il est en effet meilleur d'être juste que non-juste, bienheureux que non-bienheureux», dit le *Proslogion* au ch. 5 (104,16-17) en une sorte d'exposé des contraires dont on trouve la forme pure dans le *Monologion*, ch. 15: «il est meilleur pour l'Essence d'être ceci que non-ceci» (28,28-29). La même règle formelle se retrouve à la fin du ch. 11 du *Proslogion* (110,2-3) — ce qui milite en faveur de l'unité littéraire des chapitres que nous avons rassemblés. Enfin, on lit dans le *Proslogion*, aux ch. 5 (104,15) et 11 (110,2), c'est-à-dire aux chapitres extrêmes de la séquence analysée, une liste d'attributs tels que juste, véridique, heureux, qu'on trouve aussi dans le *Monologion* au ch. 15 (29,30).

Ce ch. 15 porte comme titre: «Ce qui peut ou ne peut pas être dit de l'Essence souveraine quant à sa substance» (28,2). Par 'substance', on désigne l'essence en tant qu'elle est effective, qu'elle existe (cfr 44,10-11). Le problème étudié au ch. 15 est donc celui de la prédicabilité de l'Essence: celle-ci se pose elle-même dans l'être, est *a se*; comment les mots par lesquels nous la disons et qui se réfèrent à l'expérience mondaine pourraient-ils l'exprimer vraiment, elle qui n'est pas à la mesure du monde?

La réflexion d'Anselme progresse en deux temps. La première partie du chapitre montre que, conformément à la tradition de la voie négative, les attributs relatifs au monde et dont dispose la langue ne conviennent pas tout simplement à l'Essence souveraine, puisque celle-ci n'est relative à rien. On doit même dire que «souverain ne signifie pas simplement cette Essence qui, de toute manière, est plus grande et meilleure que tout ce qui n'est pas ce qu'elle est» (28,20-21). Anselme signifie ainsi avec force que la raison de la prédicabilité n'est pas dans l'intelligibilité du prédicat ni dans l'excellence relative des choses créées, mais dans l'Essence souveraine elle-même.

Evidemment, une telle pensée ruine toute énonciation qui se prétendrait adéquate à propos de Dieu, puisque nos mots n'ont de sens que par l'expérience mondaine d'où ils tirent leur signification. L'Essence, qui est simplement ce qu'elle est, n'est comparable à rien et ne peut être pensée que comme telle. Au-delà de toute relativité, elle ne reçoit d'attributs qu'à partir d'elle-même; une juste prédication n'est donc possible qu'au prix d'un travail effectué sur nos attributs pour les adapter avec exactitude à ce qu'ils doivent exposer; cette adaptation se fait à la faveur d'une intelligence de l'Essence souveraine en sa pure présence à soi, seule par soi, plus grande que tout ce qu'elle n'est pas [20].

La seconde partie du ch. 15 développe ce point en disant qu'il est meilleur (*melius*) pour l'Essence d'être 'ceci' que 'non-ceci', de manière toute formelle, afin de montrer que l'origine de l'intelligibilité de l'Essence, ce qui lui permet de recevoir des prédicats, n'est pas le prédicat, mais l'Essence en son exister originaire, intelligible à soi-même. Le *melius* du ch. 15 joue un rôle ontologique proche de celui de la formule de Boèce, qu'évoquera le *Proslogion* [21]; il suppose l'intelligence de l'Essence souveraine et de son ouverture vers les attributs qu'elle se donne parce que, en tout, elle est le meilleur.

Or comment savoir si l'Essence se donne tels ou tels attributs, si aucune règle ne montre l'origine de cet attribut en l'Essence? Cette règle devra être fondée en l'Essence en tant qu'incomparable et au-dessus de tout le reste (cfr 29, 20-21). Il ne s'agira plus alors de porter simplement n'importe quel prédicat relatif à un sommet qui

---

[20] Cfr notre *Dire l'ineffable* [4], p. 135.

[21] *Cum nihil deo melius excogitari queat* (*Consolation de la philosophie* III,10, CSEL 67, p. 65, lg. 10-11).

serait un maximum en suivant comme de bas en haut une voie négative qui nierait toute imperfection pour aller vers le parfait, mais de
laisser venir la lumière de l'Essence dans ce que celle-ci accorde pour
se présenter à l'esprit, dans la variété multiple et conflictuelle de ce
qui est absolument le meilleur.

Comme nous ne pouvons dire adéquatement l'Essence que par
des prédicats où Elle se dit elle-même, nous la dirons en nous
conformant à l'Ecriture, où la foi expérimente la Parole, l'Enoncé
de Dieu. En toute rigueur, seule l'Essence souveraine et incomparable peut dire ce qu'elle est. Cela ne signifie pas que l'accueil de l'E-
criture invite à faire l'économie de l'analyse dont l'esprit est responsable; puisque la pensée doit séjourner dans ce qui ne lui est pas proportionné, elle va accueillir des contraires, ces qualités opposées qui
ne peuvent avoir comme substrat que le *maius* divin. L'application
de la règle du plus grand et du meilleur suggère de prédiquer à l'Essence des attributs, non pas en leur excellence maximum, mais en
quelque sorte en leurs contrariétés relatives.

Notre langage doit s'ouvrir à ce qui le dépasse et c'est pourquoi
l'exposé se fait dialectique; seule la dialectique des contraires peut
donner un langage à ce qui excède la mesure de l'esprit. Le *Proslogion* s'attache ainsi à constituer l'expression dialectique de l'Essence
souveraine. La raison sait qu'en ce travail elle se soumet à la loi de
l'Etre, qu'elle s'accorde à la surabondance de Dieu et à son intelligibilité.

VIII

SUMMUM

Nous lirons maintenant les ch. 5 à 12 du *Proslogion*; ces chapitres articulent un choix d'attributs divins: sa sensibilité, sa toute-puissance, sa miséricorde et sa justice.

1. *Summum et id quo maius*

L'*id quo maius* transcende la pensée et l'intellect; toutefois, nous ne sommes pas destinés à n'en rien pouvoir dire; dire qu'on n'en peut rien dire est encore dire quelque chose de compréhensible à son propos. La situation est paradoxale; les premiers chapitres du *Proslogion* nous ont enseigné à ne pas renoncer à ce paradoxe et à y séjourner.

Comment penser ce paradoxe? Ce ne peut être en partant du *maius* dont par principe nous ne rejoignons jamais la positivité, puisque précisément il est *maius*. Pourrions-nous lui attribuer quelques qualités qui nous seraient familières? Les voies ascendantes vers l'essence divine suivent ce chemin. Anselme aussi, mais alors que les dialectiques ascendantes atteignent une perfection, le Docteur Magnifique maintient la différence entre notre expérience et le *maius* grâce à une négation qui structure la pensée de ce qui est attribué à Dieu; il conjoint ce qui nous semble être des opposés, les uns et les autres étant ensemble dignes de Dieu selon l'Ecriture.

La réflexion noue deux fils: l'un qui passe de manière continue de notre expérience à Dieu, et l'autre qui considère que Dieu, étant *maius*, ne peut pas être en continuité avec notre monde. Le *summum* conjoint ces deux fils.

> Qu'es-tu donc, Seigneur Dieu, dont rien de plus grand n'est susceptible d'être pensé? Mais qu'es-tu, sinon cela qui est souverain à tout, seul existant par soi-même, qui a fait toutes les autres choses de rien (104,11-13).

Le *summum* signifiait déjà dans le *Monologion* à la fois ce qui est au terme supérieur d'une série d'étants relatifs les uns aux autres sous un même point de vue, et ce qui transcende cette série en donnant à chaque terme d'être ce qu'il est dans l'ensemble des homogènes; le *summum bonum* fait partie de la série des choses bonnes et la transcende tout autant pour donner à chacune d'être bonne en sa bonté particulière.

Le retour du *summum* en ce point précis du *Proslogion* indique le climat des chapitres qu'il introduit; il avait été ignoré jusqu'à présent; on l'assume maintenant, parce qu'il devient indispensable pour exposer les propriétés de l'*id quo maius*. La réflexion sur cet *id quo maius* met à jour la limite insurmontable de l'esprit, rendant dès lors intelligiblement impossible toute attribution adéquate à «Toi, Seigneur Dieu» (104,11) de quelque qualité relative. De Dieu toujours plus grand, nous risquerions de ne pouvoir plus rien dire, même pas qu'il est 'plus grand'. C'est pourquoi il est nécessaire, pour penser positivement l'*id quo maius*, de le comprendre grâce au *summum* qui couronne la série des éléments et intègre chacun en particulier. Comme au ch. 3, Anselme évoque maintenant la relation de création; il insiste cependant ici sur la bonté de Dieu et non sur la différence entre le Créateur et la créature comme au ch. 3. Là, le Créateur était meilleur que le créé, simplement parce qu'il est *maius*; mais ici la bonté rayonne sur notre expérience et présente un trait positif de ce qui, autrement, demeurerait entièrement impensable.

> En effet, tout ce qui n'est pas cela est moindre que ‹ce que› l'on peut penser. Mais cela ne peut pas être pensé de toi. Le souverain bien manque-t-il de ce bien par lequel est tout bien (104,13-15)?

Afin de ne pas méconnaître la transcendance de l'*id quo maius*, on décrira le *summum* de manière dialectique. La réflexion sur l'*id quo maius* dresse une limite à la pensée; le *maius*, objet de négation (*nequit*), est affirmé par delà la pensée. Le terme transcendant la pensée ne peut être enclos en aucune norme mesurable, en aucun ordre d'essences relatives; il est purement à partir de soi. Toutefois, des indications vers la transcendance inaccessible peuvent être sensées et prétendre présenter la transcendance en sa différence; l'*id quo maius* est ainsi pensé, donc connu.

La formule dialectique indique l'au-delà des bornes de la pensée, là où s'efface toute saisie de l'essence mondaine en faveur du pur exister inaccessible [1], là où la pensée confesse l'Etre pour ce qu'il est, 'exister' à l'origine de soi. La transcendance du *maius* n'est

---

[1] Le vocabulaire utilisé ici est bien sûr issu de la tradition spéculative thomiste; nous pensons que la réflexion d'Anselme, sur le verbe à l'infinitif, son participe et sa forme substantive nous y autorise.

pas toute négative; elle est pensable comme surabondance dans l'Essence plus que comme retrait hors de l'essence.

L'articulation de la présence et de l'absence de l'*id quo maius* à la série des essences, articulation posée dans le *Monologion* à l'aide du couple *per se — per aliud*, est exprimée au ch. 5 du *Proslogion* en conjoignant l'Etre *per seipsum* et les êtres qui sont *de nihilo* (cfr 104,11-13). L'accentuation du *Proslogion* sur le néant des étants ne doit pas tromper; elle met en relief la positivité de Dieu; le néant est un attribut du créé, tandis que, par contraste, Dieu apparaît en son absolue positivité. Une affirmation positive sur le créé semble ainsi surréaliste. C'est pourquoi il est normal d'attribuer les prédicats de ce qui est accessible dans le créé à l'*id quo maius* créateur, à la condition cependant que l'on manifeste par la dialectique la transcendance de l'Essence par rapport au monde.

> C'est pourquoi tu es juste, véridique, bienheureux, et tout ce qu'il est meilleur d'être que de ne pas être. Il est en effet meilleur d'être juste que non-juste, bienheureux que non-bienheureux (104,15-17).

Ces lignes, qui résonnent jusque dans les derniers chapitres du *Proslogion* où Anselme invite à la joie, renvoient à la règle formelle du ch. 15 du *Monologion*, où on décrit le chemin de la dialectique vers le 'meilleur' par l'articulation de l'opposition formelle 'X et non-X'. Les chapitres suivants sont ainsi introduits en posant en leur principe l'excellence positive du *summum*. La signification ontologique de celui-ci ne peut échapper; on lui maintient sa différence grâce au rapport dialectique des opposés.

2. *Sensibilité et toute-puissance*

Les premières lignes du ch. 6 énumèrent les prédicats qui seront appliqués ensuite à Dieu selon la règle formelle du meilleur. Ces prédicats ne sont pas ceux que vient de proposer le ch. 5; nous pensons que les thèmes de la justice et du bonheur orientent la réflexion et l'organisation des attributs divins dont ils déterminent le choix; si nous considérons que le *Proslogion* ne traite pas d'abord d'un problème épistémologique, mais des sens spirituels, nous ne nous étonnerons pas d'apprendre que Dieu est sensible, afin d'être juste et miséricordieux.

> Mais puisqu'il est meilleur d'être sensible, tout-puissant, miséricordieux ‹et› impassible que ne ‹l'› être pas, comment es-tu sensi-

ble si tu n'es pas un corps? ou tout-puissant si tu ne peux pas tout? ou à la fois miséricordieux et impassible? (104,20-22).

Dire, avec le ch. 6 et conformément à l'Ecriture, que Dieu est sensible, voilà qui heurte la réflexion ontologique grecque. La sensibilité paraît en effet propre aux corps; elle ne convient donc pas à l'Esprit par excellence, Dieu.

> En effet, si seules les «choses» corporelles sont sensibles, puisque les sens ont trait au corps et se trouvent dans les corps, comment es-tu sensible, puisque tu n'es pas un corps mais l'Esprit souverain qui est meilleur que le corps (104,23-25)?

Cependant, remarque Anselme, la sensibilité n'est-elle pas aussi ce qui rend possible la connaissance? Pour connaître, à moins que tout ne provienne de l'esprit (mais comment alors connaître ce qui en diffère?), il faut sentir d'une certaine manière. La sensibilité de Dieu est un corollaire de sa connaissance des particuliers. Dieu connaît, donc il est sensible.

> Mais si sentir n'est pas sans connaître ni sans ce qui est à connaître — en effet celui qui sent connaît selon les propriétés des sens, comme les couleurs «sont connues» par la vue «et» les saveurs par le goût —, on ne dit pas de manière inconvenante que connaître quelque chose de quelque façon «est le» sentir de quelque façon. Donc, Seigneur, quoique tu ne sois pas un corps, tu es cependant vraiment souverainement sensible de cette façon par laquelle tu connais souverainement toute chose, non à la façon dont l'animal connaît par les sens corporels (105,1-6).

L'interprétation donnée à la sensibilité de Dieu surprend. On a l'impression qu'Anselme force un peu les choses. Pourquoi insister sur la sensibilité de Dieu, si en même temps on lui enlève son substrat le plus net et nécessaire, la corporéité. Ne suffit-il pas de dire, comme le *Monologion*, que Dieu connaît toute chose? Anselme veut sans doute préparer ses chapitres suivants; il s'agit de montrer que Dieu connaît ses créatures d'une manière unique: sa sensibilité à ce qui leur arrive est la condition de sa miséricorde; Dieu connaît ses créatures par sa miséricorde, car le mal de l'homme lui fait mal.

La connaissance divine n'est pas seulement une connaissance des idées du créé dans le Verbe où les choses seraient plus qu'en elles-mêmes, où elles auraient la vérité de leur essence [2]. Le créé est

---

[2] Cfr *Monologion*, ch. 31.

limité; la connaissance de Dieu ne peut pas ne pas en être déterminée; Dieu nous connaît en nos limites; la connaissance qu'il a du
créé n'est pas la connaissance qu'il a dans le Verbe des essences
idéales des étants. Dieu connaît ce qui est comme il est; nous devons
donc penser qu'il se limite pour accéder à notre particularité. Dire
«Dieu est sensible envers nous» signifie: «Dieu se proportionne à
nous pour nous connaître tel que nous sommes».

Dieu est sensible parce qu'il connaît le particulier comme tel. Il
subit donc l'étant créé parce que sa connaissance en est déterminée.
Mais n'est-il pas pure activité, toute-puissance, pur 'exister', resplendissement de l'*essentia* dans l'*ens* en acte d'*esse*? Le ch. 7 fait entendre ce qui est affirmé par là; par bien des aspects, Dieu ne peut pas
être dit 'tout-puissant'; on peut dire que, ne pouvant pas tout, il est
passif en quelque façon. Il convient de bien entendre cette passivité
de Dieu; elle exprime sa fidélité à ce qu'il crée.

> Mais comment es-tu tout-puissant, si tu ne peux pas tout? Si tu ne
> peux pas te corrompre, ni mentir, ni faire que le vrai soit faux, com-
> me si ce qui a été fait ‹pouvait› ne pas l'avoir été, et plusieurs au-
> tres choses semblables, comment peux-tu tout (105,9-11)?

La puissance divine ne signifie pas que Dieu puisse faire n'importe quoi. Dieu se soumet au réel, au 'fait' et ne peut pas ne pas
faire que ce qui fut créé, fait, ne l'ait pas été; il ne peut pas ce qui ne
lui convient pas de pouvoir; uni à soi, il peut et veut, et ne doit rien,
car il est sa propre norme, la fidélité accomplie envers soi-même et
sa fécondité généreuse. L'étant qui se corrompt, qui peut vouloir selon sa fantaisie, n'a pas de pouvoir adéquat à son vouloir; c'est
pourquoi son pouvoir est limité par un devoir; puisqu'il peut devenir le contraire de son essence, on le soumet à un devoir; puisqu'il
peut devenir ce qu'il n'est pas, il doit être ce qu'il est. Dieu n'est pas
ainsi. Il a créé la belle diversité [3] que nous sommes, et y est fidèle.

L'étant créé n'est pas pure subsistance de l'Etre; il doit veiller
sur sa puissance et la garder de ce qui l'affecterait. La puissance
créée doit être orientée afin de ne pas échapper à la créature qu'elle
sert. Une puissance tenue par le devoir n'est pas une puissance privée de son énergie; au contraire, définie positivement par son devoir, elle est vraiment énergique et efficace.

---

[3] *Tantam rerum molem, tam numerosam multitudinem, tam formose formatam,
tam ordinate variatam, tam convenienter diversam* (*Monologion* 22, 8-9).

C'est pourquoi, lorsque quelqu'un est dit avoir la puissance de faire ou de subir ce qui ne lui convient pas ou ce qu'il ne doit pas, on entend par puissance une impuissance (105,24-26).

La puissance au sens strict, et non la représentation du principe de fantaisie, révèle l'identité de l'acte qui se déploie avec générosité et débordement. Supposer un arbitraire divin signifierait supposer que la volonté divine doive être soumise à un devoir parce que Dieu serait autrement impuissant à être fidèlement ce qu'il est.

> L'adversité et la perversité ‹seraient› en lui d'autant plus puissantes et lui contre elles d'autant plus impuissant qu'il ‹aurait› davantage cette puissance (105,26-27)

de faire n'importe quoi et de corrompre la simplicité de sa fidélité.

Dieu, parce qu'il connaît toute chose, est sensible; cela ne signifie pas qu'il soit corruptible comme les sensibles corporels; après avoir éliminé toute possibilité de passion corruptrice en Dieu, on conclut que Dieu est sensible et incorruptible. Sa puissance ne serait-elle pas d'être sensible, et donc miséricordieux? Dieu est fidèle à sa passion pour l'homme, à sa connaissance de l'homme, et ne peut en déchoir.

3. Miséricorde et justice

Nous disons que Dieu est miséricordieux, parce qu'il compatit, qu'il pâtit 'avec' celui auquel il fait miséricorde.

> Mais comment es-tu à la fois miséricordieux et impassible? En effet, si tu ne compatis pas, ton coeur n'est pas malheureux à cause de la compassion avec le malheureux, ce qu'est être miséricordieux. Mais si tu n'es pas miséricordieux, d'où vient aux malheureux une telle consolation (106,5-8)?

Le miséricordieux compatit avec celui qui a mal; son attitude est doublement interdite au principe de la philosophie grecque qui ne peut ni subir le mal ni se laisser toucher par ceux qui le subissent. Mais n'est-ce pas ce principe grec qui se trouve au fondement de la conception ontologique d'Anselme? N'est-ce pas l'Un, en son unité indivisible et inaltérable, en la profusion de son origine, qui définit l'*unum aliquid* du *Monologion*? Anselme rencontre cette difficulté; pour lui, la miséricorde de Dieu est 'justement' le signe de la profusion de son amour. Mais afin de tenir ce langage de manière raisonnable, on va en construire progressivement la raison. Le ch. 8 va

d'abord distinguer deux points de vue: Dieu est miséricordieux selon
nous, mais non pas selon lui (cfr 106,10-11); la réflexion progressera
jusqu'à renverser ces termes: Dieu est miséricordieux en lui-même.
Voyons comment s'opère ce renversement.

> Comment donc es-tu et n'es-tu pas miséricordieux, Seigneur, sinon
> parce que tu es miséricordieux selon nous, et que tu ne ‹l'› es pas
> selon toi? Assurément, tu ‹l'› est selon notre sens, et non selon le
> tien (106,9-11).

Tout se passe comme si la vision grecque l'emportait ici. Le
point de vue qui est le nôtre relève de l'expérience affective; en effet,
l'expérience de la miséricorde divine console (cfr 106,8).

> Lorsque tu nous regardes, nous ‹qui sommes› malheureux, nous
> sentons les effets de ta miséricorde, ‹mais› toi tu ne sens pas d'af-
> fect. Et donc tu es miséricordieux, parce que tu sauves les malheu-
> reux et que tu épargnes tes pécheurs; et tu n'es pas miséricordieux,
> parce que tu n'es affecté par aucune compassion envers la misère
> (106,11-14).

Il semblerait donc que le thème de la sensibilité soit applicable
à Dieu de deux façons différentes: quant à lui, selon sa connaissance
du créé (cfr ch. 6), et quant à nous selon notre connaissance du
Créateur, lorsque nous sentons l'effet de sa miséricorde. Dans le cas
où nous avons le sentiment d'être sous la miséricorde de Dieu, dire
que Dieu est sensible est en fait exprimer, selon notre subjectivité, ce
que nous ressentons; quant à lui-même, devons-nous encore dire,
Dieu reste impassible, bien qu'il nous connaisse.

Le point de vue qui fait dire que Dieu est miséricordieux envers
nous mais non en lui-même relève d'une précompréhension grecque
du divin et de l'affirmation qui la fonde transcendantalement comme idée pure et séparée. On a cependant l'impression que la distinction des points de vue de l'essence immobile de Dieu et de l'expérience concrète que nous pouvons en avoir est abstraite, facile, et la
solution fallacieuse, verbale, car comment le Dieu de l'affection ne
serait-il pas celui de l'affirmation transcendantale? Malgré les cultes
de l'irrationnel, on doit affirmer que, quand même, il n'y a qu'un
seul Dieu. Il faut donc montrer que la miséricorde divine s'accorde
raisonnablement avec son essence abstraite.

Le début du ch. 9 rappelle que la justice de Dieu n'est pas liée
au mérite; la méditation est nourrie ici profondément par l'énoncé
de la foi.

Mais comment épargnes-tu les méchants, si tu es entièrement juste et souverainement juste? Comment en effet «celui qui est» entièrement et souverainement juste fait-il quelque chose «qui ne soit» pas juste? Ou quelle est «cette» justice qui donne la vie éternelle à celui qui mérite la mort (106,19-107,1)?

Anselme, qui ne méconnaît pas la pertinence, quant à nous, de l'application à Dieu du concept de justice rétributive, s'efforce de montrer que la justice divine est déterminée en son principe par sa bonté. Le souverainement juste fait miséricorde aux pécheurs et peut ne pas tenir compte de leurs mérites 'négatifs' parce que sa justice exclut la stricte réciprocité de son jugement et de leurs mérites, de son don et de leurs fautes. La norme rationnelle de la justice du Créateur (quant à nous) n'est pas fixée de manière nécessaire (quant à Dieu) par ce que, pécheurs, nous avons fait, par nos démérites, mais par l'identité de celui qui est au principe de soi et qui n'a rien d'autre que soi à la source de son agir, qui est pure et simple bonté [4]. Comme la justice transcendante n'a pas d'autres raisons que le transcendant, son incompréhensibilité s'origine en une abondance de bonté qui passe toute mesure humaine.

Est-ce parce que ta bonté est incompréhensible que cela est caché dans la lumière inaccessible où tu habites (107,4-5)?

En conjoignant ainsi la justice de Dieu à sa bonté, nous accédons lentement à ce qu'il est en soi, et qui était 'pour nous' sa miséricorde. La transcendance de la bonté et de la justice de Dieu cache en son ineffabilité la raison de sa miséricorde.

Vraiment la source d'où coule le fleuve de ta miséricorde est cachée au plus haut et au plus secret de ta bonté (107,5-6).

L'incompréhensibilité de la Bonté souveraine réside dans la simplicité de son don immanent. Cette simplicité, qui court à travers la diversité des moments de son acte (*esse — essentia — ens*), se traduit en conjonction dialectique et nécessaire de deux concepts opposés; il est incompréhensible que Dieu soit juste et miséricordieux, mais il est nécessairement l'un et l'autre, en son unique bonté. La bonté inclut la miséricorde comme son fruit et la justice comme sa vérité.

---

[4] Dans le *Monologion*, ch. 70, Anselme note que Dieu rétribue ceux qui l'aiment en se donnant lui-même: *Quid ergo summa bonitas retribuet amanti et desideranti se, nisi seipsam?* (80,24-25).

Comment le concept de justice rétributive, déterminée par le mérite, peut-il dés lors convenir à Dieu? Anselme doit décomposer ce qu'il y a de trop humain dans le concept de justice pour le comprendre à la clarté de la bonté divine, selon la règle du meilleur et du plus grand indiquée dès le *Monologion*.

> Celui qui est bon pour les bons et les méchants est en effet meilleur que celui qui est bon seulement pour ceux qui sont bons (107,8-10).

Ainsi, selon la règle du meilleur, c'est-à-dire selon une juste intelligence de ce qu'est Dieu, on en conçoit la miséricorde en raison de la bonté. Dès lors, la justice divine doit être conçue d'une nouvelle façon. La justice humaine rétribue en fonction d'un calcul de mérite; en revanche la justice divine, qui est Dieu lui-même, n'est pas liée par un démérite, par la méchanceté: elle est identique à sa bonté, dont elle 'exerce' [5] le secret le plus fécond.

> Toi qui es tout entier juste et qui n'a besoin de rien, tu rétribues par des biens ceux qui sont méchants et coupables envers toi (107,13-14).

Une telle justice est d'une hauteur inaccessible; comment le souverainement Juste a-t-il pu vouloir rétribuer les méchants par des biens? Le souverainement Juste n'est pas juste comme l'homme; sa miséricorde exprime son être, qui est don de soi fidèle, sans retour, qui fait être et qui garde dans l'être, surabondamment, sans y être empêché par les limites du créé ni déterminé par une 'juste' rétribution. Anselme maintient cependant que le concept de justice vaut quand même pour Dieu.

> Il est cependant nécessaire de croire que ce qui déborde de la bonté (laquelle n'est rien sans la justice) ne s'oppose pas du tout à la justice, mais bien plus s'accorde à la justice (108,3-5).

Comment la justice peut-elle s'accorder avec la miséricorde? La justice et la miséricorde s'opposent si, confomément à nos concepts humains, la seconde pardonne ce que la première retient, si la seconde ne fait pas les comptes de ce que la première additionne. Elles sont cependant toutes deux présentes à la bonté souveraine, puisqu'il est mieux d'être et miséricordieux et juste que d'être seulement juste ou seulement miséricordieux; mais ces attributs sont en Dieu selon des points de vue différents. La miséricorde est immédiate-

---

[5] La catégorie de la 'bonté', telle qu'Anselme l'utilise dans les premiers chapitres du *Monologion*, donne accès à l'idée de l'effectivité ou de l'acte d'être.

ment présente à la bonté, comme son trait distinctif: la souveraine Bonté fait miséricorde, puisqu'elle est la surabondance qui se donne sans réserve; et il nous appartient à nous, ses créatures, de le reconnaître. Il est humainement juste de rendre à chacun ce qui lui est dû; par conséquent, il est juste de rendre à Dieu ce qui lui appartient, sa bonté et sa miséricorde sans limites, toute-puissante, qui, des méchants, fait des hommes bons parce que, à jamais, il aime chacun et fait pleuvoir autant sur les méchants que sur les bons.

La justice désigne comment nous devons reconnaître ce que l'Essence divine en soi est envers nous; la miséricorde exprime l'expérience que nous avons de la bonté divine. La justice n'indique pas ce que nous pourrions intuitionner de l'Essence, qui est inaccessible; elle naît donc d'une nécessité de l'esprit qui affirme l'Etre de Dieu; cette nécessité est issue de la rigueur de la démarche réflexive. Il nous est juste de rendre à Dieu ce qui lui appartient, ce qu'il est, son être miséricordieux. Anselme disait plus haut (106,8) que Dieu est miséricordieux quant à nous qui en ressentons les bienheureux effets; nous disons maintenant, en raison de la règle du *maius* que Dieu est miséricordieux en lui-même et non seulement envers nous; ce que nous ressentons de Dieu, c'est bien de Dieu; il est juste pour nous de penser ce qui appartient à Dieu et de confesser ce qu'il est et a, la relation créatrice et recréatrice qu'il veut à notre égard, c'est-à-dire sa miséricorde.

De là l'action de grâce d'Anselme; ce n'est pas là un moment de dévotion seulement 'pieuse', mais l'épanouissement de la raison qui achève ainsi, avec rigueur, son argumentation:

> O hauteur de ta bonté, Dieu! On voit d'où tu es miséricordieux, et on ne ‹le› voit pas. On discerne d'où le fleuve coule, et on ne distingue pas la source d'où il naît. En effet, il appartient à la plénitude de ta bonté que tu sois bienveillant envers tes pécheurs, et la raison pour laquelle il en est ainsi est cachée dans les hauteurs de ta bonté (107,14-18).

Anselme, dont la finesse des sentiments était vive, réfléchit de manière plus accentuée sur la nature des sens spirituels. Nous avions nié à Dieu la sensibilité des corps, lui appliquant ainsi la représentation qu'en a produite la philosophie grecque; nous lui reconnaissons maintenant la sensibilité de l'esprit, au-delà de la rigidité d'un droit, d'une légalité insensible.

> O miséricorde, de quelle opulente douceur et de quelle douce opulence tu ruisselles ‹sur› nous! O immense bonté de Dieu, de quelle affection tu dois être aimée des pécheurs (107,22-23)!

Est-ce dire que Dieu ne connaît en lui-même aucune justice rétributive? Il est commode de distinguer la simple justice de la rétribution. Voici notre thèse: Dieu est simplement juste, et nous devons
'justement' penser qu'il nous rétribue. Nous avons dit qu'il est juste
quant à nous; mais cela signifie qu'il est juste parce que Créateur; sa
justice exprime la relation de la création où le vouloir et le pouvoir
de la créature doivent être médiatisés et ne peuvent pas l'être purement d'eux-mêmes. En fait, l'expérience affective de la miséricorde
consiste en une nouvelle création, où nous sentons que notre vouloir
est rendu à notre pouvoir, où nous savons vouloir ce que nous pouvons parce que nous sommes réconciliés avec nous-mêmes et avec
Dieu; la miséricorde opère le travail du devoir, de l'adhésion de la
nature à ce qu'elle est, de la justice. La miséricorde de Dieu libère de
nos abîmes intérieurs, car elle laisse resplendir l'être fidèle et bon du
Créateur.

La 'justice' exprime la droiture de nos affirmations, leur vérité
telle que le *De veritate* l'établira: *Veritas est rectitudo mente sola perceptibilis* (191,19-20). Dieu est juste pour nous, et cette justice veut
avec puissance la miséricorde. C'est pourquoi nous jugeons injuste
d'affirmer que Dieu s'apitoie alors que, selon nos mesures et nos
prudences, il ne le devrait pas. Dans ce jugement où nous adhérons
à l'amour gratuit de Dieu, nous répondons droitement au don divinement miséricordieux. La justice ainsi comprise accomplit finalement sa vocation propre: elle accorde l'acte de la créature à celui de
son Créateur.

> N'est-ce donc pas que ta miséricorde naît de ta justice? N'est-ce donc
> pas que tu épargnes les méchants par ta justice? S'il en est ainsi, Sei-
> gneur, s'il en est ainsi, enseigne-moi comment «c'» est. Est-ce par-
> ce que il est juste que tu sois bon de telle sorte que tu ne puisses pas
> être compris meilleur, et que tu travailles avec une telle puissance que
> tu ne puisses pas être pensé plus puissant? Qu' «est-ce qui serait»
> plus juste que cela (108,10-13)?

L'argument est porté par le concept de justice, qui, pensé selon
la règle du meilleur, implique ce que les hommes en excluent, la miséricorde. Puisque Dieu est miséricordieux, nous devons intégrer sa
bonté miséricordieuse à sa justice; tout le problème est de savoir
comment maintenir la justice rétributive. On ne peut identifier la
justice à la miséricorde qui ne tiendrait pas compte, selon les normes
de l'éthique objective, de la réalité de l'existence concrètement vécue. La justice demeure première; la miséricorde doit lui être inté-

rieure. Mais la justice première, la plus haute, n'est-elle pas aussi rétributive?

Le concept de justice rétributive signifie l'essence divine de manière abstraite alors que la miséricorde est concrète; l'attribution de la justice rétributive à Dieu provient de notre manière de reconnaître l'essence inaccessible, transcendante, extérieure, à laquelle nous nous rapportons nécessairement sans être jamais capables de la rejoindre vraiment par nous-mêmes; liée au devoir de la créature, nous devons affirmer la justice rétributive; cela nous est subjectivement nécessaire; si nous attribuons cette justice à Dieu, ce ne peut être à titre d'attributs de son Essence, mais en tant que nos jugements orientés vers Lui sont justes en Lui reconnaissant cette justice-là.

Nous devons assumer le concept humain de la justice rétributive qui veut que le pécheur soit puni. Comment le faire en Dieu même? Dieu va-t-il rétribuer à l'aune des hommes? Nous savons qu'en sa bonté, Dieu est miséricordieux avec justice; mais quand nous considérons ce que nous sommes, nous devons confesser qu'il est juste pour nous d'être rétribués selon nos mérites, ou nos démérites. Cela nous est juste.

Avons-nous bien compris ce qu'est la justice de Dieu? Est-elle déterminée par ce que nous sommes? Ne serait-elle pas plutôt le nom de la fidélité de Dieu à ce qu'il est, à son don, à sa création? Comment penser que Dieu soit juste en étant déterminé par ce que nous sommes? Dieu est juste parce qu'il est Dieu, divinement juste. La justice de Dieu est sa rectitude envers lui-même, la fidélité à son amour créateur et à sa créature [6].

> Enfin, ce qui est fait injustement ne doit pas être fait; et ce qui ne doit pas être fait est fait injustement. Si donc tu n'as pas pitié justement des méchants, tu ne dois pas avoir pitié; et si tu ne dois pas avoir pitié, injustement tu as pitié. Comme il est illicite de le dire, il est licite de croire que tu as justement pitié des méchants (108,16-20).

4. Rétribution et humilité

Dieu est Dieu par lui-même, et non pas en fonction de ses créatures. C'est pourquoi sa bonté essentielle n'est pas épuisée lorsque

---

[6] Pour la 'petite' Thérèse, le pécheur qui refuse de se convertir refuse d'entrer dans le sein de Dieu et choisit l'enfer. Ce choix est divinement respecté. Une telle théologie est en consonance avec Anselme.

nous sentons les effets de sa miséricorde; le respect de la transcendance divine et de son mystère nous fait tenir ensemble des affirmations contrastées. Nous avons dit de Dieu, au début de cette réflexion sur la justice, qu'il est juste quant à lui, mais qu'il est miséricordieux quant à nous; puis nous avons vu que Dieu est juste quant à lui, parce qu'il est fidèle à lui-même en étant miséricordieux; sa miséricorde est sa justice. La miséricorde de Dieu n'est plus alors quant à nous, mais en lui. Dans ce cas, comment reconnaître en lui tous les traits de ce que la 'justice' est pour nous? Rendre à Dieu le concept coutumier de la justice distributive est juste.

> Mais il est juste aussi que tu punisses les méchants. En effet, quoi de plus juste que les bons reçoivent des biens, et les mauvais des maux? Comment donc est-il juste que tu punisses des méchants et est-il juste que tu épargnes des méchants (108,23-24)?

L'argument porte son poids sur le concept de justice qui, pensé selon la règle du meilleur, implique la miséricorde que les hommes en excluent. Si Dieu est miséricordieux, nous devons penser sa miséricorde à l'intérieur de sa justice. Mais comment? Va-t-on nier à la justice de Dieu un 'devoir' de rétribution? Mais une justice qui ne tiendrait pas les comptes du mal, serait-elle encore justice? Sont donc justes ces deux affirmations: Dieu est miséricordieux parce que bon, et juste parce qu'il rend à des pécheurs selon leur dû. L'harmonisation de ces deux propositions est impossible. Nous savons toutefois qu'il y a en Dieu une justice identique à sa miséricorde; Dieu qui épargne des méchants est juste.

> En épargnant des méchants, tu es juste selon toi et non selon nous, de même que tu es miséricordieux selon nous et non selon toi (109,1-2).

Tenir ces deux affirmations de manière unifiée nous est impossible [7]. Nous ne pouvons pas penser que la miséricorde divine soit sans justice, car il n'appartient pas à l'esprit humain d'imposer quelque limite que ce soit à la miséricorde de son Créateur. Dieu est au-delà de la nécessité que nous lui imposons en raison de nos concepts; sa justice n'est pas à notre mesure; la réflexion conduite à l'aide du *maius* fait resplendir la liberté de sa justice dans sa miséricorde.

---

[7] Cfr 108,23-24; 109,10-11.

Ainsi tu es juste non pas parce que tu nous remets une dette, mais parce que tu fais ce qui te convient à toi, souverain bien. C'est pourquoi, ainsi, sans contradiction, tu punis avec justice et tu épargnes avec justice (109,4-6).

La règle du meilleur permet d'approfondir cette position en intégrant à la justice une peine dont seul Dieu est le maître, lui qui punit et épargne qui il veut.

En effet, est plus juste celui qui rétribue les mérites et des bons et des méchants, que celui qui ne rétribue que les mérites des bons (109,13-14).

Cette règle permet d'accueillir en Dieu le sens humain de la justice rétributive, basé sur un calcul 'plus grand', une addition quantitative. La même règle du meilleur nous avait fait accéder à la miséricorde qui transcende la justice déterminée par une addition mathématique des mérites; la transcendance de la bonté souveraine imposait de penser que Dieu est miséricordieux, et que nos calculs de marchands ne lui conviennent pas. Selon la même règle du meilleur, nous disons maintenant que Dieu pardonne miséricordieusement et en même temps punit des méchants. Les expressions d'Anselme qui concernent les passages de la justice à la miséricorde (ch. 9) et de la miséricorde à la justice (ici) sont très rigoureusement construites:

melior est enim	*iustior enim est*
qui et bonis et malis est	*qui et bonis et malis*
quam qui bonis tantum	*quam qui bonis tantum*
est bonus	*merita retribuit*
(107,8-10).	(109,13-14).

Ou encore: «justement tu as pitié des méchants» (ch. 9: 108,19-20) et «il est juste que tu punisses les méchants» (ch. 10: 108,23). La justice doit intégrer la punition et le pardon, en vue d'un jugement plus grand. Dieu qui punit et fait miséricorde est plus grandement juste, plus juste juge, que Dieu qui fait seulement miséricorde. Qu'est-ce à dire?

Le ch. 15 du *Monologion* vient ici à notre aide. La règle formelle du *melior* permet d'attribuer à un étant ce qui convient à sa nature; par exemple, il est meilleur pour un homme d'être non-or que or, quoique «il soit meilleur pour tel ou tel étant d'être or que non-or, comme pour le plomb» (29,4-6). Dans le cas de l'Essence souveraine, que l'on conçoit avant de lui attribuer quelque prédicat, cette rè-

gle formelle devient attributive: «en effet, cette Essence seule est ce
par rapport à quoi il n'y a absolument rien de meilleur et qui est
meilleur que toutes les choses qui ne sont pas ce qu'elles sont»
(29,20-21). La règle formelle du meilleur est fondée ontologiquement en l'Essence souveraine, le meilleur en son Etre, selon le mouvement propre de son exister.

N'en va-t-il pas de même à propos de la justice, qui règle tout
jugement, y compris nos jugements sur Dieu, notre *posse cogitari*?
Certainement. De même que Dieu est meilleur, de sorte qu'on doive
lui attribuer ce qui est absolument et simplement meilleur, ainsi il
est plus juste, de sorte qu'on doive lui attribuer ce qui est absolument et simplement plus juste. Il est plus juste de punir certains méchants que de les épargner tous indistinctement[8].

L'essence créée a été décrite en termes de pouvoir, devoir, vouloir; le vouloir accède à l'identité de soi (pouvoir) par l'effectuation
de son devoir; il est l'identité de soi se posant dans l'être. Dans le
cas de l'Etre créateur, le vouloir désigne l'effectivité de l'Essence en
son Etre. Dieu est son vouloir. La justice divine est réfléchie à ce
plan du vouloir libre de tout devoir:

> Il n'est pas juste que soient sauvés ceux que tu veux punir et il n'est
> pas juste que soient damnés ceux que tu veux épargner. En effet seul
> est juste ce que tu veux, et n'est pas juste ce que tu ne veux pas
> (109,17-19).

Le vouloir prend ici une forme transcendante, qui nous est
inaccessible et que nous exprimons, balbutiant, en le disant arbitraire. «On ne peut comprendre par aucune raison» (109,22-23) que tel
méchant puisse être condamné et tel autre épargné. C'est pourquoi
nous disons que la justice divine n'est pas seulement rétributive; libre de tout devoir et de la justice qui s'ensuit, elle exprime la volonté
divine qui pardonne qui elle veut pardonner et qui récompense quiconque est bon. Il est de l'essence de la justice divine de rendre à
tous les bons ce qui leur est dû et d'épargner quelques méchants; et
il est juste de penser que Dieu, infiniment juste, bon et miséricordieux, puisse aussi punir des méchants; il nous est juste de le penser,
mais l'être de Dieu est miséricorde.

---

[8] L'a priori de la bonté est tel que n'affleure même pas dans le texte la pensée
qu'il serait plus juste de ne pas rendre aux bons ce qui leur revient, mais seulement
à quelques uns!

Dieu est d'abord et essentiellement miséricordieux, tout le contraire d'un prince humain, justicier, jaloux et vindicatif. Il nous appartient de ne pas resserrer l'Ineffable dans nos mesures; il est juste de notre part de lui reconnaître, outre sa miséricorde, sa justice selon notre concept de la rétribution. Nous ne disons pas que Dieu condamne indistinctement tous ceux qui le méritent; mais juger que Dieu peut condamner des méchants est plus juste que le juger seulement miséricordieux. Dieu ne doit rien, mais il peut tout à la mesure de son 'être de don' [9] et de sa miséricorde.

Il nous est juste de reconnaître en Dieu ce que nous entendons par la justice rétributive, dans la mesure où nous ne décidons pas en même temps que Dieu condamne automatiquement tous les pécheurs. Même si rien ne nous permet de découvrir, à partir des règles de nos jugements, au nom de quoi tel pécheur est épargné et tel autre condamné, nous rendons à Dieu, en confessant sa justice et sa miséricorde, sa Gloire et sa Magnificence qui ne sont en aucune manière mesurées par nos désirs ou les impasses de nos jugements finis.

Pouvons-nous ainsi juger Dieu à l'aide d'une simple addition, miséricorde plus justice faisant plus que miséricorde seulement? Oui, car en ce jugement, nous donnons une juste réponse à la miséricorde de la divine Bonté. La miséricorde restaure l'unité intérieure du créé; elle réconcilie la volonté avec son pouvoir; mais il faut encore que la volonté veuille recevoir ce don miséricordieux, son unité intérieure; pour cela elle doit reconnaître et aimer son devoir et la justice qui le sanctionne. La volonté qui refuse la juste sanction qui lui est proportionnée, qui n'adhère pas au jugement plus grand selon lequel Dieu miséricordieux peut aussi punir, qui pense que Dieu est seulement miséricordieux, prétend subtilement se rendre présente à soi, au-delà de son devoir et de sa responsabilité, comme si elle était de droit unie à soi comme Dieu est Un en lui-même. Le jugement qui rend à Dieu sa justice et sa miséricorde ouvre ainsi en la volonté l'espace de l'humilité qui convient à la créature; le vouloir qui juge ainsi droitement se rend accessible à la miséricorde de Dieu qui, seul par soi, donne la paix intérieure. Qui rend à Dieu sa justice rétributive, se rend capable de recevoir sa miséricorde béatifiante, le don que Dieu fait de lui-même; il se dispose ainsi à recevoir son unité intérieure de Dieu seul qui se donne lui-même à qui l'aime.

---

[9] Cette expression vient de Cl. BRUAIRE, *L'être et l'esprit*, (*Epiméthée*) Paris, P.U.F., 1983.

Dieu fait miséricordieusement don de lui-même; nous sentons l'effet de sa bonté (cfr 106,11-12); nous pouvons comprendre alors que le Tout-puissant est sensible et qu'il est vraiment juste et bon de lui rendre sa Gloire et sa Splendeur.

Le ch. 11 conclut en répétant la liste des prédicats divins annoncés au seuil du ch. 6:

> Ainsi donc, tu es vraiment sensible, tout-puissant, miséricordieux et impassible, de quelque manière le vivant, le sage, le bienheureux, l'éternel, et tout ce qu'il est meilleur d'être que de ne pas être (110,1-3).

Le ch. 12, enfin, scelle tout ce parcours dans la 'per-séité' de Dieu, seul et unique Un.

> Mais certes tout ce que tu es, tu ne l'es pas par un autre mais par toi-même. Tu es donc la vie qui vis, la sagesse qui es sage, la bonté elle-même qui es bonne pour les bons et les méchants, et de même pour les choses semblables (110, 6-8).

QUATRIÈME PARTIE

QUIDDAM MAIUS

IX

ILLIMITATION

1. L'articulation du Proslogion

La quatrième partie du *Proslogion* traite de l'éternité divine; elle donne aussi de Dieu une nouvelle forme dialectique: *quiddam maius quam cogitari possit*. Ces deux points sont entrecroisés; la nouvelle désignation de Dieu est en effet entourée par la réflexion sur l'éternité. Saint Anselme avait déjà travaillé le thème de l'éternité de Dieu dans son *Monologion*; il s'agit là d'ailleurs du seul thème explicitement commun aux deux premiers opuscules, qui le présentent d'une manière assez analogue. Or, pour autant que la cohérence du second texte soit plus serrée que celle du premier[1], on peut penser que le thème de l'éternité révélera la signification profonde de la nouvelle désignation de Dieu.

Nous chercherons maintenant le plan de cette partie du *Proslogion*, que nous lirons ensuite chapitre par chapitre. Nous verrons comment le thème de l'éternité, envisagé d'une première manière dans le ch. 13, puis davantage dans les ch. 18 à 21, aide à approfondir la réflexion sur l'essence divine en conduisant de la seconde désignation de Dieu, affirmative par voie dialectique (*summum*), à la troisième, affirmative d'un possible indéfini (*quiddam maius quam cogitari possit*). Nous remarquerons que, dorénavant, les argumentations ascendantes vers un 'parfait' auront une grande importance. Mais avant d'en engager la lecture, dessinons à nouveau les traits essentiels des grandes étapes du *Proslogion*.

Le plan du *Proslogion* répète *grosso modo* celui du *Monologion*; quatre parties se succèdent: l'existence de Dieu, son essence, la Trinité, une réflexion sur le destin de l'homme. L'image d'une chaîne illustre la manière d'articulation du *Monologion*; en effet, dit Anselme, les thèmes y sont enchaînés[2] les uns aux autres de sorte qu'un anneau naît de l'intérieur de l'anneau précédent; en effet, chaque anneau met en place un problème mais sans pouvoir lui donner de so-

---

[1] *Unum argumentum* (93, 6).
[2] *Concatenatione* (93, 5).

lution, rendant ainsi nécessaire une réflexion ultérieure qui parte de nouvelles données. Le rythme du *Proslogion* est différent; ses thèmes naissent sous la poussée d'une insatisfaction, d'une recherche qui ne parvient pas à rejoindre la totalité ou la plénitude du but attendu et espéré toujours *maius*. Dans le *Monologion*, la recherche suit une dynamique qui construit progressivement son terme; quant au *Proslogion*, elle est orientée vers un terme qui lui est présent dès les premières lignes, inépuisable.

Le premier chapitre du *Proslogion* propose ce qui le dynamise intérieurement: «Je cherche la face du Seigneur» (Ps 27,8). Le *Proslogion* construit les figures de cette recherche ou de ce désir que rien ne peut apaiser, sinon le don de Celui qui l'inspire [3]. Pour le *Monologion*, le désir de Dieu est accompli lorsque Dieu se donne lui-même [4]; pour le *Proslogion*, ce désir ne débouche sur aucune assurance définitivement complète; il est infini comme l'infini qui l'anime et guide la recherche. Le *Monologion* se termine en se reposant en Dieu; les vertus théologales de charité, d'espérance et de foi font écho à la participation de l'âme à la vie divine; pour le *Proslogion*, le désir est toujours tendu vers davantage, jamais en repos; le bonheur promis demeure une espérance. Toutefois, le désir infini de Dieu est une modalité de sa présence gracieuse; le don de Dieu s'identifie au désir d'être à Lui. Sa présence est son attrait; Dieu est désirable parce qu'il se donne. La différence entre le *Monologion* et le *Proslogion* est alors significative: le premier texte est intérieur à une problématique de participation au *summum*, sommet d'une série d'homogènes dont l'esprit créé fait partie car il en est l'image; le second texte réfléchit toujours sur la participation de l'esprit à la vie divine, mais en la fondant sur le *maius* divin qui se donne en attirant indéfiniment, toujours plus, *maius*, à lui.

Pour le *Proslogion* [5], l'intelligence qui comprend quand elle 'cogite' réalise une première ébauche du désir spirituel, de la recherche sans fin de la 'face' de Dieu. L'intelligence 'cogite' d'une première manière du ch. 2 au ch. 13 du *Proslogion*; elle se laisse guider par l'exigence d'une affirmation (*cogitari*) qui mène le plus loin possible dans l'ordre des choses pensées tout en s'arrêtant là où s'ouvre une

---

[3] Cfr notre ch. 2.
[4] Cfr *Monologion*, ch. 70.
[5] C'était déjà le cas pour le *Monologion* — cfr notre *Dire l'ineffable* [4], pp. 48-49.

présence transcendante et irréductible à nos concepts (*summum*). Par après, à partir du ch. 15, l'intelligence sera invitée à penser au-delà de la *cogitatio* (*quiddam maius quam cogitari possit* ‹112,14-15›).

Le changement des termes de la problématique ne provient pas de ce que l'effort de la première moitié du *Proslogion* n'ait pas obtenu quelque succès; nous avons acquis quelques connaissances fermes. Au terme du ch. 4, Anselme proclame que «si je ne voulais pas croire que tu es, je ne pourrais pas ne pas le comprendre» (104,6-7). Semblablement, les chapitres sur la justice et la miséricorde de Dieu concluent avec certitude avoir trouvé ce que *vere es* (110,1). Mais, remarque Anselme, l'intelligence qui cogite ne parvient pas vraiment à rejoindre le terme désiré, toujours *maius*; l'âme a conscience qu'il lui manque quelque chose pour que son désir soit comblé; elle a l'intelligence de Dieu, mais n'en sent pas la présence (ch. 14: 111,14-15).

En parlant de la miséricorde de Dieu, de ce qu'il est en lui-même pour nous, nous avons remarqué que nous en ressentions les effets, l'unification intérieure, la réconciliation spirituelle; mais cette expérience des sens spirituels ne nous a pas encore donné de quoi combler le désir de Dieu. Je cherche le visage du Seigneur, mais je ne l'ai pas encore trouvé.

Vient alors, au ch. 15, la troisième désignation de Dieu. Les chapitres qui précèdent sont centrés autour de la première: *id quo maius cogitari nequit* interprétée grâce à la seconde: *summum*; Dieu est 'quelque chose' (*aliquid*) qui doit être jugé positivement mais que la *cogitatio* sait ne pas pouvoir (*nequit*) juger autrement que par lui-même (*nihil maius*); la première désignation de Dieu a donc le rôle d'une règle négative pour la pensée. Cette règle aboutirait à l'apophatisme ou à l'athéisme si elle ne pouvait intégrer une nécessité positive, que manifeste l'exigence dialectique du *summum*. La troisième désignation, *quiddam maius quam cogitari possit*, permet de penser Dieu de manière nouvelle, non plus négativement quant à la pensée, mais positivement par son excès, sa surabondance. La première désignation de Dieu interdit de penser au-delà de lui et rend nécessaire de le penser positivement sous une exigence spécifique, celle du *summum*; la troisième désignation force à penser au-delà de la pensée de sorte qu'une affirmation positive de Dieu, expression de sa surabondance, soit possible, mais par delà le cadre logique du *summum*.

Le passage de la première à la troisième formule de Dieu définit la signification spécifique du *Proslogion*; il s'agit d'accéder à la pensée de Dieu, non pas à partir de la pensée et de ses lois, mais à partir de Dieu qui seul peut montrer sa face à partir de son inaccessibilité. Toutefois, l'inaccessibilité de Dieu sera pensée en fonction de la vie de l'esprit, comme le manifeste déjà nettement le ch. 13.

Les chapitres qui traitent de l'éternité de Dieu viennent avant autant qu'après la troisième formule dialectique de Dieu. En effet, Anselme en parle dans les ch. 13 et 18 à 21. Ces chapitres font partie d'un ensemble unifié qui court du ch. 5 au ch. 22 et dont il convient de rappeler maintenant la structure.

Les ch. 5 à 22 constituent un ensemble homogène. Ils traitent des diverses qualités qui conviennent à Dieu, comme la justice, la vie, le goût, la bonté, l'éternité [6]; mais ces qualités sont envisagées de deux façons différentes. Jusqu'au ch. 12, elles sont traitées au moyen d'une catégorie commune, le *melius* qui médiatise, par la qualité, la loi du *maius* vers le *summum*; s'il est meilleur d'être X que non-X, selon l'expression du *Monologion* (29,15-19), et parce qu'il est plus grand de penser que Dieu est meilleur, Dieu est certainement X et non non-X [7].

A partir du ch. 13, la tonalité du discours se modifie. Un relevé des diverses séquences des prédicats divins éclaire le dispositif anselmien.

Ch. 5: *iustus, verax, beatus* (104,15)
Ch. 6: *sensibilis, omnipotens, misericors, impassibilis* (104,20-21).
Ch. 11: *sensibilis, omnipotens, impassibilis, vivens, sapiens, bonus, beatus, aeternus, et quidquid melius est esse quam non-esse* (110,1-3).
Ch. 12: *vita, sapientia, bonitas* (110,7)
Ch. 14: *vita, lux, sapientia, bonitas, aeterna beatitudine et beata aeternitas, ubique et semper* (111,10-11).
Ch. 22: *vita, lux, sapientia, beatitudo, aeternitas* (116,24).

Ce dispositif est, notons-le, tout entier intérieur à la problématique du *summum* (104,12; 117,1). Toutefois le premier groupe (ch. 5-11) est constitué par des qualités anthropologiques, tandis que le second (ch. 13-22) analyse l'essence divine qui est 'plus grande' que ce qu'on peut en penser.

---

[6] Cfr 104,15 (ch. 5), 20-21 (ch. 6); 110,1-3 (ch. 11); 111,10-11 (ch. 14); 116,24 (ch. 22).

[7] Cfr notre *Dire l'ineffable* [4], pp. 131-138. Le *maius* de la première formule est compris à la manière du *melius*.

Ce changement de perspective accompagne, dans les ch. 14 à 17, le retour de la forme dialogale de la prière, utilisée dans le ch. 1 surtout[8]. Le ch. 18 reviendra de nouveau au monologue spéculatif; l'argument y maintiendra le style argumentatif par le *melius*, mais en le comprenant d'une manière nouvelle, selon une nouvelle formule de Dieu. Le ch. 22 conclut l'ensemble de la méditation sur l'essence divine en reprenant des thèmes déjà présentés au ch. 28 du *Monologion*: seul Dieu est, *unum et summum bonum* (117,1) tout le reste étant 'moins', parce que muable.

Les ch. 14 à 17 constituent l'axe du *Proslogion* et font basculer les règles de la réflexion. La nouvelle désignation de Dieu: *quiddam maius quam cogitari possit*, modifie la forme argumentative du *maius*; ce changement n'est pas très apparent dans les termes utilisés explicitement; il s'agit plutôt d'une transformation profonde de l'esprit du raisonnement; l'effacement de la négation en est indicative, ainsi que le passage des catégories anthropologiques à des attributs essentiellement métaphysiques.

Après avoir mis à jour l'organisation du contexte qui accueillera la réflexion sur l'éternité, venons-en à celle-ci. Cette réflexion, qui vient avant et après le noeud du ch. 15, reçoit un double traitement.

Avant le ch. 13, le *melius* articule l'argument en exploitant le domaine anthropologique et en y appliquant le *maius*; la réflexion repère dans l'expérience humaine les qualités qui, d'elles-mêmes, sont susceptibles d'être attribuées à Dieu, malgré leur contraste mutuel. C'est ainsi qu'il est meilleur pour Dieu d'être juste[9], qu'il est aussi meilleur pour lui d'être miséricordieux[10], que donc il est meilleur pour Dieu d'être à la fois juste et miséricordieux, bien que cette simultanéité conduise la raison aux abords de l'impossible[11], de l'inconcevable en une forme rationnelle simple. Le ch. 13 construit également son argument en s'aidant de la dialectique du *melius* qui

---

[8] Et aussi ailleurs, mais pour confirmer une argumentation (103,3-11 ‹fin du ch. 3›; 104,5-7 ‹fin du ch. 4›), ou pour l'engager en partant des attributs contradictoires que la foi reconnaît à Dieu (11-17 ‹tout le ch. 5› et le début des ch. 6, 7, 8, 9, 10 et 11).

[9] Cfr 104,16-17.

[10] Cfr 107,10-12.

[11] Cfr 108,8, qui demande l'aide de Dieu pour 'comprendre ce que je dis' — notons l'expression inverse, mais problématique, du *Monologion*: l'homme ne dit pas toujours ce qu'il comprend (ch. 29 - 47, 22); cfr notre *Dire l'ineffable* [4], pp. 175-176.

saisit une positivité qualitative et en clôture la série des perfections en la dépassant grâce à l'*id quo maius cogitari nequit* compris comme *summum*; ce ch. 13 suit donc harmonieusement l'argumentation de la première partie du *Proslogion*, bien qu'il ne procède plus en conjoignant dialectiquement des attributs opposés reçus ensemble du discours de la foi.

En proposant le nouveau nom de Dieu, le ch. 15 inaugure une nouvelle manière d'argumenter; il ne s'agira plus d'attribuer à Dieu le meilleur de ce que nous pouvons penser de lui à partir de nous, mais de le penser lui-même, qui est *quiddam maius quam cogitari possit*, un possible indéfiniment inaccessible à la pensée. Le nouveau contexte rationnel dans lequel Anselme invitera à pénétrer sera déterminé par un *maius* qui surpasse la pensée elle-même. Pourquoi la pensée doit-elle s'ouvrir à ce qui la dépasse? Parce que, incapable de rendre présent et sensible ce qu'elle pense de manière pourtant nécessaire, elle découvre qu'elle ne le maîtrise pas. L'âme ne sent pas ce que la pensée a trouvé.

Les ch. 13 à 21 sont ainsi organisés autour d'un axe, le ch. 15.

13: incirconscriptibilité et éternité.
14: voir et ne pas voir.
15: *quiddam maius quam cogitari possit.*
16-17: lumière ineffable.
18-21: tout dans l'éternel.

Cette progression de la pensée signifie que les chapitres sur la justice et la miséricorde sont surmontés afin de laisser transparaître le mystère de l'origine sans origine, de l'Essence absolument simple. Pour ce faire, les instruments rationnels doivent être renouvelés. Ne suffit pas, avec le ch. 12, l'identification de Dieu à quelque qualité; il faut surmonter la qualité relative, trop humaine, pour montrer comment Dieu est par lui-même ce qu'il est, et que, Dieu étant raisonnablement ainsi pour nous, nous puissions le prier et dire de lui, avec vérité, ce qu'il est.

2. *Pensée et espace*

La dialectique du ch. 13 reste encore celle du *melius*. Le *maius* des ch. 2 à 4, qui reçoit une juste intelligence du *summum*, y est conçu en effet comme la raison de l'attribution à Dieu de ce qui est

meilleur et plus digne, y compris dans l'ordre de l'extension ou de la
limitation.

> Tout ce qui est clos quelque peu par le lieu ou le temps est moindre
> que cela qu'aucune loi de lieu ou de temps n'enserre. Dès lors, puis-
> que rien n'est plus grand que toi, aucun lieu ni aucun temps ne te
> renferment, mais tu es partout et toujours. Et, comme on ne peut le
> dire que de toi, toi seul es illimité et éternel (110,12-15).

Jusqu'au ch. 13, les termes relatifs étaient conçus à partir de
l'expérience commune; la sensibilité, la toute puissance, la miséricorde et l'impassibilité de Dieu (110,1), objet des ch. 6 à 11, sont repri-
ses dans la liste qui conclut le ch. 11, où l'on trouve aussi d'autres
attributs: la vie, la sagesse, la bonté, la béatitude, l'éternité (110, 2,
7), qui feront l'objet, au moins partiellement approfondi, des chapitres suivants; toutes ces qualités, sauf l'éternité, ont des repères
anthropologiques, en ce qu'elles sont significatives positivement à
partir de notre expérience. Le ch. 12, toutefois, semble indiquer que
la seconde partie de la liste du ch. 11 a un poids ignoré dans la première: «Tu n'es pas par autre chose que par toi» (110, 6) la vie, la
sagesse, la bonté[12]. De ces qualités, Dieu est par lui-même la 'raison' unique; notre expérience n'y donne pas un juste accès. La
construction des chapitres précédents est dépassée par l'exigence
d'un nouveau fondement et d'une logique nouvelle; on ne peut plus
penser Dieu selon la seule loi du *melius* appliquée aux faits humains.
De la sorte, Anselme conduit progressivement à penser que l'éternité
de Dieu est la catégorie où la réflexion sur l'ipséité divine aura son
lieu le plus adéquat.

Le ch. 13 traite de l''incirconscriptibilité', c'est-à-dire de l'illimitation de Dieu. A première vue, le problème reste intérieur à une
vue humaine. En effet, pour une vue spontanée et imaginative des
choses, ce qui englobe est plus grand que ce qu'il englobe. Or Dieu
est plus grand. C'est pourquoi il englobe tout et n'est englobé par
rien; en ce sens, il est positivement toujours et partout; rien ne le circonscrit, ni le temps, ni l'espace, selon une loi négative qui s'impose
à la pensée réfléchissant à ce qui la déborde. Comprendre ainsi l''espace' de Dieu applique simplement la loi du *maius*.

---

[12] La vie et la sagesse sont évoquées ici pour la première fois dans le *Proslogion*; la bonté se réfère aux chapitres sur la justice et la miséricorde, surtout au ch.
10 (108,28).

Toutefois, l'argumentation d'Anselme engage de nouveaux éléments; elle invite en fait à réfléchir sur le 'fondement' de la loi du *melius*; ce fondement est Dieu, qui est par soi parce que Dieu. Mettons en relief un fait littéraire qui sera spéculativement très fécond. Le mot *circumscriptus* et ses parents ne viennent pas ailleurs dans l'oeuvre d'Anselme. Liés à l'éternité dans le ch. 13[13], ils indiquent une manière de la penser; ils évoquent une représentation spatialisante de l'éternité. Notons que le lien de l'espace et du temps en Dieu a été largement développé dans le *Monologion* (ch. 20 à 22); il est aussi traditionnel[14]; mais le *Proslogion* en traite différemment, manifestant ainsi que la pensée se renouvelle; progressivement, la représentation spatiale du temps sera éliminée; l'"incirconscriptibilité" ne reviendra plus; le ch. 13 détruit les dernières prétentions de l'imagination.

Auparavant, dans le *Monologion*, les arguments sur le temps et l'espace étaient développés ensemble de manière parallèle; maintenant, il en va autrement; le ch. 13, qui demeure à l'intérieur d'une problématique marquée par la loi du *melius*, limite le parallélisme de l'espace et du temps au domaine couvert par la *cogitatio*, c'est-à-dire par la représentation de Dieu, *summum* positif d'une série. En même temps, le thème du temps est effacé au profit du seul espace. Par contre, quand il traitera plus tard de l'éternité, Anselme renverra à peine à l'ubiquité divine; c'est qu'il exercera une manière nouvelle de penser Dieu, qui est au-delà des possibilités de la pensée, *maius quam cogitari possit*, dira le ch. 15, pure éternité sans espace, parce que purement spirituelle, sans représentation, sans image.

Cette transformation de la problématique est annoncée par le ch. 13 d'une façon dont on peut apprécier les modalités. Avant ce chapitre, en effet, l'argumentation était fondée sur le rapport de qualités relatives et opposées sinon, pour nous, contradictoires;

---

[13] Les mots *incircumscriptus* et *aeternus* viennent ensemble en 110,10,11 (titre) et 111,4 (conclusion); l'argumentation du ch. 13 ne traite toutefois que de l'illimitation.

[14] Cfr G.R. EVANS, 'Time and Eternity' [11.1]. Dans le *Monologion*, l'exposé s'articule comme suit : il faut nécessairement concevoir l'Essence souveraine toujours et partout, puisqu'on ne peut la concevoir ni nulle part et jamais, ni quelque part et parfois (chap. 20); cependant, puisque l'espace est divisible comme le temps, l'Essence qui est partout et toujours doit être aussi divisible (chap. 21); pour sortir de cette contradiction, il faut concevoir dialectiquement la Substance «présente à la fois et toute entière à chaque lieu et temps» (40,18-19 «chap. 21»).

Dieu est sensible et impassible (ch. 6), tout puissant mais ne peut pas tout (ch. 7), juste et miséricordieux (ch. 8-11). Maintenant, la pensée prend un chemin plus linéaire; la réflexion est décidément ascendante; elle suit linéairement la perfection d'une seule qualité, plutôt que la conjonction dialectique de deux opposés:

> Cependant, toi seul es éternel, parce que seul parmi tout ‹ce qui est› tu ne cesses pas ‹d'être›, tout comme tu ne commences pas d'être. Mais comment es-tu seul ‹à être› illimité? L'esprit créé est-il limité rapporté à toi, mais illimité ‹rapporté› au corps? Est totalement circonscrit ce qui ne peut, lorsqu'il est tout entier quelque part, être ailleurs en même temps; ce que l'on discerne dans le cas des seules choses corporelles. Est incirconscrit au contraire, ce qui est en même temps tout entier partout; ce que l'on reconnaît de Toi seul. Est enfin circonscrit et incirconscrit à la fois ce qui peut, lorsqu'il est tout entier quelque part, être en même temps tout entier ailleurs mais non point partout; ce que l'on connaît chez les esprits créés (110,20-111,2).

Le corps est par essence spatial, ici ou là, et dans le temps, avant ou après; quant à l'esprit, il n'est pas divisible comme le corps; certes, il est divisible et limité en tant qu'esprit de tel corps, mais il est indivisible et illimité en tant que distinct de tel corps. On parle bien de la droite et de la gauche du corps, mais cela n'aurait aucun sens à propos de l'esprit. Dieu n'est limité par rien, car il est distinct de tout corps. L'illimitation de Dieu est ainsi conçue selon le *melius*; d'une part, elle est semblable à l'illimitation de l'esprit créé envers les parties du corps; mais d'autre part elle s'en distingue en ce que aucun corps n'est pensable en Dieu.

Cette argumentation est significative. L'esprit est *melius* que le corps. Pourquoi? En quoi le *melius* fonctionne-t-il ici comme argument? De façon générale, Dieu est X s'il est meilleur d'être X que non-X; donc ici, Dieu est meilleur parce qu'il est meilleur d'être 'séparé' du corps comme l'esprit; il est aussi meilleur que l'esprit parce que absolument séparé. Dieu est ainsi *melius*, sommet d'une série de choses homogènes de moins en moins corporelles et de plus en plus spirituelles, parce qu'il est 'meilleur' par principe de ne pas être limité; d'ailleurs, si Dieu est 'par soi' comme le disait le ch. 12, s'il est ce qu'il est par ce qu'il est, rien de créé ne peut en limiter l'énergie.

Au fondement de ce raisonnement, on reconnaît une critique de l'image corporelle et l'affirmation de l'excellence de la simplicité spirituelle. L'esprit de l'homme est meilleur que son corps, bien que, incarné, il soit limité et donc distinct, même opposé à d'autres esprits incarnés; a fortiori, Dieu n'a pas de corps parce que l'esprit est plus simple que le corps, et que Dieu est absolument simple.

La 'séparation' de Dieu en raison de sa simplicité donne un avantage à la réflexion, qui reprend alors sa forme dialectique: si Dieu est séparé de tout, il n'est lié par rien, et est donc libre pour tout. De cela même, nous avons une expérience humaine analogue, qu'il suffit de pousser à la façon d'un a fortiori:

> Si en effet l'âme n'était pas tout entière dans chaque membre de son corps singulièrement, elle n'aurait pas toute entière la sensation de chacun singulièrement. Donc, toi, Seigneur, tu es de manière singulière illimité et éternel, et cependant les autres esprits sont aussi illimités et éternels (111,2-5).

Dieu, qui est simple et séparé, est susceptible d'être présent à tout, de tout pénétrer également, sans pouvoir être divisé par cet engagement dans le multiple. La présence de Dieu est singulière.

L'argumentation de ce chapitre n'échappe pas totalement aux schèmes de la représentation relative. Est particulièrement évocatrice l'affirmation de l'éternité de l'esprit (111,4-5), qui suit immédiatement de sa séparation du corps — alors que pour le chrétien Anselme, les esprits créés ont au moins un début, à défaut d'une fin. Ces affirmations sont symptomatiques; les éléments qu'elles entrecroisent sont référés les uns aux autres à l'intérieur d'une série ascendante [15] qui les rend homogènes, de sorte que l'un soit vu meilleur que l'autre, le critère commun de cette excellence étant la simplicité intérieure et la séparation conséquente envers tout ce qui pourrait diviser.

En procédant ainsi, la pensée demeure représentative, mais elle critique la représentation comme représentation. Elle ne donne pas vraiment accès à Dieu. Dieu représenté n'est pas présent [16]; il est très justement *summum*, mais cela ne suffit pas, n'est pas assez digne de Dieu et de ce que nous savons pouvoir en penser. Le ch. 14 le reconnaît. Anselme ne 'sent' pas la présence de Dieu; or «sentir est connaître» (105,1). La connaissance de Dieu n'est pas encore complète; soit on connaît vraiment, soit on ne connaît pas; celui qui ne

---

[15] J. GOLLNICK (*Flesh* [3]) a montré comment le thème de la 'chair' peut par ailleurs avoir une autre valeur chez Anselme; il ne s'agit pas seulement d'un étape inférieure de la dialectique ascendante; la chair (donc le corps) constitue un problème de théologie, lié au salut et à l'alliance divine.

[16] Cfr Ed. WIERENGA, 'Anselm on Omnipresence' [13.7].

sent pas ne peut pas dire qu'il connaît vraiment, totalement; celui qui ne 'sent' pas Dieu ne le connaît pas vraiment. L'effort conduit jusqu'ici a donc failli, bien qu'on ne puisse quand même pas dire qu'il ait été vain. Ce que nous avons appris de Dieu, nous le savons maintenant sans hésitation [17]; mais nous ne connaissons pas encore Dieu; nous en avons des représentations, mais nos sens spirituels demeurent dans la désolation; Dieu est encore absent.

> Car, si tu n'as pas trouvé ton Dieu, comment est-il ce que tu as trouvé et reconnu de lui avec tant de vérité certaine et de vraie certitude? Si, au contraire, tu as trouvé, qu'y a-t-il pour que tu ne sentes pas ce que tu as trouvé? Pourquoi mon âme ne te sent-elle pas, Seigneur Dieu, si elle t'a trouvé (111,11-15) ?

Le problème est de savoir *quomodo* une connaissance certaine de Dieu a pu être acquise sans un sentiment quelconque de sa divine présence. Le changement de la désignation de Dieu reçoit ainsi une double signification: il hausse la réflexion vers l'essence de Dieu; grâce à lui, Anselme ne tente plus de penser médiatement, à travers l'analogue humain, mais immédiatement, comment Dieu est ce que nous avons pu penser de lui. Il s'agira de penser pour lui-même celui qui n'est circonscrit par rien, qui pénètre tout, nous-mêmes autant que le monde, de sorte que nous puissions reconnaître, bien que nous n'en ressentions pas la présence, que nous en connaissons vraiment l'essence vive et que donc nous en avons quelque sentir spirituel.

---

[17] Anselme concluait semblablement à la fin de son ch. 4 (104,6-7).

X

TÉNÈBRES

1. Ténèbres et dialectique

Les ch. 14 à 17 se trouvent juste après le centre géographique du *Proslogion*; en effet, l'opuscule, qui compte 26 chapitres, traverse son milieu en passant du ch. 13 au ch. 14. Par ailleurs, d'un point de vue thématique, si l'on retient que l'unité de l'opuscule est constituée par la mise à jour progressive de l'*unum argumentum* qui convient le mieux à Dieu, on sera sensible au renversement que signifie le changement de désignation de Dieu: *quiddam maius quam cogitari possit*. Ce renversement dialectique suit un paradoxe nécessaire: la réflexion travaille à partir de ce qui la déborde pour pouvoir penser Dieu tel qu'il est et 'voir sa face'. Une brève détermination de l'articulation des ch. 14 à 17 aidera à pénétrer la signification de ce renversement.

Les ch. 14 est introduit en mentionnant la sensibilité (111,14) et le ch. 17 conclut en énumérant les divers sens corporels (113,9-12); entre cette introduction et cette conclusion, le ch. 14 médite sur les ténèbres de l'âme (111,16ss) et le ch. 16 sur l'inaccessibilité de la lumière divine; au foyer de cet ensemble, vient le ch. 15 et la nouvelle dénomination divine.

> A. Voir et ne pas voir (ch. 14).
> B. Ténèbres de l'âme (ch. 14).
> C. *Quiddam maius* (ch. 15).
> B'. Lumière inaccessible (ch. 16).
> A'. Sens corporels (ch. 17).

Le début du ch. 14 oppose 'ressentir' et 'trouver'. L'opuscule avait pris son départ comme une recherche intellectuelle [1]; lors des chapitres précédents, a-t-on dit, la réflexion a 'trouvé' ce qu'est Dieu (111,12); cependant, malgré tout, l'âme reste insatisfaite parce qu'elle ne 'sent' pas Dieu. La recherche doit donc prendre maintenant une nouvelle tournure. Le ch. 14 reconnaît cette exigence en la pro-

---

[1] Cfr ch. 1: *quaerere*.

blématisant: *Cur* (111,14) y a-t-il inadéquation entre trouver Dieu et le ressentir?

A la fin du ch. 17, on propose comme explication l'«antique langueur du péché» (113,15). Toutefois, les ch. 14 à 17 n'évoquent pas le péché; la mention du ch. 17 est isolée; tout se passe maintenant comme si l'origine de l'inadéquation entre sentir Dieu et le trouver n'était pas d'abord en l'homme, mais en Dieu. Les ch. 14 et 16 indiquent en effet que l'âme ne sent pas la présence de Dieu parce que celui-ci ne se laisse pas sentir, ni d'ailleurs vraiment penser. En fait nous sommes insensibles à Dieu à cause de la différence qui nous en sépare; nous sommes autres que lui. Que le péché soit une manière de penser cette différence, ce fut souvent dit dans la tradition augustinienne. Mais la différence entre Dieu et ce qu'il n'est pas suffit pour rendre compte intelligiblement de notre insensibilité à son égard. Les ch. 14 à 17 du *Proslogion* le montrent.

Avant d'aller plus loin, nous nous rappellerons que saint Anselme avait une sensibilité très vive; sa correspondance à ses amis comme ses prières et méditations manifestent une cordialité débordante, sur laquelle tranche la sécheresse de ses textes spéculatifs [2]. L'unité psychologique de l'écrivain nous oblige à dire que l'insensibilité évoquée par le *Proslogion* signifie que la prière et l'affection ardente d'Anselme, traversées par le sentiment de l'exil et de l'éloignement de Dieu, ne sont pas encore comblées par l'effort dialectique déjà accompli. Anselme n'aboutit pas aisément à ce qui est cherché, à l'intelligence de la foi par les ressources de la dialectique en sorte que le désir de l'âme soit accompli. En vérité, le sentiment de l'absence de Dieu dans la prière est aussi une absence pour l'entendement; il faut donc pousser la dialectique plus loin, comme si celle-ci était par principe capable de rendre compte de ce silence de Dieu, comme elle a été capable de dire positivement ce qu'est l'Essence souveraine.

> Comment et pourquoi Dieu est vu et n'est pas vu par ceux qui le cherchent (111,7).

Le ch. 14 pose deux questions: «Comment et pourquoi». Ces questions sont couplées dans le premier paragraphe avec l'intelligence quant au *quomodo* (111,12-13) et à la sensibilité quant au *cur*

---

[2] Sur la correspondance d'Anselme, cfr I. Biffi, 'Anselmo al Bec' [10], surtout pp. 60-69.

(111,14); le second paragraphe développe plus particulièrement le *quomodo* (111,16 — ignoré du § 3) tandis que le troisième paragraphe est consacré au *cur* (112,1 — ignoré du § 2).

Le premier paragraphe pose le problème dans des termes précis; les chapitres précédents s'étaient mis en recherche d'un 'unique argument' qui pourrait prouver à lui seul que Dieu existe vraiment, et qu'il est le bien souverain auquel rien ne manque; le ch. 3 (103,3-4) avait reconnu le succès de l'argument quant à l'existence de Dieu; la finale du ch. 4 (104,5-7) confirmait à nouveau ce succès; quant à l''essence' divine, la réflexion en avait construit suffisamment certains aspects pour y adhérer comme on adhère à ce qui est vrai[3]. Le début du ch. 14 confirme ce succès:

> As-tu trouvé, mon âme, ce que tu cherchais? Tu cherchais Dieu, et tu as trouvé qu'il est quelqu'un souverain à tout le reste, dont on ne peut rien penser de meilleur; qu'il est la vie même, la lumière, la sagesse, la bonté, le bonheur éternel et l'éternité bienheureuse, et qu'il est partout et toujours (111,8-11).

Le résultat obtenu est cependant ambigu; il est intellectuellement certain, mais il ne comble pas le 'sentiment'. Comment entendre ce désaccord? Les termes utilisés par Anselme sont nets: le résultat obtenu intellectuellement, le *quod* de l'essence réfléchie, est certain; il est certain que tout cela appartient à Dieu; mais alors comment puis-je dire que je n'ai pas atteint Dieu?

> En effet, si tu n'as pas trouvé ton Dieu, comment celui-ci est-il cela que tu as trouvé et ce que tu as compris comme une vérité tellement certaine et une certitude ‹tellement› vraie (111,11-13)?

Le conflit entre l'intelligence et le sentiment est tel qu'on en vient à douter du fruit intellectuellement obtenu en posant un dilemme: ou bien l'intelligence n'a pas trouvé le Dieu de la foi, ou bien elle l'a trouvé. Si elle ne l'a pas trouvé, que signifient les affirmations précédentes sur la coïncidence entre ce que l'on a démontré[4] et ce qui est cru? Ou bien si elle l'a trouvé, comment se fait-il que la dynamique de l'affection spirituelle ne soit pas heureusement comblée?

---

[3] Ch. 11: *sic ergo vere es* (110,1); ch. 12: *Tu es igitur ipsa vita* (110,6-7).

[4] *Astruendum* (93,7) se réfère aux ch. 2 à 4 quant au *quia deus vere est* (93,7), preuve confirmée par les textes cités il y a un instant, et aux chapitres suivants quant au *quia est summum bonum* (93,8-9), confirmé au ch. 22 (117,1-2) et où le ch. 23 (117,6) reconnaît le bien de la foi.

Posons le problème en d'autres termes. Si nous nous mettons du point de vue de la foi qui, en écartant les affections, cherche l'intelligence de Dieu au moyen du discours rationnel et de ses significations, nous pouvons dire que la foi ainsi éclairée reconnaît que Dieu est tout ce que nous avons dit de lui rationnellement. Mais la foi écarte-t-elle l'affection? Elle n'est pas que raison. La foi, qui sent la présence de Dieu à telle enseigne qu'elle s'adresse à lui, ressent aussi son absence; elle se confie alors à une instance intellectuelle et lui laisse libre champ. Le problème est de savoir si le Dieu reconnu par la foi dans la dialectique et le Dieu aimé dans la prière désolée bien que confiante sont vraiment un seul et même Dieu. L'intelligence ne peut rien dire à ce propos, si elle ne naît pas de la foi et de l'amour; mais comme, au terme de la manifestation des évidences intellectuelles, on reste avec le sentiment de l'absence de Dieu, comme on voit clairement que l'intellect ne peut pas mettre à jour son propre fondement réel, on doit dire qu'il ne sait pas si ce à quoi il aboutit correspond bien à celui que le coeur aime. La foi peut reconnaître cet accord, l'intelligence seule non.

Toutefois, on ne peut pas tenir radicalement cette position. Si nous supposons en effet que la recherche intellectuelle n'a pas abouti au Dieu de la foi, que celui-ci n'est pas ce qui a été affirmé dialectiquement de lui, plusieurs questions se posent. La première: comment connaître cet échec raisonnablement pour en convaincre la raison et l'inviter à approfondir sa réflexion? On n'en sait rien hors des médiations de la raison, hors de la dialectique; toutefois la raison, par elle-même, reste incapable de dire si l'absolu, le principe ou le *maius* qu'elle a trouvé est ou n'est pas Dieu. La deuxième: si la foi prétend que le discours rationnel ne peut pas aboutir à ce qu'elle aime, et donc qu'on ne peut rien dire de raisonnable à propos de Dieu, les attributs par lesquels la foi détermine Dieu n'auront aucun sens raisonnable; comment pourraient-ils alors être significatifs?

La question *quomodo* porte sur le rapport des deux langages de la foi et de la raison; par principe, ces deux langages doivent s'allier; si ce n'était pas possible a priori, le problème de leur rapport ne se poserait même pas et on aboutirait à l'absurde: la foi serait pur verbiage, la raison étant maîtresse de ce qu'elle profère, à moins que la foi ne se réfugie dans la pure idéologie ou le terrorisme intellectuel. Cette thèse ne rencontre évidemment aucun principe anselmien.

Mais si tu as trouvé, qu'est-ce ‹que tu as trouvé›, ‹puis›que tu ne sens pas ‹d'›avoir trouvé? Pourquoi mon âme ne te sent-elle pas, Seigneur Dieu, si elle t'a trouvé (111,13-15)?

Le conflit entre les actes de l'intelligence (trouver) et de la foi (aimer) doit être résolu; ces deux puissances ne peuvent pas être opposées. En effet, la foi serait-elle par principe un amour qui ne trouve pas, un sentiment ouvert à l'indéfini inintelligible? L'expression *fides quaerens intellectum* signifierait alors 'un sentiment en quête impossible d'intelligence déterminante'. Certes, Anselme n'invite pas à rationaliser le sentiment, à lui imposer un habit cohérent selon la seule logique; l'inadéquation entre 'trouver' et 'sentir' est par certains côtés insurmontable; le ch. 14 souligne en fait l'irréductibilité de la foi à l'intelligence des raisons seulement dialectiques. Mais cette inadéquation, si elle était radicale, interdirait d'identifier l'objet connu rationnellement à ce que proclame le Credo; ce que la réflexion a pu dire jusqu'à maintenant ne toucherait en rien ce qui est cru; l'intelligence n'aurait pas trouvé ce qu'elle cherchait, le Dieu de la foi; elle ne pourrait d'ailleurs jamais prétendre au succès de son entreprise; la foi le lui interdirait. Mais cette position est intenable, à la limite contradictoire, car la foi doit être cohérente et rationnelle pour dire à la raison qu'elle ne peut pas la rejoindre.

Le problème peut être précisé. D'une part, le langage de la raison et le langage de foi coïncident par principe; d'autre part, le langage de la foi ainsi accueilli n'est pas à la mesure du sentiment de la foi. Il y aurait donc une réconciliation des langages de la foi et de la raison si la raison, qui a élaboré les 'preuves' de l'existence de Dieu et la description de son 'essence', demeure ouverte à un désir spirituel qui la dépasse, si la foi reconnaît en ce qui a été trouvé une expression intelligible de ce qu'elle croit et aime. Mais pour articuler ainsi le problème, on a établi une tension intérieure à la foi entre son langage et son sentiment, entre la reconnaissance de la rationalité du discours entendu et la sécheresse spirituelle qui l'accompagne. Il s'ensuit que la foi ne reconnaît pas dans le langage ainsi acquis la plénitude de ce qu'elle vise; elle constate toujours un abîme entre ce qu'elle dit et sa présence à Celui qu'elle aime.

Dans cette hypothèse, le langage rationnel est lui aussi redimensionné; une nouvelle tension s'y inscrit intérieurement. En effet, si le terme de la foi, Dieu, n'est pas adéquatement exposé par le langage de la foi, le langage rationnel sur Dieu ne sera pas proportionné à ce qui est cru; l'intelligence n'aura pas trouvé ce qui est cru sous tous ses aspects. En conséquence de quoi la preuve rationnelle ne fonctionnera plus adéquatement; ce qu'elle a produit, si on le prétend définitif, sans aucune recherche ultérieure, pourrait bien résulter de la structure de la raison, de ses schèmes. Dieu serait un postulat. Le résultat ainsi obtenu désole.

Mais Anselme ne juge pas que son effort ait abouti au fond d'une impasse. Dans son commentaire du ch. 14 du *Proslogion* [5], le P. de Lubac insiste sur le succès de l'entreprise d'Anselme. «S'il y a déception, elle ne provient pas d'un échec de la raison. Elle n'est en aucune manière un doute, ni une hésitation. La foi d'Anselme n'est aucunement ébranlée — ni la valeur des conclusions auxquelles vient de l'amener sa recherche de l'intelligence» (p. 205). Il ne s'agit pas non plus de désillusions devant l'abstraction de la 'preuve' métaphysique; «de telles remarques n'ont point ici leur objet, car la déception manifestée par saint Anselme est d'une autre nature» (p. 88); en fait, la joie qu'engendre la découverte intellectuelle rayonne déjà à travers les ch. 2 à 13 [6]. La déception ne vient pas davantage de ce que, de toute manière, le Dieu de la foi est toujours plus grand, inaccessible. «Cela, la raison le savait d'avance, et elle se serait reniée en voulant espérer une chose qu'elle savait impossible» (p. 208). D'ailleurs, rappelle le P. de Lubac, le ch. 1 déclarait ne pas vouloir tenter «de pénétrer ta profondeur, car en aucune manière mon intelligence ne peut se mesurer avec elle» (100, 15-16); c'est pourquoi Anselme se contente d'atteindre «quelque intelligence» [7]. La raison, qui se sait limitée, n'est pas déçue de son effort; elle «est donc satisfaite» (p. 209).

La déception met donc plutôt à jour, selon le P. de Lubac, une certaine différence entre l'intelligence dialectique et l'intelligence contemplative; le problème n'est pas d'articuler la foi et l'intelligence comme deux puissances diverses, sinon antagonistes, ni de résoudre la tension intérieure à la foi entre son expression intelligible et le sentiment, mais de rendre compte de deux usages de l'intelligence.

La dialectique aboutit à la vérité, mais ne fait pas voir 'ta face'; le coeur désire rejoindre Dieu, mais il n'y arrive pas. Avec Anselme,

---

[5] H. DE LUBAC, 'Seigneur, je cherche ton visage' [13.7].

[6] Cfr 104,5: *Gratias tibi, bone domine, gratias tibi*; 107,22-23: *O misericordia, de quam opulenta dulcedine et dulci opulentia nobis profluis!*

[7] *Aliquatenus intelligere* (100,17); un «certain point d'intelligence», traduit le P. de Lubac, p. 209.

la réflexion prend un aspect nouveau que la théologie approfondira les siècles suivants. Pour saint Augustin, «il s'agissait avant tout d'une recherche d'"intelligence spirituelle', c'est-à-dire d'une démarche d'allure contemplative qui, tout en englobant l'effort de la raison, la débordait, et qui se nourissait à chaque étape de la méditation de l'Ecriture. Chez ‹Anselme›, c'est une méthode d'intelligence dialectique, supposant une plus forte spécialisation de la raison» (p. 215). L'usage particulier de la dialectique, *sola ratione*, conduit à des conclusions qui lui sont proportionnées; mais il n'accomplit pas le mouvement de tout l'intellect. On peut même dire que, né dans «un élan suscité par le désir et l'espoir» (p. 100), avec le sentiment de la présence confortante de l'Aimé, il ne conduit pas à ce qui était précisément désiré. «Il y a eu, pour ainsi dire, substitution d'objet» (p. 220).

Anselme a engagé la réflexion théologique sur la voie de la raison autonome. Cette raison autonome est toujours intérieure à la foi; toutefois, elle ne traduit pas immédiatement le dynamisme de celle-ci et n'accomplit pas tout son désir; de là la déception d'Anselme. Mais la recherche intellectuelle n'est-elle pas *inter fidem et speciem*, comme dira la 'Commendatio' du *Cur deus homo*? Pour le P. de Lubac, «bien que ces mots soient d'Anselme lui-même, il nous paraissent l'être moins, sauf explications, de l'intelligence anselmienne» (pp. 216-217). L'intelligence contemplative est appelée à entrer dans la vision, mais ce n'est pas là le lot de l'intelligence dialectique. «Si cette ‹...› recherche ne lui a pas fait trouver le Visage de son Dieu, c'est qu'elle procédait d'une sorte de division du travail par spécialisation de la raison; elle n'était pas l'élan contemplatif lui-même» (p. 411).

Comment se fait-il alors qu'Anselme puisse rendre grâce du fruit acquis *sola ratione*? Le P. de Lubac évoque à ce propos l'espérance qui anime l'oeuvre anselmienne. «*L'espérance*: voilà donc l'intermédiaire efficace qu'‹Anselme› découvre entre sa foi initiale et la vision bienheureuse, entre la pure audition de la foi et la présence à laquelle il aspire» (p. 212). Le dynamisme de cette espérance est signifié par le nom même de Dieu; «l'effort intellectuel, cependant, malgré les explications et les analyses qui suivent encore au cours de quelques chapitres, ne saurait aller plus loin. Dieu demeure toujours, quel que soit le biais par lequel on aborde ou poursuit la recherche, 'ce quelque chose de plus grand que tout ce qui peut être pensé': la barrière de ce principe est infranchissable» (p. 212). Seul Dieu peut se présenter lui-même.

2. Comprendre et ressentir

N'a-t-elle pas trouvé ‹celui› qu'elle a trouvé être lumière et vérité (111,16)?

Le mot 'vérité' ne vient pas dans le *Proslogion* avant maintenant; il n'entre jamais parmi les qualités que citent les listes d'Anselme. Cependant, le mot *vere* est présent dans les chapitres sur l'existence de Dieu; il insiste selon sa formalité propre sur le fait rationnel que «vraiment, il est» [8]. Quant au mot *lux*, on l'a lu dans les ch. 1 (98,4,5) et 9 (111,16), toujours lié à l'inaccessibilité de Dieu. L'expression du ch. 14 n'est donc pas tellement préparée; celui qui se contente des passages antérieurs du *Proslogion* pour la comprendre se demandera avec étonnement où l'âme a bien pu trouver celui qui est «lumière et vérité» (111,16). Nous ne savons pas ce qu'est la vérité, et la lumière est jusqu'ici inaccessible. On pourrait penser que ce segment de phrase ne renvoie pas au *Proslogion*, mais à la tradition spirituelle; si c'est exact, le premier membre de la phrase, dont le sujet grammatical est la recherche dialectique, prétendrait identifier le résultat de cette recherche à ce qui provient de la tradition [9].

Le texte a conduit jusqu'ici à ces conclusions: on peut dire raisonnablement de Dieu un certain nombre de traits; mais cela ne nous le fait pas voir face à face. De ce conflit, une solution pourrait être de renier le désir du face à face, de le soupçonner dirait-on aujourd'hui, d'y renoncer et de se contenter de l'affirmation raisonnable indéfiniment ouverte. Mais telle n'est pas la solution anselmienne:

Comment en effet ‹mon âme› a-t-elle compris cela, sinon en voyant la lumière et la vérité (111,16-17)?

Il ne peut évidemment pas s'agir ici d'une vision de quelque contenu idéal divin; rien dans le texte n'invite à anticiper, par le biais de quelque vision béatifique, l'ontologisme des 17ème ou 19ème siècles; il n'y a pas d''idées', de contenus éternels en Dieu, qui seraient accessibles à l'intelligence humaine par mode d'illumination. Lorsque l'intelligence réfléchit sur son progrès, elle découvre que, par elle-même, elle est incapable de conduire à l''intuition' achevée, au face à face. En effet, si Dieu est *maius quam cogitari possit*, il n'est évidemment pas à la mesure de l'extension de la pensée;

---

[8] Cfr 102,6; 103,1,3,7,9 — autre usage, mais avec un sens lattéral en 103,16.

[9] Le *Monologion* n'avait pas d'autres intentions. Cfr notre *Dire l'ineffable* [4], pp. 55-56.

c'est d'ailleurs sur ce point que se fondait l'argument du ch. 3; ce qui est *in re et in intellectu* est *maius* que ce qui est seulement *in intellectu*; dire adéquatement Dieu est donc impossible pour l'intelligence seule. Pourtant l'intelligence a pu dire dialectiquement quelque chose de Dieu; comment sait-elle qu'elle a dit vrai? L'intelligence ne contient pas en elle la somme de la vérité; elle jouit seulement d'un rayonnement qui n'est pas à sa mesure et qui lui présente l'espace de la vérité.

Il est sans doute malhabile de dire que l'intelligence voit la lumière et la vérité; il serait plus rigoureux de s'exprimer ainsi: elle voit 'dans' la lumière et la vérité. Mais est-ce si différent? Je ne vois pas la lumière qui éclaire la feuille sur laquelle j'écris, mais sans lumière je ne verrais pas ma feuille. Voir quelque chose est donc aussi voir la lumière. Voir 'dans' la lumière signifie être présent à la lumière et la voir.

> ‹Mon âme› peut-elle comprendre quoi que ce soit de toi, si ce n'est par ta lumière et ta vérité (111,17-18)?

Nous sommes ainsi passés d'une vue de la lumière et de la vérité à une vue dans la lumière et la vérité, c'est-à-dire d'une vue 'objective' à une vue dans un milieu qui porte ce qui est vu et qui donne de le voir. Le climat intellectuel est analogue à celui du livre II du *De libero arbitrio* de saint Augustin. Le texte augustinien progresse au fil d'une dialectique ascendante proche de la *République* (VI, 508a-509b) de Platon. La vérité n'est ni inférieure, ni égale, mais supérieure à l'esprit (*mens*) (n° 34); cette vérité est merveilleuse, le bien qui surpasse tout bien des sens, le bien objectif suprême que nous sommes invités à embrasser pour en jouir et nous en délecter (n° 35); or selon le Psaume 37,4 (cité au n° 35), nous connaissons et tenons le souverain bien dans la vérité (n° 36); nous jouissons donc des biens *dans* le Seigneur (n° 35), *dans* la Vérité (n° 36) qu'est le Seigneur. La dualité de la vérité, à la fois objet délectable et milieu de perception, est surmontée spirituellement: l'esprit goûte la vérité en y entrant; nous contemplons le souverain Bien, le possédons et en jouissons dans la sagesse et la vérité, car «cette vérité ‹...› nous montre tous les biens qui sont de vrais biens, parmi lesquels les hommes ‹...› choisissent un seul ou plusieurs pour en jouir» (n° 36).

La doctrine augustinienne de l'illumination développe cette pensée sur la vérité des biens. D'une part, elle rend compte de la né-

cessité transcendantale qui constitue l'esprit; elle soumet cette nécessité à la lumière de Dieu, car l'esprit humain est trop fragile
pour pouvoir en être la raison; la nécessité mathématique, par
exemple, qui peut tendre vers l'indéfini[10], est une vérité illuminée
par la Vérité immuable. D'autre part, pour Augustin, on peut
aussi voir la Vérité, tout comme le prisonnier de la caverne platonicienne (*République*, VII, 516b), libéré provisoirement, voyait le
soleil (n° 36); la 'vision d'Ostie' exprime cette montée jusqu'à
'toucher' Dieu (*Confessions*, VIII, IX, 24).

Ne serait-ce pas là en fait le chemin d'Anselme? Où la vérité des
affirmations sur l'existence et l'essence divine aurait-elle un autre
appui? Seul Dieu fait voir si ce que nous disons de lui le signifie effectivement; la raison dialectique n'est pas capable d'assurer la vérité de cette affirmation-ci: 'ce que je dis là de Dieu le touche', puisque Dieu est *maius quam cogitari possit*. En fait, voir la nécessité de
l'affirmation n'est pas encore voir la source de cette nécessité, mais
pratiquer ce que l'on sait transcender l'esprit, sans que cette pratique puisse être entièrement ramenée aux déterminations dont l'intelligence serait de nouveau la mesure.

Anselme s'efforce d'exprimer ce paradoxe en des propositions
contrastées qui interrogent sur l'identité entre Dieu d'une part, et
d'autre part la vérité et la lumière:

> Si donc ‹mon âme› a vu la lumière et la vérité, elle t'a vu
> (111,18-19).

Par là, on ne signifie pas que l'intelligence a vu Dieu 'face à face'; si c'était le cas, mais ce ne l'est pas, la prière du ch. 1 aurait été
exaucée et le réflexion aurait touché son terme; toutefois, il y a une
vérité divine de ce qui a été dit; pour la penser, Anselme en adminis-
tre la preuve par l'absurde:

> Si ‹mon âme› ne t'a pas vu, elle n'a vu ni la lumière, ni la vérité
> (111,19-20).

En effet, si l'âme n'a pas vu Dieu, elle n'a pas vu ce qui fonde
sa recherche et qu'elle a pensé vrai; dans ce cas, elle s'est fait illusion
et n'a rien rencontré dans sa réflexion qui soit en réalité nécessaire.
Si rien n'est nécessaire, tout est absurde. C'est pourquoi l'âme, fidèle
à elle-même, qui refuse de se laisser abîmer dans l'absurde, recon-

---

[10] Cfr *De libero arbitrio*, II, VIII, 23.

naît qu'elle a vu la lumière et la vérité, qu'elle a donc vu Dieu, si du moins Dieu est le fondement de toute vérité nécessaire et la source de toute lumière où l'on voit toute nécessité.

> Est-ce la vérité et la lumière qu'elle a vu, et cependant, ‹toi›, elle ne t'a pas vu, parce qu'elle a vu de toi quelque chose, mais elle ne t'a pas vu tel que tu es (111,20-21)?

Dieu est par principe Un. Il n'y a pas en lui de parties qui ne seraient pas vraiment identiques à son essence simple. Tout ce que je vois raisonnablement de Dieu, de son essence, doit être une vue sur Dieu même. Nous comprenons alors pourquoi la réflexion sur l'illimitation et l'éternité de Dieu prend place ici. L'expression *aliquatenus*, que le P. de Lubac traduit par «un certain point d'intelligence» (p. 89), désigne ce que l'intelligence dialectique peut penser de Dieu grâce à sa lumière, *te illuminante*, disait-on (104,6), et aussi d'elle-même, bien qu'elle ne voie pas encore la source de cette lumière. L'intelligence dialectique a acquis quelque lumière. En cette lumière qui lui est propre, elle reconnaît la présence de Dieu, au nom de sa simplicité, illimitée et éternelle. Mais reconnue cette présence, demeure le sentiment de l'absence.

On pourrait penser que le discours bascule à ce moment d'un plan rationnel à un plan qui ne le serait plus; les chapitres suivants auraient une forme nouvelle; mais la division du texte en une partie rationnelle et une partie irrationnelle n'a pas de sens; en effet, la désignation de Dieu, dans le ch. 15, est tout à fait dialectique, comme le sont les ch. 18 à 22 qui reprennent la spéculation du *Monologion* (ch. 18 à 24) sur l'éternité de Dieu. Si donc on en arrive maintenant à poser une limite à la recherche intellectuelle tout en reconnaissant la prévenance de Dieu dans la lumière acquise de façon limitée, ce n'est pas pour abandonner la rigueur de la dialectique au profit d'une fausse contemplation débridée. Il convient, avant d'aller plus loin, de reconnaître cette limite et d'en discerner la portée.

> Seigneur, mon Dieu, qui nous formes et nous reformes, dis à mon âme qui te désire que tu es autre chose que ce qu'elle voit, afin qu'elle voie de manière pure ce qu'elle désire (111,22-24).

Dieu est 'autre'; pour accéder à lui, il ne faut en aucune manière partir de la série des 'choses' proportionnées aux sens, disait le *Monologion* au ch. 10, ni non plus de ce que la réflexion a démontré en appliquant simplement la norme du ch. 16 du premier opuscule (s'il est meilleur d'être X que non-X, Dieu est certainement X). Dieu est radicalement autre, parce qu'il est seul *per se* (cfr ch. 12); c'est pourquoi l'âme n'est pas, ne peut pas être comblée par son effort. Le P. de Lubac (p. 88) ne pense pas qu'Anselme juge le travail dialectique trop asséchant pour accompagner la prière du Psaume: «Je cherche ta face». Le *Proslogion* insiste cependant sur cette situation spirituelle; voir par l'intelligence raisonnante qu'il est meilleur d'être à la fois juste et miséricordieux ne donne pas pour autant de sentir la présence de Dieu. Dieu est autrement que la synthèse rationnelle d'opposés; il est autrement que ce qui a été vu, autrement que la lumière et la vérité en quoi la vigueur dialectique a reçu le sceau de sa contrainte.

Dieu serait-il non-vérité, non-lumière? Anselme ne va pas si loin dans ses conclusions. L'argument reste intérieur à un dynamisme qui exige un terme positif. Il s'agit de dépasser une limite, de voir finalement le visage du 'désiré'. D'où un travail extraordinaire pour situer exactement cette limite: elle provient plus de l'âme tendue vers Dieu que de Dieu lui-même. L''autre' est moins Dieu que l'âme.

> ‹Mon âme› se tend pour voir plus, et elle ne voit rien, au-delà de ce qu'elle a vu, si ce n'est les ténèbres; bien plus, elle ne voit pas les ténèbres, qui ne sont rien du tout en toi, mais elle voit qu'elle ne peut pas voir plus à cause de ses ténèbres à elle (111,24-112,1).

La dialectique 'voir — ne pas voir', qui, selon le ch. 16 du *Monologion*, pourrait conduire à une affirmation plus haute de Dieu, *maius* s'il était vu en même temps que non-vu, n'est pas appliquée maintenant à Dieu, mais à l'âme. Il ne peut y avoir aucune ténèbre en Dieu qui, source de toute lumière, est toute lumière, parfaite luminosité et transparence.

> Pourquoi cela, Seigneur, pourquoi cela? L'oeil de mon âme est-il enténébré par son infirmité, ou bien est-il ébloui par ton éclat? Mais certainement, elle est enténébrée en elle-même et éblouie par toi (112,1-3).

Anselme ne veut plus penser aucune négativité en Dieu. Le *summum* l'emporte sur le *nihil* du *maius* ou du *cogitari*. Les oppositions dialectiques ne constituent plus la loi du *maius*, mais seulement les situations respectives de l'âme et de celui qu'elle désire.

> De toute manière, ‹mon âme› est obscurcie par sa petitesse et enveloppée par ton immensité. Elle est vraiment resserrée par son étroitesse et dominée par ton ampleur. Qu'elle est grande en effet cette lu-

mière d'où jaillit toute chose vraie qui éclaire l'esprit rationnel!
Qu'elle est ample cette vérité où se trouve tout ce qui est vrai et hors
de laquelle il n'est que rien et faux! Qu'elle est immense, elle qui voit
en un regard tout ce qui a été fait, et d'où, par qui et comment
‹tout ce qui a été fait› a été fait de rien! Quelle pureté, quelle simplicité, quelle certitude et splendeur il y a là! Certainement plus que
ce qui est susceptible d'être compris par une créature (112,3-11).

Anselme utilise ici le vocabulaire de la grandeur qui marque les
oppositions plus que celui de la qualité. La qualité est susceptible de
continuité, mais non la quantité; la justice, par exemple, s'oppose à
l'injustice, mais le passage de l'une à l'autre est insensible; le droit
sait qu'un maximum de justice peut provoquer l'injustice. Pour les
Catégories d'Aristote (10b25 sq), la qualité est suceptible de plus et
de moins, mais non la quantité qui est égale ou inégale (6a18sq). Lu
à cette lumière, le texte d'Anselme laisse voir qu'il met l'accent du
maius sur la différence radicale qui sépare Dieu et l'homme.

Nous avons vu qu'Anselme explique parfois l'obscurité de l'â-
me par le péché. Il serait peut-être plus exact de dire que le péché est
rendu possible par la différence qui sépare Dieu et le créé. L'âme
marche dans les ténèbres et s'y enfonce en courbant son chemin vers
elle-même, en se contentant de la forme rationnelle de ses preuves et
de la nécessité qu'elle y voit; ne voulant pas aller au-delà d'elle-même, elle n'accède pas au fondement de la nécessité transcendantale. L'âme dans les ténèbres enferme son horizon dans les limites de sa dialectique. Roscelin était de cette sorte [11]; arrêter la lecture du *Proslogion* au ch. 4 serait commettre la même erreur, le même
péché.

Mais Anselme exige plus; il veut fonder la nécessité rationnelle.
Il y a là une décision spirituelle que nos contemporains ne font plus
leur quand ils acceptent que le discours puisse avoir un sens, même
limité, même provisoire, bien que sans vérité ni fondement. Pour
Anselme, l'acte rationnel n'est pas consistant pas sa seule forme logique, par le jeu de ses significations, mais dans la foi, de sorte que
la foi puisse vraiment, avec assurance, chercher l'intelligence. Une
certaine obscurité de l'âme manifeste le péché, quand, bien qu'ai-
mée, l'éclat de Dieu ne la touche plus. L'âme est alors cachée loin de
Dieu. Ce n'est pas cette obscurité-là qui structure le désir de l'âme
en quête de l'Aimé qu'elle ne voit pas.

---

[11] Cfr notre *Dire l'ineffable* [4], pp. 38-39.

XI

LUMIÈRE

1. Quelqu'un plus grand

On aura été attentif au vocabulaire du dernier paragraphe du chapitre précédent. On y comprend l'opposition de la lumière et des ténèbres au moyen de la catégorie de quantité [1]. Cette même catégorie quantitative, utilisée de manière 'objectivante' et non seulement relative [2], détermine maintenant la nouvelle formule dialectique qui désigne Dieu.

> Donc, Seigneur, tu es non seulement ce dont on ne peut pas penser de plus grand, mais tu es quelqu'un plus grand que «ce qui» peut être pensé. Puisque en effet quelque chose de ce genre est susceptible d'être pensé: si tu n'es pas cela, quelque chose de plus grand que toi peut être pensé; ce qui ne peut arriver (112,14-17).

Ce texte, habituellement négligé par les commentateurs de l''argument ontologique', est pourtant essentiel. Nous en ferons de suite une brève lecture; nous interpréterons ensuite le commentaire qu'en fait M. Corbin; nous indiquerons enfin comment nous le comprenons nous-mêmes.

La première phrase recueille le fruit des chapitres précédents; puisque la pensée est enserrée par l'immensité divine et obscurcie ou limitée par son étroitesse propre, puisque Dieu est absolue positivité et que la négation ne peut concerner que la pensée, la première désignation de Dieu doit être complétée; la désignation de Dieu par mode négatif ne contente plus; l'interdiction faite à la pensée n'offre pas l'espace suffisant pour articuler pleinement le désir dont on a posé la légitimité raisonnable; il faut une norme positive pour affirmer l'au-delà fondateur de la pensée. Dans la première formule, la négation est essentielle pour l'esprit qui ne peut trouver aucune po-

---

[1] *Brevitas, immensitas, angustia, amplitudo* (112,4-5); *ampla* (112,5); *immensa* (112,8).

[2] L'opposition lumière-ténèbre ne comporte pas de passage 'plus ou moins' de l'une à l'autre; la quantité n'y est pas 'relative'. De même, le *quiddam maius* est positif et non relatif.

sitivité à Dieu en dehors de ce que Barth recevait de la révélation;
dans la troisième formule, l'affirmation positive reconnaît que Dieu
dépasse infiniment l'état de la pensée; elle ne consiste donc pas à
mesurer Dieu à l'aune du créé, mais à sa transcendance.

La seconde phrase évoque le ch. 14; la méditation sur la limite
de la pensée ou ses ténèbres fait découvrir ce qui déborde cette limite et que l'on doit penser comme tel. La conclusion du texte est de la
plus haute importance; elle manifeste que la nouvelle formule ne
supprime pas la précédente, mais que, si elle vise plus haut, elle n'est
intelligible que par elle. En effet, Dieu étant pour nous ce qu'il est
selon la première formule, la nouvelle désignation lui convient aussi;
on ne peut pas penser quelque chose de plus grand que Dieu et il est
plus grand d'être plus grand que la pensée. Nous pouvons donc dire
que la nouvelle formule est possible épistémologiquement par la
première; mais elle en déploie la fondation ontologique mise à jour
par les oppositions 'sentir — trouver' et 'lumière — ténèbres' qui
rendent compte de l'altérité de l'esprit envers Dieu.

M. Corbin distingue dans le *Proslogion* trois noms de Dieu: celui des ch. 2 à 4 (*id quo maius cogitari nequit*), celui des ch. 5 à 14
(*summus*), et celui du ch. 15 (*quiddam maius quam cogitari possit*). A
son avis, et conformément à K. Barth, il s'agit de noms, pas de
concepts. En effet, l'esprit humain construit ses concepts à partir de
l'expérience recueillie en mémoire; on trouve dans les ch. 10 et 11 du
Monologion des traces de la description de ce processus de concep-
tualisation, créée dans le dernier chapitre des *Seconds Analytiques*
d'Aristote. Mais Dieu est Unique et transcendant; c'est pourquoi
nos mots pour le dire ne peuvent pas tirer leur signification de l'expérience sensible; Dieu ne peut être dit que par son 'nom', sans référence mondaine. Les divers noms divins du *Proslogion*, s'ils veulent
convenir à ce qu'ils signifient, ne peuvent pas être conceptuels.

M. Corbin insiste sur la distinction de K. Barth entre le noétique et l'ontologique; le passage du noétique à l'ontologique n'est
pas immédiat pour la connaissance adaptée au monde; l'interdit
kantien garde toute sa force; pour comprendre Dieu, la connaissance n'est pas assurée par les processus démonstratifs de la science;
Dieu en est radicalement inaccessible. Pourtant, nous parvenons à
dire de lui autre chose que des non-sens, ne serait-ce que quand
nous le disons ineffable; c'est donc que nous pouvons dire de lui
quelque chose qui, par principe, peut lui convenir. Pour ceux qui
n'ont d'intelligence de Dieu que *sola scriptura*, les mots justes sur

Dieu sont ceux de Dieu, de la Bible; toutefois, la critique biblique a montré l'humanité de ces mots; c'est pourquoi l'accès à Dieu n'est assuré par aucun langage, pas même scripturaire. La théologie perd ainsi toute rationalité adaptée à l'éminence de son 'objet' si on ne lui trouve pas d'autres bases.

Le noétique ne dit rien immédiatement de l'ontologique, mais médiatement, grâce à une négation capable de renverser le mental subjectif en réel objectif. L'accès au réel n'est pas offert en parcourant les contenus de la mémoire recueillis et unis dans le concept, mais en niant d'une manière ou d'une autre les conditions noétiques du concept pour accéder à ce qui le transcende radicalement. C'est pourquoi le premier nom de Dieu et ses diverses modulations (*id quo maius cogitari nequit, id quo maius nihil cogitari possit*) contiennent tous quelque négation. «Pour comprendre plus profondément la signification de ce nom, il faut avant tout faire bien attention à ce qu'il ne dit pas. Il ne dit pas que Dieu soit la chose la plus élevée que l'homme conçoive véritablement, et au-dessus de laquelle il ne pourrait rien concevoir de plus élevé. Il ne dit pas non plus que Dieu soit la chose la plus élevée que l'homme puisse concevoir ‹...›. Ce nom est visiblement choisi avec intention, de telle façon que l'objet désigné par lui paraisse tout à fait indépendant du fait que les hommes le conçoivent véritablement, ou peuvent seulement le concevoir ‹...›. Ce que la formule dit de cet objet, c'est seulement une chose négative: on ne peut concevoir quelque chose de plus grand» [3].

La signification essentiellement noétique et négative du premier nom interdit à ce niveau toute représentation positive de Dieu. Vient ensuite, lors de l'exposé du *Proslogion* sur l''essence' divine, le second nom, celui-là que connaissait déjà le *Monologion*: *summum omnium*. Ce second nom est 'ontique', dit M. Corbin [4], au sens commun du terme: est ontique l'apparence mondaine et toute implication immanente à cette mondanité et à sa logique. Ce second nom, qui semble contredire le premier, a souvent été interprété en une manière de dialectique ascendante qui va du moins parfait au plus parfait; la tradition interprétative de l'argument ontologique, surtout post-cartésienne, a habituellement compris Anselme de cette façon, comme l'avait fait Gaunilon. Nommer Dieu 'le plus grand de tout' (125,9) ne règle plus l'intelligence par une négation et rend

---

[3] K. Barth, *La preuve* [5.3], p. 66.
[4] 'Introduction' à K. Barth, *La preuve* [5.3], p. XV.

possible une représentation positive de Dieu entièrement dépendante des termes qui la constituent ontiquement.

Si l'argument ontologique est compris à la lumière du *summum* conçu comme une grandeur située à l'extrême supérieur d'une série, il aurait une signification ontique, et Anselme serait l'un des multiples représentants de l'onto-théologie pour qui Dieu est mesuré par les créatures que nous connaissons selon nos moyens conceptuels. Mais en rappelant le premier *maius*, on interdit de prendre comme base de l'argument anselmien l'idée de parfait et d'en faire une anticipation de la *Cinquième Méditation* de Descartes [5].

Dans notre étude sur le *Monologion*, nous avons montré que le terme *summum* y a déjà une signification différente; la négation n'y est pas immédiatement signifiée, mais la réflexion anselmienne ne l'ignore pas; les ch. 5 à 13 du premier opuscule sur la création la supposent et exercent son action; les chapitres sur l'‘essence' divine, surtout le chapitre méthodologique (ch. 15), en mettaient en évidence la fécondité.

En étudiant les ch. 5 à 13 du *Proslogion* [6], M. Corbin est tenté de comprendre le *summum*, qu'il oppose au *maius* comme nous l'avons dit, en fonction de la tradition post-cartésienne de la perfection, ce qui est en un sens inévitable, puisque le *summum* implique un aspect de continuité des homogènes; en effet, on met en parallèles les «Noms I et II, ‹...› les fonctions négatives et ‹...› l'idée de Parfait» (p. 39), ces deux noms ou fonctions étant identifiés de telle sorte que la négation du nom I, de la négation noétique, vienne agir sur l'affirmation du nom II, de la perfection ontique, et que soit reconnu «— négativement — que la perfection divine est plus que perfection» (p. 40) — ce qui se produit dans le nom III qui n'est ni noétique et négatif (nom I), ni ontique et positif (nom II), mais noétique et positif.

---

[5] *Oeuvres et Lettres*, (*Pléiade*) Paris, Gallimard, 1953, p. 312: «souverainement parfait»; voir aussi le *Discours sur la méthode*, 4e partie, p. 149: «une nature qui fut véritablement plus parfaite que je n'étais, et même qui eût en soi toutes les perfections dont je pouvais avoir quelque idée»; même position chez LEIBNZ, *Monadologie*, § 41: «Dieu est absolument parfait, la perfection n'étant autre chose que la grandeur de la réalité positive prise précisément, en mettant à part les limites ou bornes dans les choses qui en ont». Sur la validité anselmienne de l'argument par la perfection, cfr notre *Dire l'ineffable* [4], p. 70 à propos de Boèce.

[6] 'Essai' [13.1].

Pour M. Corbin, en fait, le dernier nom (*quiddam maius*) ne fonctionne pas simplement de manière ontologique dans le *Proslogion*; il conclut en produisant une synthèse du nom I, négatif, dans les 'topoï' où l'argumentation du parfait, par le nom II, risquait de se clore dans l'homogène. Par exemple, la conjonction de la miséricorde et de la justice intègre la contradiction de ces deux qualités; cette «immédiate contradiction peut être résolue dès qu'elle est accueillie comme la trace, dans le discours étroit de l'homme, d'un surplus d'intelligibilité» (p. 37), surplus qui est indiqué dans le troisième nom; «c'est la différenciation du *quo nihil maius cogitari possit* d'avec le *summum* qui permet de reconnaître la vérité de ce superlatif. Cet approfondissement du contenu du *summum* peut se nommer: redoublement de transcendance ou sur-transcendance» (p. 37).

Il n'y a pas, en cette articulation des trois noms, une reprise de ce qu'évoque bien souvent la dialectique hégélienne: position, négation, négation de la négation. Il ne s'agit pas, en effet, d'un progrès linéaire, d'un surmontement final qui supprimerait les moments précédents. Dans un article sur l'analogie chez le Pseudo-Denys, M. Corbin, qui engage là une réflexion essentielle pour l'intelligence des textes anselmiens, affirme que la voie d'éminence n'est pas simplement une ré-affirmation, une re-position, mais un «au-delà de toute négation et de toute affirmation»[7]. Un exemple le confirme: le titre du ch. 14, qui introduit directement au ch. 15, conjoint position et négation: «Dieu est vu et n'est pas vu par ceux qui le cherchent» (111,7).

En introduisant sa traduction du *Proslogion* dans *L'oeuvre d'Anselme*, M. Corbin propose une interprétation profonde des ch. 14 et 15 de l'opuscule en question. Il reconnaît l'ambiguïté du nom II, le *summum*; d'une part, ce nom renvoie à la série des étants dont il est le plus grand, à l'intérieur d'un ensemble d'étants homogènes; d'autre part, il signifie aussi «suréminent» ou «plus grand redoublé»[8]. Le nom II engendre le nom I en ce que, supposant une référence à l'ordre de l'expérience homogène ('plus grand'), il en implique nécessairement, pour affirmer Dieu, une négation (le nom I est noétique et négatif); il engendre aussi le nom III, car la négation ins-

---

[7] Cfr PSEUDO-DENYS, *Théologie Mystique*, I, 2 — PG 3,1000a-b.

[8] Pour cette raison, nous préférons traduire *summum* par 'souverain' et non par 'suréminent'. Le 'souverain' couronne politiquement la série de ce qui lui est inférieur, mais sans en faire partie comme un membre parmi d'autres.

tallée dans l'expérientiel a une origine et une fécondité qu'une pure négation noétique ne pourrait légitimer (le nom III est noétique et positif).

Cette inteprétation brillante des trois 'noms' du *Proslogion* ne satisfait pas entièrement; elle raisonne trop sur la forme logique des noms, mais laisse de côté le mouvement de l'esprit qui en accompagne la progression dans des contextes différents; chaque nom a un domaine propre, et c'est la méditation sur ceux-ci qui conduit Anselme a pousser sa réflexion toujours plus loin. Si l'articulation des noms était vraiment ce qu'en pense M. Corbin, on pourrait croire que le nom III a la même incidence dans l'exposé sur la justice et la miséricorde que dans celui sur l'éternité divine. Mais l'ordre de composition de l'opuscule résiste à ce nivellement.

Enfin, dans la même 'Introduction', M. Corbin conclut théologiquement son interprétation; il indique les versets bibliques qui, à son estime, sous-tendent la réflexion d'Anselme. Nous ne le suivrons pas sur ce terrain, parce que si Anselme ne cite pas l'Ecriture, ce n'est pas par modestie ou cachotterie; le texte anselmien vaut tel qu'il est écrit; dire qu'il tient en raison de l'Ecriture alors que l'Ecriture n'est pas explicitement mentionnée, sinon le Psaume 14 (ou 53), signifierait en fait que celle-ci a été entendue, puis réduite à une structure rationnelle. Une telle lecture d'Anselme, toute contraire aux conclusions que veut en tirer M. Corbin, mais pourtant nécessaires malgré lui, fait d'Anselme un rationaliste qui ramènerait la Parole à sa dialectique, en la décodant pour en étaler la rationalité. Kant ne faisait pas autrement, lorsque, après Lessing, il méditait sur la figure de Jésus; à son estime, le maître Jésus a mis en 'lumière' une hypothèse que la raison pouvait reconnaître vraiment sienne, et rendre ainsi à sa plénitude en la traduisant ou en la restituant à sa vérité rationnelle.

La désignation de Dieu, dans le ch. 15, est une création dialectique; elle ne provient pas immédiatement d'une pré-compréhension croyante de ce qu'est Dieu, mais d'une nécessité rationnelle: le *maius* est inintelligible s'il n'est pas une positivité qui se propose à l'esprit depuis son inaccessibilité; la formule dialectique du ch. 15 traduit cette nécessité dans le langage. Par le *nihil* de la première désignation, pour laquelle Dieu est ce dont on ne peut pas penser plus grand, un interdit est adressé à la pensée; ce que signifie positivement cette expression va être intégré dans une expérience spirituelle plus haute. Quand Anselme dit Dieu *summum*, il applique la première désignation, en quelque sorte formelle, à des données de l'expérience. Celles-ci sont choisies dans le langage traditionnel de la foi; la justice et la miséricorde sont attribuées à Dieu par le croyant; leurs concepts, issus de l'expérience, sont cependant opposés; leur synthèse devient intelligible grâce à la première désignation de Dieu, *maius* que tout ce qu'il est meilleur d'être; le *summum*, dès lors, assume l'intelligibilité de notre expérience mais la dépasse en la synthétisant plus haut, en Dieu qui nous dépasse. Nos concepts, pris dans notre expérience ainsi limitée en ses oppositions ou contradictions, ne sont pas capables d'interdire à Dieu de les unir en la grandeur. Il y a en Dieu une surabondance d'intelligibilité qui empêche de le comprendre à notre mesure.

En outre, en tant que nos concepts sont reçus d'une tradition spécifique, la critique d'Anselme porte aussi sur cette tradition et sa transmission des attributs divins. La réflexion sur le *maius* intègre et dépasse tant l'expérience sensible que la tradition pour chercher une expression nouvelle de Dieu, déterminée simplement par ce qui déborde la pensée en la limitant. D'où la troisième désignation de Dieu, qui approfondit le même perception que la première, mais après le labeur de la seconde.

Le dernier paragraphe du ch. 14 suit la norme du *summum*, non pas en tant que synthèse d'opposés, mais en tant que sommet d'une hiérarchie ascendante, en insistant sur sa positivité: Dieu est lumière et vérité, en qui il n'est nulle obscurité ni fausseté. L'impossibilité de quelque négation en ces prédicats essentiels est à l'origine du renversement du ch. 15: le *summum* est tellement immense qu'il ne peut pas être compris par la créature.

La créature est a priori incapable de comprendre vraiment ce qui est hors de sa mesure; son incompétence n'impose cependant pas qu'elle ne puisse rien dire de son Créateur; la fondation a priori de la possibilité de dire Dieu, familière aux conceptions de l'épistémologie idéaliste, avait déjà inspiré le *Monologion*, particulièrement ses ch. 11 et 65 à 67. La dissemblance entre le Créateur et la créature n'est pas telle que celle-ci ne puisse pas parler de Celui qui la fait être. La réflexion augustinienne sur la structure de l'esprit ou sa figure trinitaire servait dans le *Monologion* de médiation pour construire un discours légitime du moins sur le plus, de l'homme sur Dieu.

Dans le *Proslogion*, l'incompréhensibilité de Dieu n'est plus comprise en la réfléchissant de manière psychologique comme dans le *Monologion*; on ne cherche plus maintenant une structure en quelque manière immanente à l'expérience humaine, capable de rendre compte de la réelle continuité qui transgresse la différence entre le Créateur et ses créatures; le *Proslogion* pense à l'incompréhensibilité en l'introduisant dans les structures du langage. La désignation *quiddam maius quam cogitari possit* a cette signification.

Cette formule dialectique est proposée après une expérience spirituelle qui a purifié les sens. Le contexte dans lequel elle est développée signifie à la pensée qu'elle peut dire ce qui la dépasse, c'est-à-dire l'au-delà de sa limite, mais à certaines conditions. Le passage de la seconde à la troisième formule ne se produit pas à la faveur d'une intuition intellectuelle plus affinée de la transcendance divine, *summum omnium*, mais par la reconnaissance de l'inadéquation de la sensibilité à ce que l'intelligence a vraiment trouvé. La foi, qui est en présence de Dieu, qui 'sent Dieu' pour le prier, acquiert alors l'intelligence d'un 'sentir' purifié.

La nouvelle formule de Dieu s'inscrit au centre d'une réflexion sur la portée spirituelle des sens; elle rend compte de leur purification et de leur élévation. L'aveuglement définitif des sens corporels n'efface pas le désir spirituel de voir Dieu. La foi d'Anselme purifie son désir, le faisant passer du sensible au spirituel par la médiation de l'intelligence, car l'intelligence de l'esprit est analogue à celle des sens, comme nous l'avons vu au ch. 6. Là où l'insensé pourrait à jamais désespérer, Anselme introduit donc l'espérance.

2. *Présence*

> Vraiment, Seigneur, telle est la lumière inaccessible où tu habites. Vraiment, il n'est pas d'autre qui la pénètre afin de t'y voir entièrement. Vraiment je ne la vois pas, car elle m'excède; et cependant, tout ce que je vois, je le vois par elle, comme l'oeil qui manque de force voit ce qu'il voit par la lumière du soleil qu'il ne peut regarder dans le soleil même. Mon intellect ne peut pas ‹aller› jusqu'à elle. Elle brille trop, l'oeil de mon âme ne la saisit pas et ne supporte pas longtemps de tendre vers elle. Il est ébloui par son éclat, dominé par son ampleur, enveloppé par son immensité, confondu par son étendue (112,20-27).

La première partie de ce chapitre semble n'ajouter que peu d'éléments à ce qui a déjà été dit. Le vocabulaire, surtout dans les lignes 23 à 26, est identique à celui du dernier paragraphe du ch. 14.

Deux points nouveaux sont cependant à relever, le premier à propos de la 'lumière' et le second du *vere*.

Le second paragraphe du ch. 14 avait été ambigu; il avait identifié voir la lumière dans la vérité et voir par la lumière de la vérité (111,17-18); maintenant cette ambiguïté est clarifiée par suppression de l'un de ses termes: on voit par la lumière, mais non «cette» lumière (112,21-22). Anselme s'éloigne de l'illumination augustinienne, si celle-ci est une vue immédiate de la source lumineuse qu'est Dieu [9]; en fait, l'esprit ne voit pas la source lumineuse, mais illuminé par ce rayonnement, il perçoit l'évidence et la nécessité de ses opérations logiques et, plus encore, l'horizon de son dynamisme spirituel, de son désir.

La source de la lumière est inaccessible. En tranchant ainsi dans l'ambiguïté, Anselme tire les conclusions qu'impose la troisième formule dialectique de Dieu lorsqu'on l'applique à l'opposition des ténèbres et de la lumière. Toutefois, l'affirmation du ch. 14 sur la vue de la lumière ne manquait pas de vérité alors, ni même maintenant. On peut le comprendre ainsi: l'oeil ébloui voit la lumière qui l'éblouit; c'est d'ailleurs pour cela qu'il est ébloui; mais en même temps, cet éblouissement détruit le bon fonctionnement de l'oeil; voyant la lumière qui l'éblouit, l'oeil s'enfonce dans les ténèbres. Analogiquement, on peut penser que les ténèbres de l'intelligence rendent témoignage à la lumière divine, à laquelle elle accède par son contraire; l'aveuglement témoigne de la lumière.

L'aveuglement n'est pas dû à une absence de clarté, mais à son excès; la vue est empêchée de s'exercer en raison de l'effacement du principe, non pas que celui-ci se retire, mais plus simplement parce que nous ne pouvons pas en supporter la splendeur. L'éblouissant' est le Désiré, dont on cherche la face et qui la révèle à condition de renoncer à la voir comme nous le voudrions ou comme nous le pourrions. L'absent par excès ouvre l'espace infini de notre désir et révèle que cet espace n'est pas infiniment ouvert à cause de notre désir, par en-bas, mais par celui qui, d'en-haut, se présente infiniment en excès, dans la splendeur de sa liberté, sans autre raison que soi, Unique.

---

[9] Cfr *De libero arbitrio*, II, 36: «l'esprit se porte vers la Vérité elle-même, de qui toute vérité reçoit sa lumière, et, s'attachant à elle, il oublie, pour ainsi dire, tout le reste, jouissant en elle seule de toutes les vérités à la fois» (BA 285).

D'où la nécessité de trouver une désignation dialectique de Dieu qui ne soit pas négative, mais qui anime l'esprit par son excès, sa splendeur et son rayonnement transcendant. Il n'y a plus ici de position dialectique d'un contraire, ni l'imposition à la pensée d'une mesure normative (ce serait le rôle de la première désignation), mais position d'une surabondance que jamais l'esprit ne pourra comprendre entièrement. A jamais, «je cherche ta face»; en même temps, à jamais, «comment te chercherais-je, si je ne t'avais pas déjà trouvé?»

Le second point à noter concerne le *vere* sur lequel Anselme insiste par trois fois en deux lignes (20-21). Ces lignes parlent de lumière inaccessible, de sensations, de 'voir', de sorte que l'on puisse penser qu'elles font écho à la *veritas* liée précisément, dans le second paragraphe du ch. 14, à la lumière[10]. Cette vérité sera de nouveau jointe à la lumière lorsque Anselme passera a la seconde partie du ch. 16.

Comment comprendre ce *vere*? En général, il conclut moins une argumentation qu'il n'en souligne la vérité rationnelle. Par cinq fois, le ch. 3 répète ce *vere*[11] pour insister sur la nécessité de ce qui a été dit comme il a été dit. Mais où fonder cette nécessité, sinon dans la lumière qui est à elle-même sa propre preuve? Le ch. 3 avait reconnu que l'esprit créé ne peut prétendre aller par dessus le Créateur pour le juger — c'est donc que Dieu montre lui-même la vérité des conclusions qui le concernent; l'esprit créé, ayant reconnu ses ténèbres, sa limite ou sa contingence, rend alors un juste hommage à Dieu.

La vérité, conclut-on, n'est pas obtenue par la seule logique dialectique; certes, elle a une nécessité à laquelle l'esprit ne peut pas renoncer sans se détruire lui-même; mais cette nécessité n'est pas que logique, formelle; elle témoigne d'une surabondance dont l'origine est la lumière inaccessible et rien d'autre; à cette surabondance, l'esprit ne peut pas renoncer, à moins de tomber dans l'arbitraire et l'absurde.

> O lumière souveraine et inaccessible, o vérité totale et heureuse, que tu es loin de moi qui te suis si proche! Que tu es éloignée de ma vue, moi qui suis si présent à ta vue! Partout tu es toute présente, et je ne te vois pas. En toi je me meus, en toi je suis, et à toi je ne peux pas accéder. Tu es en moi et autour de moi, et je ne te sens pas (112,27-113,4).

---

[10] 111,16,17,18 (2x),19,20,21.
[11] 102,6; 103,1,3,7,9.

La seconde partie du chapitre insiste sur l'irréversibilité des rapports entre le Créateur et la créature. Le moins est contenu par le plus, mais non pas le plus par le moins. Le Créateur est proche de la créature, qui en est éloignée. Lorsqu'il déployait le thème de la lumière et des ténèbres (ch. 14), Anselme insistait sur l'éloignement de l'âme d'avec Dieu. Mais cet éloignement ne mesure pas la vérité, qui est proche: la vraie lumière éclaire tout homme. La lumière divine est loin de nos ténèbres, mais proche par sa vérité.

La fin du ch. 16 renverse ainsi véritablement les termes du ch. 14; l'âme s'y connaissait loin de Dieu; elle se sait maintenant en Dieu, entourée par son aimable immensité; elle se voyait alors hors de Dieu, et maintenant en Dieu; elle était autre que Dieu, en exil, loin de lui; et maintenant Dieu lui est plus profondément intérieur à elle-même qu'elle-même; l'âme se connaît alors vraiment autre que Dieu, qui, lui, est en tout le même.

On comprend alors pourquoi revient, au ch. 17, le thème déjà abordé de l'insensibilité de l'esprit envers Dieu. Cette insensibilité n'est pas un idéal spirituel chrétien, ni pour Anselme ni pour nous. Armés des réflexions précédentes, nous allons pénétrer les raisons de l'inaccessibilité divine. Dieu est à la fois inaccessible à l'âme et présent au plus profond d'elle. L'inaccessibilité divine est formellement la raison de son insensibilité. Mais connaître pourquoi les sens sont dans les ténèbres ne fait pas comprendre comment réaliser leur destin, accomplir le désir du face à face. En outre, Dieu n'est pas inaccessible seulement parce qu'il transcende les sens; il l'est aussi en transcendant tout autant la pensée. Sans doute, la vue des sens ne convient pas à l'accomplissement spirituel; on a quand même demandé qu'une vue pure soit accordée au désir droit (cfr 111,23-24). Quelle est cette vue pure? Que sont ces sens redressés? Voilà ce que médite le ch. 17 qui nie de nouveau, en conclusion des chapitres précédents, que Dieu soit accessible au sens.

> Tu es encore caché à mon âme, Seigneur, dans ta lumière et ta béatitude, et c'est pourquoi ‹mon âme› est encore tournée vers les ténèbres et sa misère. En effet, elle regarde de tout côté, et ne voit pas ta beauté. Elle écoute, et n'entend pas ton harmonie. Elle sent, et ne perçoit pas ton odeur. Elle goûte, et ne connaît pas ta saveur. Elle touche, et elle ne sent pas ta douceur. Tu as en effet de manière ineffable en toi, Seigneur Dieu, tout cela que tu as donné de manière sensible aux choses créées par toi; mais les sens de mon âme se sont raidis, engourdis, ils sont bouchés par l'antique langueur du péché (113,8-15).

L'aveuglement des sens est expliqué par le péché. Cette interprétation laisse de côté la dynamique de l'altérité et son renversement mis à jour dans les ch. 14 à 16. Pourrait-on penser que le thème du péché manifeste la vérité de la différence entre le Créateur et la créature? Une telle affirmation serait horrible pour l'honneur du Créateur. On ne peut pas penser que l'âme autre que son Créateur soit nécessairement vouée aux ténèbres du péché en étant créée. Absence de Dieu et péché ne sont synonymes ni catégorialement, ni spirituellement. D'ailleurs, la dynamique des chapitres précédents étant maintenue, on ne voit pas comment les ténèbres pourraient être susceptibles de disparaître un jour. Rien n'indique que la miséricorde ou l'éblouissement final supprimeront les ténèbres de l'âme qui résultent, en effet, d'une réaction ou d'une passion devant celui qui illumine et qui est absolument autre que l'âme. Toutefois, à la faveur de ces ténèbres essentielles, le péché peut advenir de sorte que l'esprit ne comprenne plus que l'oeil, réagissant à l'éclat de Dieu, entre dans les ténèbres. La ténèbre n'est pas le péché, mais le pécheur peut y aimer son destin d'exilé. Si donc les sens ne goûtent pas ou n'entendent pas, ce n'est pas parce que le sensible est par essence peccamineux; mais le péché peut rompre la belle ordonnance du sensible.

Etre sensible n'est pas être pécheur. Dieu lui-même est sensible, avait affirmé le ch. 6. La sensibilité de Dieu n'est pas corporelle; elle est au service de sa connaissance. Cet argument est commun à l'épistémologie aristotélicienne qu'Anselme pouvait connaître par Boèce et qui était devenue traditionnelle; la sensibilité est le point de départ de toute connaissance; plus précisément, elle est le lieu d'une adéquation subjectivo-objective. Les conditions de cette connaissance sensible sont telles que l'homme ne peut pas avoir une juste sensation de Dieu, *semper maior*, ni donc une connaissance adéquate de Dieu, tandis que Dieu peut avoir une sensation exacte et une connaissance exacte de l'homme. Aux sens humains correspondent des qualités qui ne sont pas celles de Dieu, bien que Dieu soit beauté, harmonie, odeur, saveur, douceur et que sa douceur connaisse la douceur humaine.

Si les sens de l'homme n'aboutissent pas à Dieu, que sera son bonheur? Le bonheur n'intègre-t-il les sens? La joie des sens corporels ne serait-elle que néant et illusion de péché? L'homme est-il donc destiné au désespoir et au néant des corps? Le ch. 18 va approfondir la réflexion sur la présence fidèle de Dieu à ses créatures; tel est la signification de son éternité.

XII

ETERNITÉ

1. Prière

Le ch. 18 commence par une longue prière, une plainte semblable à celle du premier chapitre de l'opuscule où Anselme demandait le secours de Dieu pour qu'il éclaire son esprit plongé dans les ténèbres (99,21-13).

> Voici de nouveau le trouble, voici de nouveau que la tristesse et le deuil viennent au devant de celui qui cherche la joie et le bonheur! Mon âme espérait la satiété, et ‹la› voici de nouveau tenaillée par la faim. J'allais bientôt manger, et ‹me› voici de nouveau affamé. Je m'efforçais de m'élever vers la lumière de Dieu, et je suis de nouveau retombé dans les ténèbres (113,18-114,2).

On constate que la réflexion n'a pas progressé beaucoup vers le but espéré; le désir de voir Dieu demeure frustré; l'opposition lumière-ténèbre est toujours aussi radicale. Le sentiment de ne rien voir demeure aussi fort qu'auparavant; on a commencé à purifier les sens dans les chapitres précédents, mais ils ne vivent pas encore en présence de Dieu. Ici et maintenant, la vue, l'ouïe, le goût ne touchent rien d'autre qu'avant, rien qui soit une présence divine. L'âme demeure loin de Dieu, séparée de lui, engoncée dans les ténèbres.

> Non seulement je suis tombé en elles, mais je me sens enveloppé en elles. J'‹y› suis tombé avant que ma mère m'ait conçu. J'ai été conçu certainement en elles, et je suis né enveloppé en elles. Certes, nous sommes tous tombés autrefois en celui en qui tous nous avons péché (114,2-6).

L'altérité de l'âme envers Dieu est comprise de nouveau ici comme le résultat du péché, non seulement du péché personnel, mais de celui dans lequel nous venons à l'existence, le péché originel. Anselme ne dit pas en quoi l'âme serait responsable de ce péché; il insiste sur un seul de ses aspects, sur le destin aux ténèbres imposé à l'âme. Evoque-t-on le péché originel parce qu'on ne peut exprimer autrement l'aveuglement de l'âme, plus précisément parce qu'on ne voit pas bien en quoi cet aveuglement est positif, à quoi il pourrait rendre témoignage? La raison ne se satisfait plus de la dialectique mise en place dans les ch. 14 et 16; connaître cette dialectique, savoir que l'éblouissement aveugle, ne fait pas rayonner la lumière dans l'obscurité. La raison connaît l'aveuglement de l'âme, en sait le motif, mais elle est incapable d'y apporter une vraie clarté; le désir de l'âme demeure dans l'obscurité; la foi doit donc chercher une nouvelle intelligence.

> Tous nous avons perdu en lui qui ‹le› possédait facilement et qui ‹l'› a perdu malheureusement pour lui-même et pour nous ce que nous ne connaissons pas quand nous voulons ‹le› chercher, ce que nous ne trouvons pas lorsque nous ‹le› demandons, ce qui n'est pas ce que nous demandons quand nous ‹le› trouvons (114,6-8).

Cette séquence progressive d'échecs pourrait conduire à désespérer de la raison et du travail réalisé jusqu'ici; elle atteste une crise profonde et pose une question qui reflue jusqu'au seuil de l'opuscule, comme si aucune des affirmations tenues pendant dix-sept chapitres n'avait eu quelque poids réel. Le ch. 1 engageait une recherche, mais ne savait que chercher; on a donc demandé l'aide de Dieu, et voilà que nous n'avons pas été exaucés; ce que nous avions cru trouver (103,3; 110,1,6) ne manifeste pas, finalement, sa vérité et ne correspond pas à ce qui avait été demandé. Mais d'ailleurs, la raison pourrait-elle rejoindre celui qui est *maius*? Cela n'est pas possible. En traduisant le désir de l'âme par une telle formule dialectique, n'a-t-on pas voué l'intelligence à ce qu'elle ne peut maîtriser et atteindre?

Les résultats obtenus ne valent pas grand chose. On espérait toucher Dieu, on a pensé qu'on était en lui, mais lui, il demeure inaccessible. Nous ne voyons rien de lui. Rien de ce que nous avons pu en dire ne nous le fait toucher vraiment. On exige donc, pour accomplir l'espérance où est né l'opuscule, que soit affermi en Dieu ce que nous avons dit rationnellement de lui et qui, pour le sentiment de la foi autant que pour la *cogitatio*, ne le manifeste pas immédiatement. Un tel travail n'est pas possible pour la raison sans que la lumière divine écarte ses ténèbres. C'est pourquoi Anselme s'adresse à son Seigneur.

> Aide-moi, Seigneur, à cause de ta bonté. J'ai cherché ton visage, ton visage, Seigneur, je ‹le› chercherai; ne détourne pas ta face de moi. Elève-moi de moi à toi. Emonde, guéris, aiguise, illumine l'oeil de mon esprit afin qu'il te voie. Que mon âme rassemble ses forces et qu'elle tende de nouveau de tout ‹son› intellect vers toi, Seigneur (114,8-13).

2. Simplicité

> Qui es-tu, Seigneur, qui es-tu, toi que mon coeur comprend? Certes,
> tu es la vie, tu es la sagesse, tu es la vérité, tu es la bonté, tu es la béa-
> titude, tu es l'éternité, tu es tout vrai bien. Tous ces nombreux
> ‹biens›, mon intellect étroit ne peut les voir tous ensemble, en un
> seul regard, afin de se délecter de tous à la fois. Comment donc, Sei-
> gneur, es-tu tous ces ‹biens›? Sont-ils tes parties, ou plutôt chacun
> d'eux est-il tout ce que tu es? (114,14-19).

Les ch. 16 et 17 du *Monologion* avaient légitimé la thèse suivant
laquelle nos qualifications diverses peuvent atteindre l'Essence souveraine; en effet, puisque cette Essence est simple, la qualité que
nous lui attribuons doit la toucher en sa quiddité si du moins elle en
est digne, vraiment *melius*. L'argument est déployé dans le cadre de
la dialectique des paronymes [1]; il donne accès au domaine de réalité
signifié par nos mots. Dans le *Proslogion*, Anselme reprend un argument semblable; la simplicité de Dieu a un rôle ontologique; sans
abandonner son fondement expérientiel, l'argument par la qualité
est capable, avant le ch. 14, d'atteindre Dieu en appliquant la règle
du *melius*.

Mais si cet argument avait été alors couronné de succès, pourquoi hésiter maintenant? Pourquoi la désignation de Dieu du ch. 15,
qui a opéré le renversement dont nous avons parlé, ne reçoit-elle pas
de suite toute sa fécondité? Pourquoi l'âme est-elle maintenant plongée dramatiquement dans l'embarras, alors qu'on lui promettait
tant d'assurance et de repos? Pourquoi cette nuit est-elle douloureu-
se, alors qu'au ch. 17 on constatait paisiblement la limite des sens de
l'âme? L'intellect comprend, mais l'âme ne ressent pas encore la présence de Dieu. La tension entre les paragraphes 2 et 3 du ch. 16, entre comprendre et sentir, n'a pas été entièrement résorbée. L'âme
veut encore ressentir la présence de Dieu. Mais ne pourrait-on pas
chercher maintenant en quoi ce désir est légitime? Si on y parvient,
la foi aura vraiment trouvé l'intelligence qu'elle cherchait.

Pour légitimer ce désir, Anselme engage une réflexion sur sa
nature profonde. L'analyse du thème de l'éternité, en définitive,
s'appuie sur une analyse de l'âme en acte d'intelligence. Qui parle
raisonnablement de l'éternité parle de l'âme et de ce qui la nourrit

---

[1] Cfr J. JOLIVET, 'Vues médiévales sur les paronymes' dans la *Revue Internationale de Philosophie*, 1975, pp. 222-242.

intérieurement depuis sa transcendance généreuse. Assumer ainsi la nature de l'âme, unie à soi en-deça de la multiplicité des sens, pourra montrer que son désir n'est pas vain.

Anselme approfondit la structure de l'âme en train d'exercer sa puissance intellectuelle. Il recueille la problématique de l'un et du multiple qu'il avait déjà élaborée dans le *Monologion*; l'intellect n'est pas immédiatement présent à soi; il est divisé de lui-même. Sans doute, le *Proslogion* vient-il de parler de la multiplicité des biens, et non de ce qui divise l'esprit; mais le modèle le plus profond et le plus intelligible de la multiplicité, là où nous pouvons trouver comment articuler toutes ses divisions, est spirituel. D'ailleurs, et comme preuve de cette thèse, nous voyons évoquée pour le première fois dans l'opuscule l'activité de l'intelligence. L'intelligence est capable d'analyser, de considérer une partie d'un tout en laissant le reste dans l'ombre, parce qu'elle-même est divisée de soi.

> Car tout ce qui est joint en parties n'est pas totalement un mais en quelque manière plusieurs, et différent de lui-même; une action ou l'intellect peuvent le dissoudre, chose étrangère à toi, dont rien de meilleur ne peut être pensé. Il n'est donc point de parties en toi, Seigneur, et tu n'es pas plusieurs mais tellement un, le même que toi-même, que tu n'es en rien dissemblable de toi; bien plus tu es l'unité même que nulle intelligence ne peut diviser (114,19-24).

La simplicité de Dieu est un principe absolu qui, au terme d'une réflexion sur les conditions de la pensée et sur sa norme, dirige ce qu'il faut dire et penser de Dieu. Celui de qui rien de meilleur ne peut être pensé est celui de qui il faut penser positivement le meilleur; la première désignation génère la seconde quand elle est appliquée aux concepts expérientiels ou traditionnels. Mais il y a plus encore à propos de Dieu. Anselme introduit un élément méconnu précédemment dans le *Proslogion*: les conditions subjectives de la pensée; en effet l'intelligence divise et sépare, car elle-même est différente de ce qu'elle comprend; Gaunilon [2] objecte à Anselme que je peux me concevoir non-existant; il est vrai que je peux m'imaginer n'importe comment si mon acte d'intelligence n'est pas fondé ontologiquement, c'est-à-dire en simplicité; mais la simplicité de Dieu interdit un tel traitement; elle pose donc un au-delà de la *cogitatio*, *quiddam maius quam cogitari possit*.

---

[2] 129,17-18; cfr notre ch. 5,2.

L'intelligence, capable de se rendre compte de l'altérité divine et de son inconnaissabilité, connaît sa limite; elle sait qu'elle ne peut pas tout pénétrer, surtout pas le principe en simplicité, de sorte que ce qui a été compris de Dieu jusqu'ici doive être surmonté pour que la foi obtienne plus d'intelligence exacte. L'insensé ne croit pas, Anselme ne sent pas, bien que l'un et l'autre comprennent maintenant que Dieu existe. Mais comment cela existe-t-il, qui est simple et 'autre'? La simplicité la meilleure doit nécessairement être telle qu'elle ne puisse pas être divisée par l'intelligence qui sépare, mais que, au contraire, celle-ci puisse se reconnaître intérieure à une Présence transcendante unifiée et qui l'unifie. C'est pourquoi

> tu es l'unité même qu'aucune intelligence ne peut diviser (114,23-24).

Anselme conclut:

> Donc, le vie, la sagesse et le reste ne sont pas tes parties, mais tous sont une seule ‹chose›, et chacun d'eux est tout entier ce que tu es et ce qu'est tout le reste. Puisque donc ni toi-même ni l'éternité que tu es n'a pas de partie, nulle part et jamais il n'y a une partie de toi ou de ton éternité, mais partout tu es tout entier et ton éternité est toujours tout entière (114,24-115,4).

Le ch. 18 est régi par la loi du *melius*. Dieu est meilleur que l'intelligence humaine. Ce *melius* construit la signification positive du *maius*. Cette construction met en évidence un argument de perfection qui, toutefois, ne touche pas les homogènes en série continue, comme si l'on passait d'un petit bien à un bien maximum, mais l'acte de la pensée et la fécondité généreuse de l'*esse*. Le monde, dont fait partie l'intelligence, peut être divisé; les étants, et l'esprit, sont objectivement séparés intérieurement d'eux-mêmes. Le *Monologion* avait déjà insisté sur l'imperfection de l'esprit qui divise autant qu'il est divisé [3]. Le *Proslogion* assume cette première réflexion et l'approfondit, en en faisant le foyer de l'*unum argumentum*. Anselme s'attache de plus en plus à l'acte de penser comme argument unique de son ouvrage; il en montre les conditions, il en reccueille le poids ontologique provenant d'un acte au-delà de notre acte, et qui nous rend capables de penser Dieu *quiddam maius quam cogitari possit* [4].

---

[3] Cfr 47,22.

[4] Au ch. 31 du *Monologion*, nous avons quelque chose de semblable; Anselme y reprend la hiérarchie augustinienne (être, vivre, se mouvoir, penser) et montre ensuite l'imperfection de la pensée, posant enfin, au ch. 33, un esprit parfaitement simple.

La division est, par principe, un signe de privation; l'intellect se connaît par là inférieur à une plénitude possible, sommet imparfaitement uni à soi de la hiérarchie des étants qui sont tous, comme lui mais plus que lui, séparés d'eux-mêmes; l'esprit n'est pas la simplicité parfaite [5]; toutefois, il se connaît lui-même dans ses expressions, bien que celles-ci soient autres que lui [6]; c'est pourquoi l'intellect affirme ne pas être à l'origine de soi lorsqu'il pense sa simplicité idéale.

Le *Proslogion* met à jour un dynamisme spirituel qui, effectivement exercé, conduit à l'affirmation de l'Ineffable et interdit de considérer la sécheresse du coeur comme un argument légitime pour retenir en arrière celui qui ne ressent pas intellectuellement son Seigneur tandis qu'il le prie. Il s'agit de ne pas mépriser le concept nécessaire qui ouvre un chemin vers l'Aimé, bien qu'il ne le fasse pas pour autant sentir. Une telle présentation de la purification des sens s'accorde avec la conviction que l'esprit est inférieur à une plénitude *maius* et gracieuse, et que la perception sensible de Dieu ne peut pas égaler l'excellence intellectuelle obtenue. Toutefois, tout comme l'intellect touche Dieu intérieurement à son effectuation conceptuelle, sans offrir immédiatement de lumière sensible [7], ainsi nous pouvons penser que nos sens accueillent à leur façon cette vérité intelligible. Les derniers chapitres du *Proslogion* ont ici leur signification.

Les ch. 18 à 24 du *Monologion* parcourent la problématique de l'espace et du temps divins après qu'ait été déterminée la portée quidditative de nos attributions et affirmée la simplicité de Dieu; l'éternité de Dieu exprime en catégorie de permanence de l'étant dans l'être l'immédiateté des propriétés logiques à l'Essence divine. Semblablement, le *Proslogion*, après avoir parlé de l'indivisibilité de Dieu pour qui il est logiquement meilleur d'être à la fois juste et mi-

---

[5] Nous parlons maintenant de simplicité parfaite. Mais n'avons-nous pas dit qu'Anselme excluait d'argumenter par le parfait, contrairement à ce que fera Descartes? En fait, la simplicité n'est pas susceptible d'être plus ou moins parfaite; elle est simple ou n'est pas, telle la quantité aristotélicienne, égale ou non radicalement; l'expression 'simplicité parfaite' est donc sensée si l'on conçoit qu'elle oppose son sujet à tout le reste qui, à peine parfait, est radicalement imparfait.

[6] «Lorsqu'il a l'intelligence en se pensant, l'esprit raisonnable a avec soi son image née de soi, c'est-à-dire une pensée de soi formée à sa ressemblance comme par son impression, quoique l'esprit ne puisse être séparé de son image, sinon par la seule raison. Cette image de soi est son verbe» (*Monologion* 52, 24-28).

[7] Il conviendrait de lire ici le ch. 6 du *De Veritate*, où Anselme parle de la vérité de la connaissance sensible.

séricordieux, réfléchit sur le fondement ontologique d'une telle simplicité. Les propositions sur l'espace ont été comprises progressivement de manière spirituelle, au ch. 13, lorsqu'on a traité de l'illimitation divine; l'intelligence spirituelle de Dieu invite à en réfléchir maintenant l'éternité.

> Mais si par ton éternité tu fus, tu es et tu seras, et ‹si› avoir été ne [signifie] pas être plus tard, et être ne [signifie] pas avoir été ou être plus tard, comment ton éternité est-elle tout entière toujours?
> Est-ce que quelque chose de ton éternité passera de sorte qu'il ne soit plus, et quelque chose sera qui n'avait pas encore été? Tu ne fus donc pas hier, tu ne seras pas demain, mais tu es hier, aujourd'hui et demain. Bien plus tu n'es ni hier, ni aujourd'hui ni demain, mais tu es simplement, hors de tout temps. Car hier, aujourd'hui et demain ne sont pas ailleurs que dans le temps; toi au contraire, bien que rien ne soit sans toi, tu n'es ni dans le lieu ni dans le temps; mais toutes choses sont en toi. Rien ne te contient, mais tu contiens toutes choses (115,7-15).

Le ch. 18 a évoqué la divisibilité de l'esprit; la vie spirituelle, la conscience de sa limite surmontée en acte, est le modèle qui permet de penser l'indivisibilité de Dieu et sa simplicité quant au temps; pour le montrer, nous voudrions nous référer à saint Augustin, qui a proposé l'analyse de l'esprit la plus influente durant le moyen-âge; nous indiquerons ainsi la richesse de la pensée anselmienne au-delà de son expression sèchement formelle.

Pour Augustin, l'esprit est capable de recueillir en soi la diversité de ses moments passés et futurs; il est en effet la faculté du présent [8]. Sa *dispersio* est surmontée en vérité par son *intensio*. Toutefois, l'esprit humain est divisé de soi; il se pense pratiquement dans la *dispersio*. Certes, il se sait réflexivement présent à soi, mais la position effective de sa présence à soi, de son identité simple, n'est jamais réalisée hors de l'acte d'affirmation où il se connaît exposé hors de soi. L'esprit, capable [9] d'être présent à soi, se pose dans la *dispersio* [10]. La signification plénière, *melius*, de la simplicité interdit d'attribuer à Dieu une division pareille. Dieu n'est pas contenu dans la *dispersio*, parce il n'est pas constitué par une multitude de

---

[8] Cfr J.M. Le Blond, *Les conversions de st Augustin*, (*Théologie*, 17) Paris, Aubier, 1950.

[9] Au sens où l'on parle de *capax dei*.

[10] Cfr *Monologion*, ch. 11.

moments qu'il aurait à conquérir et à recueillir en soi. Si nous devons penser une *dispersio* à propos de Dieu, ce sera à partir de sa simplicité, considérée dans la fécondité de son acte simple, de sa vie débordante, et non comme le résultat de relations proprement établies entre des éléments pré-existants. Dieu contient en soi la *dispersio*; celle-ci n'est pas le principe de la déité, mais plutôt le fruit de son acte uni et simple, vivant infiniment riche et fécond.

Rien n'est sans Dieu. Pour le ch. 3 du *Monologion*, Dieu est la cause formelle *per se* des étants qui sont *per aliud*[11]. Les étants *per aliud*, séparés de leur origine, sont divisés entre eux et en eux, sans principe de simplicité. Ils ne sont pas constitués par la seule et simple *intensio* de Dieu; ils ne sont pas Dieu; Dieu seul est *per se*. En appliquant les principes suggérés à l'instant à propos de l'*intensio* divine, nous devons dire que Dieu n'est pas du tout dans le temps, parce que le temps est étendu en divers moments, constitué nécessairement par une multiplicité; le temps, qui est une succession de moments multiples et divers, est soumis à la rigueur de ce qui est *per aliud*; il faut donc le fonder en une cause *per se*. Lorsque nous pensons le temps en Dieu, ce ne peut être qu'en lui attribuant la simplicité de Dieu, l'unité de l'*intensio*; mais si le temps est multiplicité, il est lui-même créé.

3. *Eternité de Dieu*

Anselme construit son concept d'éternité en partant de la diversité des éléments que nous y mettons spontanément et que la réflexion nous y fait nier de suite. Le concept d'éternité a donc deux aspects, l'un qui assume l'expérience comme tout concept, et l'autre qui nie ce qui ne convient pas à Dieu. Ce second aspect n'appartient pas aux concepts construits selon le processus inductif; il implique une négation immanente.

L'éternité est définie d'une manière doublement négative. La négation est déjà exercée par la pensée qui, en représentant l'expérience, néglige d'y considérer ce qui lui est présent extérieurement (l'expérience a un début et une fin, donc un au-delà, mais qu'on ne considère pas en lui-même) et lui impose une multiplicité interne d'éléments distincts qui se nient les uns les autres. Quand nous entendons 'éternel', nous comprenons ce qui n'a ni fin, ni début, ce

---

[11] Les étants qui ne sont pas par eux-mêmes sont par un autre qui est *per se*.

qui, sans bornes, n'est limité ou clôturé par aucune détermination; nous y entendons aussi ce qui ne contient pas d'éléments qui, se limitant les uns les autres, constitueraient des moments divers de sa simplicité.

L'argument de l'éternité divine est fondé sur la règle du *melius*: en Dieu, qui est absolument simple, tout est simple; rien ne le limite ni le divise. Il ne contient aucune espèce de séparation; pour le dire, il faut nier toute détermination qui serait une manière de négation. Or l'indivisibilité a des degrés divers; la plus proche de l'illimitation, le ch. 18 le suggère, est celle de l'esprit envers lui-même; l'esprit sait sa présence à soi. La thématique spatiale du ch. 13 confirme que l'expression la plus claire de l'indivisibilité est, pour nous, la présence réflexive de l'esprit à lui-même; le corps ne morcelle pas l'esprit, entièrement présent à chaque partie de chacun de ses membres. Toutefois, l'esprit humain n'accède à soi qu'à partir du corps qu'il n'est pas, en étant ainsi séparé de soi, en s'exprimant hors de soi. L'esprit simplement indivisible, lui, est à partir de soi, simplement.

> Tu remplis donc et tu embrasses toutes choses. Tu es avant et au-delà de toutes choses. Tu es en effet avant toutes choses puisque avant qu'elles aient été faites, tu es. Mais comment es-tu au-delà de toutes choses? De quelle manière es-tu au-delà de celles qui n'auront point de fin (115,18-20)?

L'argument est exposé avec les ressources de l'imagination spatialisante. Comment faire autrement? Comment parler du temps sans les termes de la *distensio*, de la progression d'un moment à l'autre, de la diversité de l'avant-pendant-après[12]. La représentation imaginative doit toutefois être soumise à une règle rationnelle pour donner accès à ce qu'elle ne présente pas de soi. On ne peut pas représenter l'Ineffable par ce qui ne lui convient pas. Mais où trouver ce qui convient simplement à Dieu? Nos représentations imaginaires

---

[12] Anselme ne connaît pas les catégories de la philosophie moderne; il en affronte les problèmes sans les instruments. Chez Kant, le temps est la condition a priori de toute autre intuition; sa 'dimension' est unique: «des temps différents ne sont pas simultanés, mais successifs» (*Critique de la raison pure*, A 31 ‹Pleiade, p. 792›); l'expression 'dimension' provient de l'imagination du géomètre. L'imagination, chez les modernes, rend possible une médiation entre la représentation et la réflexion, entre les catégories de l'entendement et les principes de la raison. Kant soulignait l'importance du temps pour accéder aux plus profonds niveaux de l'être (Cfr *Critique de la raison pure*, I, 2, 1, 2: 'Analytique des principes', ch. 1: 'Du schématisme'.

doivent être pétries afin d'être adaptées à un usage qui ne correspond pas à ce pour quoi elles ont été faites. L'éternité n'est pas un concept parmi d'autres; elle assume la forme des contenus de l'imagination et les façonne sous une règle négative qui y indique une Présence dont ils ne sont pas la mesure.

Diverses représentations des limites temporelles sont discutées par Anselme, soit que Dieu vienne avant le début des choses, soit qu'il demeure après. La représentation de la pré-existence de Dieu envers le monde ne fait pas problème pour le croyant; Dieu est créateur; puisqu'il est avant que soient les choses créées, son éternité contient le début de toute chose [13].

Cet argument tient-il spéculativement ou par sa référence à la foi commune? Quel est le sens d'un commencement? Le problème de l'origine du monde ne préoccupe pas Anselme; pour lui, il est évident que Dieu a créé au début du temps, et il est certain, nous le verrons au ch. 21, qu'il a créé le temps. La création est l'acte originaire qui produit tout ce qui est *per aliud*. Le ch. 7 du *Monologion* pensait déjà la création à partir de la limitation que les étants s'imposent mutuellement, manifestant par là leur incapacité d'être à l'origine les uns des autres; le ch. 11 distinguait cette activité de création *de nihilo* de celle de l'artisan qui suppose la pré-existence d'une matière à transformer; ces chapitres sont à la racine des considérations du *Proslogion* sur l'origine temporelle du monde. Dieu est avant tout, et rien n'est sans lui.

Quant à la fin des choses, plusieurs possibilités sont discutées:

> Serait-ce qu'elles ne peuvent pas du tout être sans toi, tandis que toi, tu ne serais pas du tout amoindri si elles retournaient au néant? D'une certaine façon tu es au-delà d'elles (115,21-23).

La simplicité du Créateur ne fait pas qu'il reçoive d'un étant quelque ajout lorsqu'il le fait être, ou que la disparition d'une créature ne creuse en lui un vide qui diviserait l'abondance de sa générosité éternelle. Même si le contingent, une fois créé, demeure, la possibilité d'en représenter la fin manifeste que Dieu est a priori au-delà de lui, parce qu'il lui donne maintenant la vie, le mouvement et l'être.

> Serait-ce encore qu'il est possible de penser qu'elles auront une fin, tandis que toi jamais? Elles ont ainsi une fin d'une certaine façon,

---

[13] Les choses ainsi commençant en Dieu ne sont pas divines, sinon elles établiraient une rupture à l'intérieur de la simplicité de Dieu.

mais toi d'aucune façon. Et certainement ce qui n'a d'aucune façon une fin est au-delà de cela qui est fini de quelque façon (115,23-26).

Cette seconde manière de penser la fin des choses met en oeuvre une vue spirituelle de la divisibilité; l'esprit, en voyant cette divisibilité, la juge négativement «d'une certaine façon» parce que lui-même, bien que séparé de soi, porte en soi l'idéal de la simplicité. La simplicité de Dieu n'est pas exhibée par son contraste objectif envers la divisibilité des étants, mais par une nécessité intérieure ou réflexive; la divisibilité en même temps que l'indivisibilité tient à l'essence de l'esprit capable de les articuler et d'y connaître son chemin vers l'idée [14]; elles rendent possible l'affirmation de la présence de l'esprit à soi bien qu'il ne s'exprime jamais adéquatement. Par contre, la pensée de la simplicité divine interdit d'y entendre quelque division entre sa présence et son expression, même son expression prononcée en nous pour que nous le reconnaissions. La *cogitatio* divise; Dieu en est donc au-delà, *quiddam maius quam cogitari possit*; mais il nous est intérieurement présent, et raisonnablement connaissable.

Nous avons vu que l'argumentation du ch. 18 suivait la problématique du *melius* et qu'il intégrait progressivement l'argument inauguré au ch. 15. Le ch. 20 tire les conclusions ontologiques de la dernière formule dialectique de Dieu, sans pour autant abandonner le *melius*; en effet, Dieu est éternel et plus grand parce qu'il est nécessairement meilleur qu'il soit ainsi. Nous sommes ainsi conduits raisonnablement en présence du *maius*, car nous devons penser Dieu meilleur que l'esprit, c'est-à-dire sans limites, et donc plus grand que la pensée effectuée et possible. Notre meilleure représentation de Dieu fait alors place à un au-delà des créatures, même de celles qui n'ont pas de fin, telle l'âme.

> Serait-ce enfin que tu passes toutes choses, même éternelles, en ce sens que ton éternité et la leur te sont tout entières présentes, alors qu'elles-mêmes n'ont pas encore les parties à venir de leur éternité, et n'ont plus, de même, celles qui sont passées? Ainsi, assurément, es-tu toujours au-delà d'elles, puisque tu es toujours présent, ou que t'est toujours présent (le temps) où elles ne sont pas encore parvenues (115,26-116,3).

Les créatures, même spirituelle, sont soumises à la *dispersio*; nous ne pouvons pas les penser sans y voir une succession temporel-

---

[14] Pour l'Ecole, l'esprit se connaît par ce qu'il n'est pas. Cette pensée est aussi anselmienne ou augustinienne et réflexive.

le; la simplicité n'est pas leur réalité. Mais Dieu ne peut connaître aucune *dispersio* immanente, aucune différence entre son passé, son futur et son présent. On peut donc dire que le présent sans origine et sans avenir est la catégorie de son 'temps', mais d'un 'temps' qui n'est pas le nôtre.

Faisons un pas de plus. Le temps lui-même est une créature. Tout ce qui est, est présent en Dieu d'une manière archétypique et gracieuse. C'est pourquoi, parce qu'il est présent à Dieu, le temps de nos dispersions est une présence. En Dieu il n'est rien, sinon sa divine simplicité. L'essence éternelle des créatures, disait le ch. 31 du *Monologion* (50, 7-10), séjourne dans le Verbe, qui est le Fils. Le temps est donc éternellement dans le Verbe. En Dieu, le Verbe présente l'Essence divine à soi, l'engendrement éternel, le recueil de tout le créé en son principe; en cette présence divine, la création séjourne et nous y aurions le repos si nous y étions entièrement.

Anselme paraît ainsi distinguer l'éternité de Dieu en sa simplicité, le temps primordial ou la *dispersio* unie dans l'*intensio* de Dieu dans son Verbe, et le temps de la *dispersio* des créatures, dont l'esprit humain subit l'expérience tout en accédant réflexivement à son *intensio*, comme au bord de ce qui est plus grand que lui. Nous arrivons ainsi au dernier texte sur l'éternité de Dieu. Anselme y synthétise son enseignement sur la *dispersio* du créé dans l'*intensio* spirituelle qui l'accueille.

> ⟨Ton éternité⟩ est-elle le siècle du siècle ou les siècles des siècles? Comme le siècle des temps contient toutes choses temporelles, ainsi ton éternité contient jusqu'aux siècles même des temps. Elle est en vérité le siècle, en raison de son indivisible unité, et les siècles, au contraire, en raison de son interminable immensité (116,6-9).

Anselme suggère un rythme immanent à Dieu, à la fois unité et immensité; son unité signifie l'indivisibilité ou la simplicité radicale de son *intensio* ('siècle' au singulier); par contre, son immensité accueille les siècles (pluriel) dans la *dispersio*[15]. Le pluriel des temps est composé d'une multitude de moments singuliers que rassemble l'éternité du Dieu Vivant. Le doublement du pluriel des temps dans le singulier (le siècle des temps), puis de ce singulier dans un nouveau singulier (siècle du siècle), indique que Dieu est au-delà de tout

---

[15] Reste à penser comment la simplicité divine, identique à son *intensio*, peut accueillir les temps dispersés; la méditation trinitaire du ch. 23 l'indiquera.

principe unifiant qu'il ne serait pas activement à partir de lui-même, de l'unité du siècle qui englobe nos jours; Dieu englobe tout à partir de lui, produisant par sa simplicité la multiplicité des moments faits *de nihilo*.

En conclusion de son ch. 21, Anselme revient à la catégorie de l'espace. Le ch. 13 avait traité de l'espace illimité tandis que les ch. 18 à 21 s'attachaient au temps. L'espace paraît donc relever d'une problématique antérieure et provisoire, surmontée par la dénomination divine du ch. 15 et la réflexion sur le temps. Pourtant, au terme du ch. 21, revient ce thème spatial; Anselme renoue avec le mode argumentatif du *Monologion* où il traitait de l'espace comme du temps, réduisant l'espace à la simplicité divine, tout comme il avait réduit le temps; l'argument de l'espace est en effet, ici comme avant, symétrique [16] à celui du temps.

> Et, quoique tu sois si grand, Seigneur, que toutes choses sont pleines de toi et en toi, tu es pourtant sans le moindre espace, de sorte qu'il n'est en toi ni milieu, ni moitié, ni partie (116,10-12).

Pourquoi Anselme s'est-il si longtemps arrêté au temps et revient-il finalement à l'espace? L'éternité est-elle un thème commun de la foi, alors que l'ubiquité, de tonalité davantage grecque, serait plus délicate à penser droitement? Cette raison semble trop fragile, et extérieure au texte.

La ligne générale de notre commentaire, où l'expérience de l'esprit soutient de manière continue la réflexion anselmienne, permet de rendre compte de cette ultime accentuation autrement peu cohérente. L'expérience spirituelle est celle du temps, non celle de l'espace. Mais la représentation est spatiale. La représentation de l'expérience spirituelle implique donc une ultime réflexion, pour adapter sa spatialité à la temporalité unique de l'Eternel. La représentation, qui est espace, divise, tandis que l'esprit, qui est temporel, unit; nous avons donc à unir spirituellement l'espace.

La divisibilité de l'esprit connote la production objective de son verbe, l'espace dans lequel il le profère, où nos mots sont extérieurs à leur origine spirituelle. L'espace est extériorité, tandis que le temps intériorise. Le Verbe naît d'une origine dont nous faisons l'expérien-

---

[16] Anselme est coutumier de ces constructions littéraires symétriques; il s'agit de processus formels commodes, mais auxquels la pensée concrète de notre temps adhère difficilement.

ce; sa distance envers son origine représente l'espace spirituel primordial; mais cette distance, fruit pour nous d'une altération de l'o-
rigine prononcée hors de soi, ne peut pas être réfléchie, quant à l'E-
ternel, comme une séparation de soi. Le thème de la mémoire, schème fondamental de l'*intensio* à travers la *dispersio* est ici essentiel.
La mémoire, qu'évoquera le début du ch. 23 après la conclusion de
l'étude sur l'essence divine, unit le temps et recueille la dispersion de
nos représentations du passé et du futur dans le présent. La réflexion sur la mémoire de nos temps et de nos lieux ouvre l'intelligence à la perception de la simplicité divine auparavant totalement
inaccessible.

4. *Seul, tu es*

Les chapitres qui précèdent l'affirmation du *quiddam maius
quam cogitari possit* sont soumis à la loi du *melius*, c'est-à-dire de la
hiérarchie des étants homogènes; dans les chapitres suivants, cette
perspective est encore opérante, mais elle intègre progressivement
l'acte d'intelligence comme l'un des moments de cette hiérarchie.
Une conclusion importante s'ensuit: l'échelle des étants, qui intègre
sous le *melius* la pensée et son principe plus haut qu'elle, signifie à la
pensée son incapacité à vraiment penser Dieu, parce que son exercice est pratiquement limité par la division entre le connu et l'acte de
le connaître. Dieu est *maius* radicalement, en une simplicité que l'esprit divisant ne peut en aucune manière imaginer. Toutefois, la pensée se sait soumise à un idéal qui l'entraîne plus haut; la manière au-
gustiniennne de penser la limite de la pensée est ici agissante [17]. Il y
a une transcendance qui aspire la pensée et qui lui est ainsi paradoxalement immanente; cette transcendance constitue la pensée
dans l'identité de son acte malgré la multiplicité constitutive de son
exercice. C'est pourquoi cette transcendance est certainement *quiddam maius quam cogitari possit*, au-delà de tout objet pensé, au-delà
de la *cogitatio*, au-delà de la pensée qui se pense elle-même.

Pouvons-nous alors penser Dieu en lui-même? Quand nous disons le penser au-delà de la pensée, nous disons le penser paradoxalement sans que la référence de notre pensée à sa majesté en soit
constitutive; cette restriction est significative seulement si l'on considère les conditions limitantes de l'exercice effectif de la pensée. La

---

[17] Cfr *De libero arbitrio*, II, XII, 33.

pensée humaine se connaît de manière multiple, c'est-à-dire sans simplicité vécue; elle est cependant animée par l'idée de la simplicité; cette idée, elle n'en a pas en soi la raison fondatrice; elle la porte malgré tout en elle, en en faisant l'expérience dans la réflexion pure au bord de sa limite, se réfléchissant dans ce qui lui est autre, mais où elle se sait soi. La pensée qui se réfléchit accède à la mémoire de son présent, et par là, au-delà de son présent, à la simplicité de Dieu.

La dialectique offre un instrument pour penser en direction de la simplicité; cependant, en dernière analyse, cette référence n'est pas significative dialectiquement, mais grâce à l'expérience réflexive. De cette manière, tout acquis dialectique est soumis à une critique ultérieure, fondée sur la perception réflexe de la simplicité, afin d'être relancé vers plus d'unité et de simplicité. La simplicité absolue présente une richesse de sens à laquelle l'esprit accède progressivement en rapportant la multiplicité de ses moments à une transcendance qui l'attire en son repos unifiant.

Le thème de l'éternité divine exprime ce schème de la simplicité en synthétisant les temps de la dispersion créée; l'imagination qui représente et divise en représentant, est dès lors invitée à laisser le champ à une nouvelle instance du savoir; il ne s'agit plus de *cogitare*, mais de voir selon l'intellect. Le mouvement dialectique suggère ici un renversement plus profond encore que celui du ch. 15; la pensée est invitée à vérifier l'intention qui la porte. On ne peut pas penser l'éternité sans se représenter ses divers moments dans quelque espace; mais l'esprit sait la spatialité de sa représentation; il sait donc ce qui ne se réduit pas aux séparations de ses constructions abstraites, de ses images; il trouve en la pensée de l'éternité l'expression adéquate de son dynamisme ontologique, une méta-représentation juste de sa présence à la transcendance découverte réflexivement et dite dialectiquement.

> Toi seul, Seigneur, tu es donc ce que tu es et tu es qui tu es. En effet, ce qui est ceci en tout et cela en partie et en quoi quelque chose est muable, n'est pas totalement ce qu'il est. Ce qui a commencé du non-être, qui peut être pensé ne pas être, qui retourne au non-être à moins qu'il ne subsiste par un autre, et qui a d'avoir été ce que déjà il n'est plus, d'être plus tard ce qu'il n'est pas encore, cela n'est pas, proprement et absolument. Mais toi, tu es ce que tu es, parce que tu es entièrement et toujours tout ce que tu es en quelque moment ou de quelque façon.

Et toi, tu es qui tu es, proprement et absolument, parce que tu n'as pas d'avoir été ou d'être plus tard, mais tu es seulement présent, et tu ne peux pas être pensé ne pas être en quelque moment. Tu es la vie, la lumière, la sagesse, la béatitude, l'éternité, et beaucoup de biens de ce genre, et cependant, tu n'es qu'un bien un et souverain, tu te suffis complètement à toi-même, n'ayant besoin de rien de ce dont tout ‹le reste› a besoin pour être et être bien (116,15-117,2).

Nous avons ainsi répondu aux deux demandes du 'Prooemium' (93, 7-9) sur l'existence et l'essence de Dieu.

CINQUIÈME PARTIE

HOC BONUM

XIII

L'UNIQUE NÉCESSAIRE

Nous faisons commencer la dernière partie du *Proslogion*, sa conclusion, au ch. 23, un chapitre trinitaire. En fait, les quatre chapitres restant sont consacrés au 'bien' (117,6,26; 118,1,12; 120,1) qui comble l'âme, répondant enfin au désir exprimé au ch. 1: «Je cherche ton visage». Nous allons voir, au long de cette partie conclusive, comment est accompli ce désir.

Pour entrer dans cette dernière partie du *Proslogion*, nous voudrions nous interroger d'abord sur la signification, pour un auteur, de la reprise ou de la récurrence de thèmes spécifiques. Le ch. 23 de notre opuscule pourrait apparaître comme un corps étranger; son articulation au sein de l'ensemble du texte n'a guère d'évidence; nous devons penser cependant que saint Anselme ne l'y a pas mis sans un projet précis, cohérent avec l'*unum argumentum*.

Un ouvrage développe une problématique qui préside à son organisation unifiante. Interpréter un livre consiste à retrouver cette problématique. Celle-ci n'est pas déterminée en dehors de son déploiement; elle n'est pas un programme de recherche qui serait simplement appliqué; la recherche elle-même constitue la problématique, l'affinement de la question qui l'a mise en branle. La lecture d'un livre, en conduisant vers sa dernière page, fait pénétrer en réalité en ce qu'il interroge depuis la première.

Nous devons donc retrouver la question initiale qui a engagé Anselme à écrire son *Proslogion*. Cette question est déterminée par la composition de l'ouvrage; l'auteur accède en écrivant à la question qui l'a poussé à écrire. A travers les apparences rhapsodiques de ses thèmes, la réflexion opère une intense 'répétition', au sens kierkegaardien du mot; en traversant des domaines divers, elle dégage le questionnement dans sa pureté plus évidente. Un livre profond répond moins à un problème qu'il en pose la question plus vivement et plus exactement; en reprenant des thèmes anciens, il les renouvelle pour accéder à ce qui y est interrogé depuis toujours.

La comparaison diachronique des textes peut mettre à jour la signification réelle des thèmes médités. C'est pourquoi, avant de commenter le ch. 23, nous montrerons ses différences envers d'autres textes trinitaires d'Anselme. Mais en tout premier lieu, nous rappellerons sommairement comment le problème trinitaire s'est posé jusqu'à notre auteur.

Nous avons cette idée que, pour Anselme, le problème essentiel de toute méditation, modulé selon ses divers *topoi*, est de comprendre comment, dans une relation, les termes relatifs sont plus unis en même temps que distincts[1]. Tout comme l'esprit est capable de penser positivement ce qu'il n'est pas, ainsi le Père et le Fils sont 'un' dans l'Esprit, malgré ce qui les diversifie; la relation entre les termes n'est pas ici négative, mais positive; sous cette condition prise comme modèle, l'esprit peut penser ce qu'il n'est absolument pas, si cela lui est donné dans l'amour. Nous retrouvons ainsi, par-delà les différences entre le *Monologion* et le *Proslogion*, la préoccupation qui les unit profondément, bien que le second texte, mettant l'accent sur la *cogitatio*, soit plus immédiatement réflexif que le premier qui considère les mots de la foi de manière plus 'objective'.

1. Théologie trinitaire

Les énoncés trinitaires ont été fixés lors des Conciles de Nicée (325) et de Constantinople (381), peu avant les énoncés christologiques (Chalcédoine 451) auxquels ils sont liés par la catégorie de substance (*ousia*, Dz-Sch 125 et 150). Ces énoncés devinrent problématiques ensuite en raison de l'introduction de la catégorie de 'personne'[2] et du trithéisme que suggérait une telle nomination des Trois qui sont Un. Ces problèmes furent traités par la dialectique, capable en principe de déterminer le sens logique des énoncés de la foi; parallèlement à cette recherche, dès le deuxième siècle, puis avec st Augustin, la réflexion a aussi cherché à comprendre le mystère à l'aide d'un schème psychologique.

Dans le *Monologion*, nous retrouvons ces deux manières de faire, dialectique et psychologique. Mais on observe, en parcourant l'oeuvre anselmienne, que les analogies psychologiques s'effacent progressivement; elle disparaissent du *De processione*. Quant aux catégories de substance et de personne, importantes dès le *Monologion*

---

[1] Cfr le *De processione spiritus sancti*, ch. 2.

[2] Le 11e Concile de Tolède (675) est un témoin majeur de l'introduction de la catégorie de 'personne' dans le dogme trinitaire (Dz-Sch 528-530).

et de nouveau après le *Proslogion*, elles n'interviennent pas dans notre opuscule, sans doute parce que le projet d'Anselme peut être accompli là sans les utiliser. Toutefois, puisque le rapport de la substance à la personne concerne la question d'une multiplicité dans la simplicité de Dieu, et puisque le *Proslogion* pointe vers ce problème en méditant la portée du *cogitari maius*, nous nous y arrêterons. La solution de ce problème pourra indiquer les orientations fondamentales de la réflexion.

'Personne' signifie ce qui, dans la Trinité, est en relation *ad* un autre. Cette intelligence de la personne provient du *De trinitate* d'Augustin, VII, 8, 8, auquel Anselme renvoie dans le 'Prologue' de son *Monologion* (8, 14-47) et que Madoz commente ainsi: «St Augustin établit la doctrine que le concept d'accident ne peut pas s'appliquer à Dieu; d'autre part, tout ce que l'on dit de Dieu ne peut pas se dire selon la substance. Donc il faut appliquer un concept intermédiaire entre ceux de substance et d'accident; c'est le concept de relation. Les Personnes ne se différencient pas par l'essence; elles sont des relations éternelles et immuables» [3].

Saint Augustin n'introduit pas sans difficultés la catégorie de 'personne' dans l'intelligence du mystère trinitaire. Selon une crise déjà nominaliste, le nom pourrait bien n'être qu'une simple nomination extérieure qui ne touche pas ce qu'il vise; il serait seulement une modalité de l'étant selon ce qu'il est pour nous; par conséquent, les distinctions intra-trinitaires seraient modales, sans plus; ce que refuse Augustin en condamnant ceux qui pensent *nomina diversa, unam vero esse personam* (*In Johannis Evangelium*, 37,6). Le nom touche bien l'étant.

Les noms trinitaires réfèrent les personnes les uns aux autres. St Augustin conçoit la déité comme l'unité des personnes subistant en relations mutuelles les unes aux autres. Selon le *De trinitate*, «les Personnes sont désignées individuellement, et on leur attribue telle ou telle chose séparément, mais sans penser les séparer elles-mêmes, car la Trinité est une, unique la substance, unique la déité du Père, du Fils, du Saint Esprit» (I,IX,19, BA p. 141). Ou encore: «Chaque personne de la Trinité est nommée de façon qu'on pense ainsi aux autres» (I,X,21, BA p. 147). Augustin n'est pas loin de la théologie

---

[3] J. Madoz, *Le symbole du 11e Concile de Tolède*. Ses sources, sa date, sa valeur, Louvain, Spicilegium Sacrum Lovaniense, 1938, p. 59.

des relations subsistantes, bien qu'il refuse d'en considérer favora-
blement le concept, comme nous le verrons bientôt.

L'utilisation de la catégorie de 'personne' en théologie trinitaire
est discutée dans le *De trinitate* (XII,VI,7-VI,11)[4] de façon dialectique. Le mot 'personne' est un terme générique (7); comme n'importe
quel terme générique qui ne dit rien de particulier, il ne permet pas
de penser que le Père est seul Père, que le Fils n'est pas le Père de
l'Esprit, etc; il dit ce qui est commun à toutes les 'personnes'. Or le
mot 'Dieu' a la même caractéristique. Toutefois, si l'on dit trois personnes, on ne peut pas dire trois dieux. Dire 'personne' n'est donc
pas dire 'Dieu'.

Le problème est d'ordre langagier. «Les besoins du langage et
de la controverse autorisent à parler de trois personnes» (8, BA p.
533); la nomination du mystère n'est jamais qu'une approche du
mystère. D'une part, on considère que Dieu est une seule essence,
bien qu'on ne puisse «nier l'existence de trois réalités (*tria quae-
dam*)» (9, BA p. 535); d'autre part, on interprète le mot 'personne'
comme s'il signifiait un incommunicable; la communauté de signification est donc purement formelle; «on s'est demandé comment désigner ces trois réalités et l'on a parlé de substances ou de personnes.
Par ces termes, on a voulu donner à entendre l'absence de différence, mais on n'a pas eu l'intention de faire penser à l'absence d'indivi-
dualité» (9, BA p. 537).

Cependant, identifier la personne et la substance est insoutena-
ble, car si la relation est conçue de manière substantielle, «Dieu subsiste sous forme de relation» (9, BA p. 537); mais une relation substantielle est inintelligible pour Augustin, «car toute chose subsiste
par rapport à elle-même» (9, BA p. 537[5]).

On conclut que la catégorie de substance est inutile pour définir
le multiple en Dieu, bien que chaque personne soit 'autre' des autres. C'est pourquoi Augustin propose d'appliquer à l'unité divine la
catégorie d'"essence": «il est évident qu'appeler Dieu substance est
une impropriété, et l'on voit, pour nous servir d'un mot plus courant, qu'il est essence, terme juste et propre, au point d'ailleurs que,
peut-être, le terme d'essence appartient à Dieu seul. Oui, seul, vraiment, il est, car il est immuable» (10, BA p. 539). Toutefois, «être,

---

[4] Voir aussi le *De trinitate* VII,VI,11 - cfr L. Ladaria, 'Persona y relación en
el *De trinitate* de san Agustin' dans *Miscellanea Comillas*, 1972, pp. 245-291.

[5] Cette définition de la substance *per se et in se* est classique.

c'est subsister et si la Trinité est une seule essence, elle est aussi une seule substance» (10, BA p. 539).

Le même problème de l'absoluité de la dénomination se pose aussi à propos de 'personne'. «Pour Dieu, être et être une personne n'est pas différent, c'est absolument la même chose» (11, BA p. 541). Est-il alors légitime de parler de trois personnes? D'une part, «quand, dans la Trinité, nous parlons de la personne du Père, nous ne parlons pas d'autre chose que de la substance du Père» (11, BA p. 541); d'autre part, quand nous disons trois personnes, «nous voulons avoir un mot qui exprime en quel sens il faut concevoir la Trinité et ne pas rester absolument sans rien dire» (11, BA p. 543). La solution d'Augustin est aussi élégante que minimale.

Le système catégorial est tendu; on ne peut se contenter de l'univocité de la représentation. C'est pourquoi Augustin entreprend une explication originale du mystère; partant de la tradition de la *Genèse* pour laquelle l'homme est créé à l'image de Dieu, il comprend la structure trinitaire à l'aide de la réflexion psychologique.

La tradition augustinienne prépare donc deux modalités possibles de la théologie trinitaire, l'une logique et l'autre psychologique. La tradition sera attentive à l'une et l'autre possibilité d'intelligence de la Trinité [6]. Mais ces deux possibilités n'apparaissent pas égales; le mystère de la Trinité dépasse nos mesures humaines; l'intelligence charnelle ne peut y accéder, mais bien l'intelligence spirituelle. Que 3 soient 1, «c'est ce que ne saisit pas l'homme charnel. Masses et étendues, petites ou grandes, c'est tout ce que lui permettent de concevoir les imaginations qui lui courent à travers l'esprit et lui représentent les corps» (*De trinitate* VII,VI,11, BA p. 549) [7]. L'intelligence de la Trinité n'est pas acquise à force de représentation, mais de réflexion; c'est pourquoi Anselme reprochera aux adeptes de la technique dialectique pure d'interpréter charnellement le mystère divin [8].

La crise de la théologie trinitaire commence au 9e siècle dans les milieux dialectiques. Godescalc (805-868) en est l'un des premiers témoins [9]; aux 11e et 12e siècles, Roscelin puis Abélard en seront

---

[6] Voir les Conciles de Tolède, le 15e en 688 (Dz.-Sch. 566) et le 16e en 693 (Dz.-Sch. 573).

[7] Anselme critiquera les dialecticiens qui, à son avis, sont justement 'charnels'. Cfr *Epistola de incarnatione verbi*, I (8,15-9,8) et notre *Dire l'ineffable* [4], pp. 41-42.

[8] Cfr *Epistola de incarnatione verbi* 9,15-19.

[9] Cfr J. JOLIVET, *Godescalc d'Orbais et la Trinité*. La méthode de la théologie à l'époque carolingienne, (*Etudes de Philophie médiévale*) Paris, Vrin, 1958.

les figures les plus marquantes. Une lettre du moine Jean (Lettre 128), datée de 1090, informera Anselme du problème posé par Roscelin : «Si les trois personnes sont une chose seulement une et ne sont pas trois choses pour soi, comme trois anges ou trois âmes, de telle manière pourtant que par la volonté et la puissance elles soient totalement la même, alors le Père, l'Esprit Saint s'est incarné avec le Fils» [10]. Le problème concerne l'intelligence de l'expression théologique, surtout du mot *res*. Dans sa réponse au moine Jean (Lettre 129), Anselme raisonne comme si l'hérésiarque entendait ce mot de la même façon pour 'personne' et 'Dieu'. «Si Roscelin dit ‹...› que les trois personnes sont trois choses selon que chaque personne est Dieu: ou bien il veut constituer trois dieux, ou bien il n'entend pas ce qu'il dit» [11].

Le moine Jean s'inquiète de ce que Roscelin se réclamait du *Monologion* pour défendre sa thèse. A l'approche d'un synode qui pourrait bien le condamner, Anselme se défend sur un ton qui ne lui est guère coutumier, en aggravant l'hétérodoxie de Roscelin; une lettre à Foulques, évêque de Reims, met en évidence le point difficile: «Le clerc Roscelin dit qu'en Dieu les trois personnes sont trois choses séparées l'une de l'autre *ab invicem separatas*» (lg. 4-5); on peut penser que Roscelin se servait du *Monologion*, ch. 79 [12], où l'on trouve cette même expression *ab invicem separatam*. Le lien établi entre *res*, personne et substance est difficile à bien articuler. Les trois substances du *Monologion* ont d'ailleurs fait problème avant même la crise ouverte par Roscelin; le 'Prologue' du premier traité d'Anselme en témoigne, quand il déclare suivre l'usage grec, et non augustinien, du mot 'substance' [13].

Le problème est donc le suivant: comment 'dire' ce qui, dans la Trinité, n'est pas que relation modale, donc ce qui est réellement en relation, ou ce qui est en tant que relationnel, et comment en même temps 'dire' l'unité simple de la 'nature' divine, sans faire de cette 'nature' une forme déterminée accidentellement par les personnes [14]?

---

[10] Trad. Galonnier dans *L'oeuvre d'Anselme* III, pp. 262-263.

[11] *Id.*, p. 263.

[12] «Toutes les personnes ‹qui sont› plurielles subsistent séparément l'une de l'autre, de sorte que nécessairement il y a autant de substances que de personnes ‹subsistunt separatim ab invicem›» (85,19).

[13] Cfr 8,14-17; AUGUSTIN, *De trinitate* V,VIII,10, BA p. 447-449. Voir notre *Dire l'ineffable* [4], p. 55.

[14] Cfr F. PICAVET, *Roscelin* [2], p. 67.

2. La réflexion trinitaire d'Anselme

Le *Monologion*, de 1076, consacre au problème trinitaire ses ch. 29 à 62, c'est-à-dire 34 chapitres sur 80; le *Proslogion*, de 1078, n'y réserve qu'un seul, de 17 lignes. L'*Epistola de incarnatione verbi*, à dater de 1094, articule l'unité divine en trois personnes en partant du problème posé par Roscelin; après avoir médité ainsi sur la totalité de la structure trinitaire, Anselme s'attache ensuite à déployer la relation Père — Fils dans le *Cur deus homo* qui envisage le mystère trinitaire d'un point de vue christologique, et enfin la relation d'origine de l'Esprit en traitant du *filioque* dans le *De processione Spiritus Sancti* (1102). Cette progression de la réflexion naît des circonstances historiques plus que des décisions programmatiques d'Anselme; on peut toutefois penser que les circonstances n'ont nullement poussé la méditation dans des directions que l'auteur ne désirait pas.

Cependant, les réflexions trinitaires d'Anselme semblent avoir deux registres différents et successifs; en allant du *Monologion* au *De Processione*, on a l'impression de changer de monde. Le point de départ est différent d'un texte à l'autre; les versets d'Ecriture sont délibérément laissés de côté dans le premier écrit[15], tandis que le *De processione* argumente à partir d'eux; l'argument du *Monologion* sur la procession de l'Esprit par spiration n'a pas d'échos dans le *De Processione*. Cependant, la technique dialectique est continue; le *Monologion* progresse en effet en partant de l'analyse dialectique des termes et en faisant émerger à partir d'eux les problèmes spéculatifs, en les résolvant progressivement par de nouvelles analyses dialectiques. Le *De Processione* reçoit également les mots du mystère, mais qu'il confesse d'abord, les légitimant ensuite en leur signification raisonnable.

On ne peut donc pas penser qu'Anselme passe d'une théorie psychologique à un formalisme tout abstrait; la 'coupure épistémologique' qui divise son oeuvre n'est pas de ce type; les discussions dialectiques sont déjà très vives dans le *Monologion*; toutefois, le modèle psychologique du premier écrit est abandonné dans les derniers; c'est que l'analyse formelle sert mieux l'unité divine. En fait, plusieurs aspects du problème sont liés; ainsi, il n'est pas indifférent que le *Monologion* s'écarte de la problématique de l'amour mutuel, analogie possible pour la réflexion trinitaire[16], pour s'en tenir à

---

[15] Cfr *Monologion* 7,7-8.
[16] Cfr Augustin, *De trinitate* VIII,X,14.

une stricte forme psychologique ou mentale; la forme psychologique insiste davantage sur l'unité spirituelle, selon une formalité que la dialectique, tentée plus tard par l'univocité, exercera encore plus à sa manière, lorsque l'étude de l'acte de l'esprit ne convaincra plus les spécialistes du verbe.

La scolastique distingue l'amour d'amitié et l'amour réflexe, le premier étant typique de la théologie trinitaire de l'augustinisme victorin, et le second du thomisme. Saint Thomas «aurait définitivement accrédité la doctrine anselmienne, en reléguant au second plan l'amour mutuel»[17]. En effet, Anselme, «estimant que l'amitié ne peut être l'explication de la seconde procession, s'en tient à la théorie psychologique: l'Esprit est l'Amour dont Dieu s'aime lui-même en raison de sa divine bonté, et procédant de lui de sa mémoire et de sa pensée»[18].

Le modèle de l'amour réflexe a l'avantage de mettre mieux en évidence l'unité originaire de Dieu. En effet, l'analogie psychologique met l'accent sur les opérations *ad intra*, immanentes à l'esprit, qui demeure un à travers la multiplicité des moments de son activité; en laissant de côté les relations où l'on conçoit les personnes en leur hétérogénéité mutuelle et en cherchant ce qui constituerait intérieurement leur unité, Anselme rend possible une réflexion sur les relations en partant d'une unité dynamique; l'unité originaire est alors pensée comme une unité spirituelle et active, et non statique ou conceptuelle. L'unité spirituelle se distingue d'une unité conceptuelle; elle produit en soi une multiplicité.

A la fin du *Monologion*, pour ne pas parler des personnes divines comme si chacune subsistait à part, à l'origine de soi, pour être ensuite conjointe aux autres en formant ainsi l'unité trinitaire, Anselme parle d'une «Trinité à cause de trois je ne sais quoi» (85,14). C'est qu'en effet, selon le sens habituel du mot, les personnes «subsistent séparément l'une par l'autre» (85,19), c'est-à-dire en s'excluant l'une l'autre par des relations d'oppositions plus que d'unification[19]; une telle compréhension de la 'personne' trompe l'intelli-

---

[17] Fr. BOURASSA, *Questions de théologie trinitaire*, Roma, Università Gregoriana, 1970, 63-64.

[18] *Id.*, p. 65.

[19] Le *De processione* crée en 181,2-4 la formule qui deviendra classique dans le dogme sur les personnes: en Dieu, tout est un, sauf là où les relations mutuelles supposent une opposition; cette opposition toutefois ne fait pas que chaque personne soit isolée, car au contraire, chacune est par ce qui la différencie des autres.

gence de l'unité trinitaire, fondatrice du mystère divin. C'est pourquoi, pour désigner les 'personnes', le *Monologion* préfère le grec 'substance' au latin 'personne' (8,14-17).

La difficulté du modèle explicatif de la Trinité par l'amitié réciproque, qui supposerait la pré-subsistance des Trois envers l'Un, invite à chercher d'autres principes herméneutiques qui puissent maintenir la simplicité de l''objet' étudié.

Ce bien (117,6).

Les dernières lignes du ch. 22 du *Proslogion* s'étaient adressées au «Seigneur» (116,15) et lui reconnaissaient sa simplicité dans le temps (116,22-23) et l'être (116,23-24); il est en effet «tant de biens de ce genre, et cependant ‹...› un unique et souverain bien» (116,24-117,1). Bien souverain, il est par soi, comme l'exprimait le *Monologion*, tandis que tous les autres biens sont par lui. Dieu est le Bien absolument originaire, la source de tout bien. Le ch. 22 demeurait ainsi dans la ligne de la méditation de l'Essence divine; il lui reconnaissait l'indivision des propriétés, la plénitude et l'égalité de chacune; tous les biens doivent être référés au Bien par soi pour être ce qu'ils sont, tandis que le Bien originaire a par soi tout ce qu'il est.

Le ch. 23 applique à chacune des personnes trinitaires ce qui appartient à l'Essence souveraine: «Ce bien, tu l'es, Dieu Père» (117, 6), «cela, ton Verbe l'est» (117, 7), «cela même, l'amour un et commun à toi et à ton Fils l'est» (117, 11). C'est que Père, Fils et Esprit sont chacun l'Essence simple, l'unique Nécessaire, le seul Bien.

Si l'on considérait seulement ces affirmations formelles, on pourrait à la rigueur laisser de côté ce chapitre trinitaire; mais la pensée manquerait alors quelque chose d'essentiel; elle n'aurait pas fondé le travail de la raison dans le contenu de l'acte de foi. Le *Monologion* avait été proposé comme un «exemple de méditation sur la raison de la foi» (94,6-7); cette méditation y a été conduite sans que rien n'y puisse persuader «par l'autorité de l'Ecriture» (7,7-8); toutefois le *Monologion* consonne avec la foi; il en montre même l'intelligibilité; sans partir de ses données, mais seulement par une sorte de phénoménologie du désir, il en déployait des aspects surtout trinitaires, les faisant apparaître progressivement sous la pression des exigences de la raison et de la vérité. Certains ont pu penser que le *Monologion* rationalisait le Credo; le chemin d'Anselme est cependant autre; la raison prend conscience de ce qui l'anime intérieurement, au rythme d'une méditation monologuante qui considère d'abord l'idée du bien et finalement les vertus théologales.

Le *Proslogion* suit apparemment un chemin inverse: non pas de la nature à la grâce, mais de la foi à l'intelligence: *Fides quaerens intellectum* (94,7). On n'y médite pas en solitude, mais en dialogue, en s'adressant à Dieu. L'«allocution» (96,13) ne déclare pas à l'interlocuteur (qui est *maius quam*) ce qu'il serait prié d'entendre passivement; le locuteur en réalité se laisse guider par le sentiment paradoxal de la présence de Dieu et de son absence. Dieu est premier; la foi cherche l'intelligence de son silence.

Au seuil du ch. 2, Anselme s'adressait au «Seigneur, qui donne l'intelligence à la foi» (101, 3); partant donc de la foi, guidée par cette lumière, l'intelligence cherche cependant à comprendre par elle-même (la suite du ch. 2 n'est pas un dialogue) comment parler de Dieu d'une manière qui convienne à ce qu'il est, *maius*, en même temps qu'aux exigences de la raison. Puis, toujours illuminée par la foi, elle reconnaît comment elle a été capable de penser droitement: «cela, tu l'es, Seigneur notre Dieu» (103,3). Enfin, toujours sous la même lumière, l'intelligence voit comment elle a pu exprimer l'avis que Dieu n'existe pas; le ch. 4, bien que se terminant par une action de grâce, se développait de manière purement réflexive.

L'alternance de dialogue et de méditation traverse aussi la réflexion sur l'essence divine, bien que l'adresse à Dieu soit ici plus continue. La plupart des chapitres de cette réflexion, à l'exception des ch. 12 et 15 à 17, posent à Dieu une question à laquelle l'auteur de l'opuscule répond lui-même de manière simplement dialectique[20].

Au seuil du ch. 23, l'adresse à Dieu est différente. Elle ne pose plus une question, ni ne demande une aide; elle ne rend pas non plus grâce, mais confesse une simple reconnaissance. Nous avons abouti au terme demandé, espéré, et Anselme laisse libre champ à son admiration. L'enquête a en effet vraiment abouti; le *Proslogion* visait à prouver par un seul argument que «Dieu est vraiment, qu'il est le Souverain Bien qui n'a besoin de rien d'autre et dont tout a besoin pour être et être bien, et tout ce que nous croyons de la substance divine» (93,7-9); avec le ch. 22, ce programme est accompli; les ch. 2 à 4 ont montré que Dieu est vraiment; le ch. 22 a conclu que Dieu est le Souverain Bien dont tout a besoin pour être et être bien.

Ayant atteint le terme de son enquête, la foi ayant obtenu un certain degré d'intelligence, Anselme pourrait passer à un autre type

---

[20] 104,11,22,25; 105,9,11,12; 106,5,8,10,18,19; 107,1,3,5; 108,10,13,24,25,26; 109,11; 110,16,18,19; 111,8,13,14,15; 114,14,18,19; 115,9,11,20,22,24; 116,6.

de discours, à la louange liturgique par exemple. Mais le ch. 24 revient au genre méditatif, comme s'il fallait acquérir encore plus d'intelligence: «O mon âme, pense autant que tu le peux, de quelle qualité et de quelle grandeur est ce bien-là» (117, 25-26). Serait-ce que les questions initiales sont trois et non deux, et que le ch. 23 aurait comme but de penser la troisième, «ce que nous croyons de la substance divine» (93, 9), ces mots qui suivent *ut sint et ut bene sint* qu'expliquent les chapitres précédents? Si c'était le cas, le ch. 23 répondrait à la troisième question en déterminant d'abord les éléments de la foi sur la substance divine, puis en en approfondissant rationnellement les données dans les chapitres suivants.

Ce bien, tu ‹l›es, Dieu Père (117,6).

La première affirmation concerne le Père. Dans la conclusion des cinq voies vers l'existence de Dieu, la *Somme théologique* de st Thomas affirme à chaque fois, mais sans la légitimer, une égalité entre le terme extrême auquel a abouti le raisonnement et Dieu en qui nous croyons: «Cela, tous le disent Dieu». La foi reconnaît son 'objet' dans les résultats de l'argumentation; rien ne peut justifier autrement cette égalité; ce n'est pas l'argument qui prouve que Dieu existe comme un principe premier; mais la foi reconnaît son bien dans le principe prouvé par l'argument rationnel, en synthétisant ce qu'elle croit et ce qui est ainsi montré. Le texte d'Anselme a quelque chose de semblable, en partant d'analogies humaines aptes à ouvrir l'intelligence à Dieu, *semper maior*.

Au ch. 23, on parle du Fils en tant que Verbe et on évoque l'Esprit comme Amour; on peut donc penser que le terme 'Père' connote la mémoire, premier moment de l'analogie psychologique de la Trinité, bien qu'Anselme n'en dise rien ici. Mais n'était-ce pas la structure de la mémoire qui illuminait les derniers chapitres sur l'Essence souveraine, là où nous avons reconnu l'éternité de Dieu et sa présence au divers comme le recueil en *intensio* de ce qui est en *distensio*?

Le *Proslogion* ne mentionne que deux fois la mémoire; une mention n'a pas de signification pour notre problème [21]; l'autre se réfère directement à la structure augustinienne: «tu as créé en moi cette image de toi, afin que, ayant mémoire de toi, je pense à toi et je

---

[21] «Ni cet opuscule ni celui dont j'ai fait mémoire plus haut ne sont dignes du nom de livre» (94,2-3).

t'aime» (100,13). Cette citation, à la fin du premier chapitre, contre-
balançait la plainte d'Anselme, accablé par son péché et incapable
de contempler la face de Dieu; l'image trinitaire de l'âme assure
donc un élan nouveau à la recherche, souvent désespérée par ailleurs
(cfr 93,12), comme si la recherche trouvait force et assurance à se
déployer intérieurement à cette image.

La structure de l'image de Dieu qu'est l'esprit de l'homme a été
développée dans le *Monologion* où le ch. 48 traitait de la mémoire,
origine du Verbe. Or, puisque tout est dans le Verbe (ch. 34 et 35 du
Monologion), la mémoire est l'origine absolue, absolument sans origine. On peut donc exprimer l'origine de toute intelligibilité, *quiddam maius quam cogitari possit*, en la disant mémoire, origine de la
pensée en acte. Le Père est mémoire, ce dont provient tout intelligible ou toute pensée, le Bien absolument originaire, source de tout
autre bien, qui se répand de lui-même; le Verbe est originé dans le
Bien. L'intelligible n'est donc pas sa propre norme; l'éthique du don
fonde la connaissance.

Le Fils, qui est Verbe, est aussi le Bien qu'est le Père:

> ‹Ce bien,› c'est ton Verbe, c'est-à-dire ton Fils. En effet, il ne peut
> pas y avoir, dans le Verbe par lequel tu te dis toi-même, quelque cho-
> se d'autre que «ce» que tu es, ou quelque chose de plus grand ou
> de plus petit ‹que toi›; puisque ton Verbe est vrai tout comme tu
> es véridique, il est donc la Vérité même comme toi, et non pas une
> autre ‹vérité› que toi; tu es simple, de sorte que rien d'autre que ce
> que tu es ne peut naître de toi (117,6-10).

Le Verbe est Fils, identique au Père du point de vue de la qualité (*quod* 117,7) et de la quantité (*maius vel minus* 117,7); le *Proslogion* reprend ici les résultats des ch. 29 à 32 du *Monologion*. Vrai
comme le Père, le Verbe est aussi la vérité du Père (*est ipsa veritas sicut tu* 117,9), conformément aux ch. 35 et 47 du *Monologion*. Enfin,
puisque le Père est simple, rien ne peut naître (cfr *Monologion* ch. 39
à 42) de Lui que ce qu' (*quod*) il est.

Le ch. 23 se différentie toutefois des passages parallèles du
Monologion en ce qu'il n'interroge plus sur l'origine des 'choses' du
monde, sur la création cosmique. L'abandon de ce point de vue
vient de la perspective globale du *Proslogion*, qui considère le rapport de l'esprit à ce qu'il médite, ou à la forme dialectique dont il réfléchit toute la force et la fécondité, et non le rapport des étants à
leur fondement cosmologique. Le Verbe n'est plus ce en quoi tout a
été fait, mais ce en qui Dieu se pense et est pensé.

Enfin, le *Proslogion* parle de l'Esprit Saint.

Ce même ‹bien› est l'amour un et commun à toi et à ton Fils, c'est-à-dire l'Esprit Saint qui procède de l'un et de l'autre. Car l'amour, qui est le même, n'est pas inégal entre toi et ton Fils, parce que tu t'aimes et ‹tu› l'‹aimes›, et ‹que› lui t'‹aime› et s'‹aime› lui-même autant que tu es et qu'il ‹est›; il n'est pas autre chose que toi et que ‹ton Fils›, ‹lui› qui n'est pas inégal à toi et à ‹ton Fils›; de la souveraine simplicité ne peut procéder quelque chose d'autre que ce qu'est ‹ce› de quoi il procède (117,11-16).

Trois aspect de l'Esprit sont évoqués ici: l'esprit est amour, égal au Père et au Fils, dont il procède comme du Père. Anselme résume ainsi son *Monologion*: le Père et le Fils ont mémoire et intelligence de soi et de l'autre (ch. 48); cette compénétration est le fruit de l'amour qu'est l'Esprit souverain, Père et Fils (ch. 52); cet amour procède du Père et du Fils (ch. 54-55) par spiration (ch. 56-57). Le rappel de la doctrine du *Monologion* aidera à en percevoir l'importance pour le *Proslogion*.

Pour le ch. 54 du *Monologion*, un seul Esprit procède du Père et du Fils. On conclut en argumentant par l'unicité de l'origine: l'amour ne procède pas de ce en quoi Père et Fils sont plusieurs, mais de ce en quoi ils sont un; en effet, l'amour est l'essence divine avant d'être un de ses moments; il est ce en quoi la vie trinitaire se meut et se pose. C'est pourquoi l'amour ne provient pas du Père et du Fils considérés du point de vue de leur relation (66, 22-23), si du moins on considère ces relations en fonction de leur opposition mutuelle. La réflexion sur la relation se conjugue en fait sur celle des opérations immanentes de l'esprit en son unité vivante; pour le *Monologion*, l'unité de Dieu est dynamique, vie qui va indissolublement du Père au Fils et du Fils au Père; les relations trinitaires s'incluent mutuellement et ne s'excluent en rien.

Chacune des personnes trinitaires est ce qu'elle est par la présence des autres et dans le cycle des relations d'origine; cette immanence réciproque s'appelle singularité. Par 'singularité', on entend la particularité à laquelle le 'tout' se livre entièrement, sans être mesuré par le réceptacle. L'unité trinitaire est constituée par le dynamisme des singularités caractérisées par le don mutuel du Père et du Fils. L'opposition parentale (le Père n'est pas le Fils, le Fils n'est pas le Père) est intérieure à l'amour qui unifie 'singulièrement' les personnes qui se donnent l'une à l'autre en leur différence. Tel est l'Esprit qui «procède non pas de ce en quoi ‹Père et Fils› sont plusieurs, mais de ce en quoi ils sont un» (66,21-22).

Le ch. 55 poursuit l'argument. L'Esprit n'est pas le Fils, car le Fils est la similitude du Père qu'il 'objective' [22] en quelque sorte, tandis que l'amour n'exhibe pas mais 'exerce' ce dont il provient. L'amour est la relation du Père et du Fils, relation qu'on ne peut concevoir comme Verbe, comme moment d'intelligibilité de la vie de l'esprit; si l'objectivation spirituelle (Verbe) était rapportée à la mémoire (Père) au moyen d'une adhésion d'ordre intellectuel, on aurait encore une objectivation sans que la distance entre la mémoire et l'expression intellectuelle soit surmontée; jamais le Père et le Fils ne seraient un, jamais le Père ne se reconnaîtrait dans son Fils — ce qui contredirait l'unité trinitaire et le réalisme de la vie spirituelle. L'amour unit la mémoire et l'intelligence; l'Esprit est présence du Père et du Fils, assurant ainsi leur unité vivante.

Le ch. 56 distingue les processions du Fils et de l'Esprit. On parle classiquement de deux types de procession, la génération et la spiration; en effet, le terme 'procession' désigne globalement une relation d'origine; celle-ci a deux modalités, celle de l'effet qui procède de sa cause dans le cas de la procession *ad extra*, et celle du verbe mental qui achève l'intellection dans le cas de la procession *ad intra*. Les opérations trinitaires sont *ad intra*, à moins de rompre l'unité divine. La tradition a déterminé l'origine *ad intra* du Fils en terme de génération ('fils'), tandis que celle de l'Esprit n'a pas reçu de dénominations fermes, sinon négativement: elle n'est «pas une génération» [23].

Chez Anselme, le vocabulaire théologique n'a pas encore toute sa précision; la procession *ad extra* sert de modèle à la génération; le Fils est Verbe, et le Verbe a une origine distincte; dans le langage courant, on distingue ce qui naît de ce dont il naît, «comme l'effet de sa cause» (67,27-68,1). La procession de l'Esprit est pensée de manière assez semblable à celle du Fils; l'amour vient de Dieu de sorte qu'on ne puisse pas le dire inengendré; puisque l'Esprit vient d'une origine, il est d'une certaine façon 'engendré'; toutefois, il ne peut être une 'objectivation' de l'origine; le ch. 57 propose donc de nommer 'spiration' la relation d'origine de celui qui n'est ni engendré ni inengendré.

---

[22] *Praeferendo* (56, 7).

[23] A. Michel, 'Processions divines' dans *DTC*, col. 660.

Le terme 'spiration' convient particulièrement bien pour désigner l'origine de l'amour. «Quoiqu'en effet l'Essence souverainement immuable ne spire pas à notre façon, il semble cependant que, pour dire qu'elle émet de soi son amour, il n'y a pas de manière plus adaptée que «celle-ci»: elle spire son amour un, lequel procède ineffablement d'elle, non pas en se séparant d'elle, mais en existant à partir d'elle» (68,22-26). La 'spiration' insiste donc sur une procession qui n'est pas une génération, qui n'implique aucune séparation, mais qui, bien que causée, soit l'expansion de l'Un, *existendo ex* l'Essence souveraine et en l'Essence souveraine.

Le *Monologion* parle de la spiration dans un seul paragraphe; de même le *De Processione* ne lui consacrera qu'un seul chapitre, le cinquième, long de deux pages, pour distinguer la relation d'origine du Fils et de l'Esprit. Le terme 'spiration', issu de l'Ecriture (Jn 20,22 [24]), n'est guère utilisé par Anselme pour l'Esprit parce que l'Essence divine toute entière est Esprit [25]. D'une part, l'essence divine est Esprit, et d'autre part l'Esprit en procède en tant que personne divine. Cette amphibologie de 'Esprit' fait éviter un usage trop massif de la spiration, mais elle permet au *De Processione* d'insister sur le *Filioque*, comme le *Monologion* le faisait déjà; relevons-y quelques expressions: *amor pariter habeat esse a patre et filio* (67,3); l'amour *a patre et filio procedere intelligitur* (67,8); *nullatenus aliter a patre procedit quam a filio* (67,13-14); *pater autem pariter et filius (...) spirant suum amorem* (68,21-22).

Dieu est un; les relations trinitaires sont déployées selon le modèle de l'amour réflexe, où l'unité produit vivement ses divers aspects, et non de l'amour d'amitié, où les amis précèdent leur affection; l'amour est le nom de Dieu en son unité propre, vivante entre le Père et le Fils; le nom 'Esprit' «désigne la substance du Père et pareillement du Fils» (69,10).

Nous avons cherché, dans notre *Dire l'ineffable* [26], comment la structure de l'esprit, qui est mémoire, intelligence et amour, permet de surmonter l'opposition des relations et de confirmer ainsi leur unité essentielle. Cette problématique, qui voit le pluriel dans l'Un, est redéployée à frais nouveau dans la *Epistola de incarnatione verbi*; Anselme y abandonne l'analyse spirituelle pour une réflexion plus

---

[24] Cfr *De Processione* ch. 5, 194,10.
[25] Cfr *Monologion*, ch. 27-28.
[26] [4], pp. 227-233.

formelle. Mais déjà le *Monologion* utilisait l'analogie spirituelle de manière originale; mémoire, intelligence et amour y étaient conçus comme des essences phénoménologiques dont l'implication réciproque était démontrée par des raisons et non par introspection[27]. L'analyse psychologique a, chez Anselme, une mesure grammaticale. Le *Proslogion* recueille le fruit de cet effort. L'amour est l'Esprit Saint, communion du Père et du Fils, dont il procède *ab utroque* (117,12); il est de même quantité et de la même qualité que le Père et le Fils (*non dispar* 117,14), car de la souveraine simplicité ne peut procéder ce qui ne serait pas le procédant.

> Ce que cependant chacun est singulièrement, toute la trinité l'est ensemble, Père, Fils et Esprit Saint, puisque chaque singulier n'est pas autre chose que l'unité souverainement simple et la simplicité souverainement une, qui ne peut ni être multipliée ni être une chose et une autre (117,16-19).

La diversité ainsi dite en Dieu, Anselme en confirme la simplicité; chacune des Personnes Trinitaires est ce qu'est la Trinité.

3. L'Unique Nécessaire

Cela dit; il faut conclure que la parole sur la substance de Dieu doit être intérieure à la vie trinitaire, faire écho au Verbe et naître de l'Esprit.

> Enfin, un ‹seul› est nécessaire. Enfin, ce ‹bien› est cet unique nécessaire, dans lequel est tout bien, bien plus qui est tout bien, ‹bien› unique, ‹bien› total et seul bien (117,20-22).

L'expression 'unique nécessaire' vient de l'Evangile de Luc (10,42) qui voit dans l'écoute de Marie la seule attitude nécessaire envers le Seigneur. La tradition spirituelle a toujours vu en Marthe celle qui se dévoue au Seigneur en lui consacrant toutes ses énergies, toute son activité, toute sa vitalité; par contre, Marie symbolise la vie contemplative, l'écoute de la Parole, l'humble présence au Seigneur, de qui nous recevons le mouvement, la vie et l'être[28]. Pour Anselme, la recherche menée à son terme ne doit plus faire

---

[27] Cfr C. VAGAGGINI, 'La hantise' [11.3.1], pp. 110-111.

[28] Ces expressions des *Actes de Apôtres* sont évoquées au ch. 16 du *Proslogion* (113,3).

effort, tendre l'esprit vers ce qui la dépasse, vers *quiddam maius quam cogitari possit*; l'esprit a en effet découvert qu'il était dans l'Esprit, à l'écoute du Verbe qui révèle le Père. Le travail de l'intelligence, dont Anselme voit la 'raison' dans le Verbe, est reçu du Père dans l'Esprit. Aller plus loin vers Dieu n'a pas de raison; la recherche a été développée grâce au don même de Dieu. Lui seul, qui nous rejoint avant que nous l'atteignions, suffit; de lui vient toute lumière et toute clarté.

XIV

CE BIEN

1. L'accomplissement du désir

Les chapitres qui concluent le *Proslogion* ont un unique thème littéraire; la joie que l'homme éprouve auprès du Bien qu'est Dieu. Ce thème est développé de manière progressive, comme en témoignent les titres des ch. 24 à 26; dans le ch. 24, il s'agit du 'bien', au singulier, autre que tous les biens de cette vie; le ch. 25 traite des 'biens', au pluriel, qui sont biens parce qu'ils reçoivent d'être tels; le ch. 26 demande d'entrer dans la joie goûtée auprès du Bien.

Ces chapitres poursuivent l'effort spéculatif des pages précédentes; l'*unum argumentum* du 'Prooemium' est confirmé, ou scellé, dans l'*unum necessarium* qui conclut le chapitre trinitaire. Cette focalisation de l'argument indique à l'évidence que l'effort ultime d'Anselme est de mener la réflexion jusqu'à ce qu'elle reconnaisse son intériorité au mystère médité. La lecture des derniers chapitres de notre opuscule devra donc mettre en relief la vie spirituelle, ou la vie dans l'Esprit, qui les soutient.

Les derniers chapitres du *Proslogion* font écho à la conclusion du *Monologion*; de part et d'autre, la réflexion va au-delà de la méditation sur Dieu et se tourne vers l'homme dont elle cherche à découvrir l'intériorité à ce qui a déjà été dit. La méditation sur Dieu seul conduit en effet à une sorte d'impasse; nous avons pensé ce qui est au-delà de toute pensée; pour le *Monologion* (75,11-12), il suffit de comprendre pourquoi Dieu est incomparable — mais cette limitation du ch. 64 manque de vérité; elle est provisoire, car au nom de quoi pourrai-je dire que, malgré son incompréhensibilité, Dieu a été compris? L'incompréhensibilité de Dieu ruinerait tout ce qui a été dit de lui s'il n'y avait pas quelque médiation pour y séjourner en la comprenant sans la supprimer.

Dans le *Monologion*, les vertus théologales de charité, d'espérance et de foi servent de fil conducteur pour montrer comment l'homme exerce ce qui, en lui, est trace de Dieu; cette trace est scellée en nous par l'amour divin de sorte que nous participons à la vie de Dieu. L'étude des vertus théologales ne fait pas pénétrer le mystère divin, comprendre plus ce qui y demeure incompréhensible; elle indique comment, malgré tout, l'incompréhensible a été raisonnablement pensé; 'l'intelligence passe l'intelligence', parce qu'il y a en elle plus qu'elle.

Les chapitres finaux du *Proslogion* renouent avec les pages qui, dans le *Monologion*, ont traité du bonheur et de la sécurité (cfr 80,5-6) attribués à l'âme qui exerce ce qu'elle est, «ce pour quoi elle est» (80,5); cependant la méditation est maintenant plus serrée; elle discerne la forme essentielle du Bien à l'aide d'une dialectique ascendante, en reconnaissant l'accomplissement, espéré dès le premier paragraphe (13,13) du *Monologion*, de son désir.

Le premier paragraphe du *Monologion* avait indiqué la dynamique intérieure du premier opuscule: la recherche du Bien à la mesure duquel nous jugeons bon tout ce qui nous paraît bon. Déjà ce texte ne se contentait pas d'une réponse simplement formelle; l'opuscule entier rythmait les moments d'un désir, d'une volonté de comprendre d'où vient le bien dont l'âme jouit. Semblablement en va-t-il du *Proslogion*, qui exprime cette dynamique par les mots de l'Ecriture: «je cherche ton visage». Le *Proslogion* a reconnu la transcendance de Dieu, car Dieu est seul ce qu'il est et qui il est, Trine et Un (ch. 22-23). Reconnu ce terme de l'intelligibilité au-delà de l'intelligible, il reste à montrer comment le rejoindre. La forme des vertus théologales est trop peu en syntonie avec la simplicité de l'*unum argumentum* pour pouvoir être reprise ici; comme partout ailleurs dans le *Proslogion*, Anselme cherche quelque chose de plus simple, non pas quant à l'expression mais quant à l'argument, plus articulé sur ce qu'il y a à méditer, sur le désir de l'âme attirée vers ce qui la dépasse, le commerce divin et le bonheur obtenu au contact de l'*unum necessarium*.

Le titre du chapitre parle de 'conjecture' à propos de la 'qualité' et de la 'quantité' de 'ce' bien qu'est Dieu. Ces termes viennent d'Aristote, transmis par les commentaires de Boèce. Le couple *quale et quantum* est récurrent dans l'oeuvre anselmienne; par contre, le mot 'conjecture' est vraiment rare [1].

Les *De conceptu* et *De sacramentis* font appel à la conjecture lorsque l'argumentation, conduite jusqu'à son sommet, ne trouve pas comment aller plus loin; la réflexion change de style quand elle a

---

[1] Dans le *De conceptu* 173,5; dans le *De sacramentis* 242,2, dans l'*Epistola* 360,15, e ici. La 'Réponse' à Gaunilon connaît la forme *conicere* (137,18).

épuisé les possibilités de l'argumentation stricte; et elle le doit afin
de penser ce qui est au-delà du pensable, *maius quam cogitari possit*.
La conjecture, utilisée par Aristote dans la discussion dialectique [2],
invente une argumentation qui ne suit pas logiquement de ce qui a
été dit auparavant. Dans la *Confutation des Sophistes*, la conjecture
permet de fixer des éléments de recherche ou une liste de problèmes
sans montrer les principes critiques qui en permettent l'organisation.
On trouve le même sens de 'conjecture' au début de l'*Isagôgè* de
Porphyre [3]; l'auteur y déclare laisser de côté les questions sur la réalité des genres et des espèces pour se consacrer plutôt à des conjectu-
res sur des problèmes plus simples, comme l'analyse des prédica-
mentaux. Ces textes ont influencé Anselme; ils présentent une manière de réflexion sur ce qui dépasse la pensée. La conjecture
convient pour argumenter sur le pensable qui est plus que le pensé
possible selon les normes de la déduction. Elle n'est cependant pas
sans règles; sa dialectique est nouvelle, essentiellement ascendante,
proche de l'induction. La conjecture détermine correctement l'espace rationnel de la méditation sur la pensée qui va au-delà de la pensée, qui est pur désir du Bien.

On trouve l'expression *quale - quantum* dans le *Monologion* aux
ch. 17 (32,3: *quale vel quantum*) et 22 (40,8: *quantitatem, vel qualem*),
et dans le *Proslogion* aux ch. 24 (117,24,26) et 25 (120,1: *quale aut
quantum*); elle est ignorée ailleurs. Spontanément, nous identifie-
rions les éléments de cette expression aux catégories de la qualité et
de la quantité et nous les interpréterions selon les déterminations
qu'en proposent le texte aristotélicien; mais ce serait là sans doute
une hypothèse aventureuse.

Le mot *quantum*, certes, signifie la quantité; par exemple, au ch.
1, on conclut que le péché conduit l'homme «d'un si grand bien à un
si grand mal» (99,6); juste après le titre du ch. 24, on dira: «pense
autant (*quantum*) que tu le peux, *quale et quantum* est ce bien là»
(117,25-26). La quantité est alors relative, comme n'importe quelle
qualité. Mais la relativité de la quantité n'épuise pas le sens de *quantum*; celui-ci n'est pas que relation formelle entre des qualités homogènes plus ou moins réalisées; il dit plus essentiellement la substance
en tant qu'elle est.

---

[2] *Topiques* 159a34, b34-35; commentaire de Boèce en PL 64, col. 909 sq.
[3] Que Boèce a traduite — cfr PL 64, col. 77A, et bref commentaire en 82A.

Le problème de l'*Isagôgè*, que reprend le *De grammatico*, pose la question de la relation de la qualité à la substance [4] en se référant aux *Catégories* d'Aristote [5]; on ne peut pas comprendre la signification du *maius* [6] du *Proslogion* si on ne prête pas attention à la désignation de la substance par la qualité [7]. Le *quale* désigne la qualité de la substance. Le *De grammatico* en fait le prétexte d'une discussion sur les thèses des dialectiques *in voce* et *in re*, ou sur l'intentionalité de nos langages; le *quale* a une fonction essentielle qu'on indique de manière quasi uniforme: *dicitur in eo quod quale* [8], traduisible par 'en tant que tel'; comme on distingue *qualitas et quale* (165,22), la *qualitas* peut être considérée indépendamment de la substance concrète [9] ou comme une substance pensée, ce qui par contre n'est pas possible pour le *quale*; ce dernier signifie la qualité ou l'identité de la substance, mais non la qualité comme substance.

Nous n'entrerons pas dans le débat dialectique issu du *De grammatico*; cet ouvrage, qui suit le *Proslogion* de moins de trois ans, s'attache au problème de la 'signification', l'envisageant en quelque sorte pour lui-même, comme un élément du langage et non comme un attribut de Dieu. L'exercice dialectique du *De grammatico* confirme ce qu'ont pratiqué les *Monologion* et *Proslogion*. Il importe de percevoir comment les 'catégories' aristotéliciennes fonctionnent dans ces textes. Le *Monologion*, au ch. 16, demande si ce qui est dit de la Substance souveraine l'est «par qualité ou par quantité»; dans sa réponse, Anselme déclare que cette Substance 'existe' la qualité, et non pas 'a' cette qualité; la Substance 'est' donc la qualité, ou est l'être de la qualité, ou plus exactement du *quale*, la qualité pouvant avoir sa manière simplement mentale de substance, comme le supposera le *De grammatico*; c'est pourquoi, conclut-on, «tout ce qui est dit de cette Substance ne montre pas quelle (elle est) ni combien (elle est), mais plutôt ce qu'(*quid*) elle est» (31,1-2).

---

[4] 162,17,29,30,32; 163,3.
[5] 154, 162, 164; cfr *Cur deus homo* 125.
[6] Le comparatif est un relatif, donc une qualité.
[7] Cfr *Monologion* ch. 28 (46,15-16); *Proslogion* ch. 22 (116,16-17).
[8] 150,5 (2x),8 (2x),14 (2x),20,21.
[9] 145,2,5; 146,4; 156,17,23; 165,11,13,18,22.

Le *Proslogion* connaît l'énoncé de la difficulté; il n'y répond ni comme le *Monologion*[10], ni comme le *De grammatico*[11], mais en fonction du dynamisme de la réflexion, de l'attrait vers le Bien souverain, du désir du bonheur, de l'aspiration aux 'délices'[12]. La difficulté n'est plus considérée du point de vue dialectique. On pourrait vérifier ce changement de perspective en observant que *quale* — *quantum* ne renvoient pas toujours à *illud bonum*, mais aussi aux délices (118,8) et à la joie qu'on tire de l'union au bien (120,1).

La méditation, après avoir réfléchi longuement sur la grandeur de Dieu, courbe ainsi sa trajectoire, passe de la preuve à la conjecture, et se tourne vers celui qui médite pour ressaisir comme à sa racine le mouvement qui l'avait entraîné vers l'affirmation toujours plus haute de Dieu *semper maior*. Ce faisant, la portée des chapitres précédents est ultimement confirmée. La réflexion accomplie est aspirée en son centre. Les chapitres finaux du *Proslogion* montrent donc comment le désir de voir Dieu s'accomplit alors même qu'il s'accentue, qu'il se creuse; il échappe alors à l'affirmation 'objective' et s'ouvre à l'espérance.

> Maintenant, mon âme, éveille et dresse tout ton intellect, pense autant que tu le peux de quelle (qualité) et de quelle grandeur est ce bien-là (117,25-26).

Anselme s'adresse à l'âme, et non plus à Dieu. Auparavant, il s'était déjà adressé à elle, par exemple au ch. 14[13], mais il se tournait peu après vers Dieu pour lui demander son secours afin de surmonter l'épreuve ou le poids du péché (cfr 113,15). De même, au ch. 18, après avoir invité l'âme à rassembler toutes ses forces et à tendre de toute son intelligence vers Dieu (114,12), il exprime une prière; que le Seigneur l'aide (114,13), car il fait partie de la race déchue par la faute d'Adam (114,6). Anselme s'adressait alors à l'âme pour se lamenter de son état.

Maintenant, Anselme s'adresse à lui-même pour se donner du courage. Certes, le ch. 26, le dernier du *Proslogion*, reviendra à l'allocution'; mais maintenant, l'auteur sait pouvoir se réjouir longue-

---

[10] En appliquant la règle du ch. 15: s'il est meilleur d'être X que non-X, Dieu est X.

[11] En fonction de l'intentionalité exercée dans le langage.

[12] Le mot *delectatio* vient dans ce ch. 24 et au ch. 18 (114,17), nulle part ailleurs dans le *Proslogion*.

[13] «Mon âme, as-tu trouvé ce que tu cherchais?» (111,8)

ment du bien qu'il a trouvé, de l'unique nécessaire vers qui il oriente tout son agir et toute son intelligence. L'aide de Dieu n'est plus implorée, car la pensée repose en quelque sorte en Lui. L'âme jouit, à la fois présente à elle-même et ouverte à Dieu. Elle est toute heureuse d'avoir pu affirmer l'Unique Nécessaire, c'est-à-dire l'alliance avec Celui qui lui donne d'être en lui. Elle ne s'attache pas à de nouveaux thèmes, à de nouveaux concepts. Elle ressaisit plutôt à sa source le désir qui l'a animée, rapportant tous les biens dont elle jouit dans cette vie au Bien reçu de Dieu. Les premiers chapitres du *Monologion* allaient des biens vers le Bien au rythme d'une dialectique ascendante (cfr 14,7-9); le *Proslogion* avait assumé cette dialectique, mais en la déployant directement à partir de la vie de l'esprit, de sorte que la transcendance de Dieu en sorte soulignée. On intègre maintenant les biens au Bien en accentuant les différences; c'est parce que Dieu est 'autre', c'est-à-dire radicalement simple, qu'il intègre tout et ne perd rien; tout le reste ne supporte pas la comparaison avec lui; la dialectique ascendante servira encore ici de canevas argumentatif, mais avec de nouvelles insistances.

2. Le Bien souverain

> Si en effet chaque bien singulier est délectable, pense avec attention à quel point est délectable ce bien-là qui contient le charme de tous les biens; et (ce charme-là) n'(est) pas comme celui dont nous avons l'expérience dans les choses créées, mais il en diffère autant que le Créateur de la créature (117,26-118,3).

En décrivant maintenant la forme de l'argumentation qu'il développera ensuite, Anselme adopte d'abord la catégorie de la relation, puis celle de la quantité; de la sorte il conjoint ressemblance et dissemblance entre le créé et le Créateur.

L'argumentation est ascendante; elle conjoint d'abord les biens créés et le Créateur dans une continuité formalisée sous le mode d'un *a fortiori*; mais elle les disjoint ensuite en raison de l'unicité du Créateur. La continuité est opératoire quand il s'agit de passer d'un moins à un plus, du charme tiré du commerce des biens singuliers à la joie de l'alliance avec le Bien d'où vient tout bien, tandis que la discontinuité résulte de la considération du Bien originaire qui n'est aucun des biens de ce monde, ni leur somme, mais ce en quoi ces biens mondains sont biens. La raison de la différence ontologique réside, selon le *Monologion*, dans la différence qu'il y a entre l'étant

par soi et l'étant par un autre qui est par lui-même; cette caractéristique est reprise dans le *Proslogion* en la traduisant ainsi: Dieu est
différent parce qu'il contient tout sans être contenu par rien [14].

Les ch. 1 à 4 du *Monologion* s'inspirent des *Catégories* d'Aristote, particulièrement des chapitres sur la relation et la quantité [15]. La
relation est évidemment le creuset de tous les relatifs, c'est-à-dire de
tout ce qui est déterminé par un rapport à un autre. Les qualités
sont relatives; d'une part elles se rapportent ontologiquement à un
support qui leur donne d'être, et d'autre part, logiquement, étant
universelles, elles réunissent des sujets multiples et susceptibles de se
rapporter les uns aux autres sous cet aspect formel qualitatif. La
quantité, par contre, évoque plus directement l'existant, car n'étant
pas soumise au plus et au moins comme quantité discrète, dira-t-on
chez Aristote, elle exprime ce qui est tel qu'il est, en lui-même pour
ainsi dire. Le relatif est ainsi sujet à variation graduelle, de plus et de
moins, tandis que la quantité est rupture, discontinuité, saut d'une
unité existante à une autre. Dans le monde des qualités relatives, on
va du moins au plus, c'est-à-dire vers une qualité qui réalise absolument son essence. Dans le monde des qualités quantifiées, de ces
qualités que leurs sujets n'"ont" pas mais 'sont', on ne passe pas de
l'imparfait au parfait, mais on indique des différences, des distances;
la qualité est alors référée à la substance et non pas à sa forme.

Dans le *Monologion*, la raison du renversement de la similitude
en dissimilitude tient en ce que le principe ou la 'cause' des biens su-
bordonnés doit être 'par soi' puisque les biens inférieurs, n'ayant
pas en eux-mêmes leur raison d'être, doivent la recevoir d'un autre
qui ne peut pas être par un autre (sinon l'argument reprendrait son
élan), qui doit donc être par soi; la montée dialectique vers le Bien
souverain ne va donc pas de l'imparfait au parfait, à moins que l'on
considère que la perfection soit d'être par soi; on peut en effet dire
que l'étant contingent, bien que 'moins être', est parfait au sens où il
existe; la perfection de l'exister ne se divise pas [16]. Pour le *Monolo-*

---

[14] Le verbe *conteneri* insiste dans le *Proslogion* sur ce renversement; 115,15:
«rien ne te contient, mais tu contiens tout»; 116,7-8: «de même que les siècles du
temps contiennent toutes les choses temporelles, ainsi ton éternité contient les siècles des temps».

[15] Cfr notre *Dire l'ineffable* [4], pp. 71-75.

[16] L'argument exposé ici ne vient pas comme tel chez Anselme; mais le fait
que celui-ci ne connaisse pas d'émanations successives du plus parfait vers le moins

gion, la division première est entre ce qui est orienté par un autre vers le Bien et ce qui est par soi le principe du bien, qui est ce qu'il est parce qu'il se le donne à lui-même. Dès lors, la raison de la qualité relative vient de ce qui n'est pas ontologiquement relatif, sinon à soi-même, c'est-à-dire d'une qualité considérée quantitativement, ou d'une qualité qui est le sujet lui-même.

Le *Proslogion* se situe dans un domaine argumentatif différent; le couple 'par soi — par un autre' en est absent. On n'y rencontre qu'une fois *per aliud* (116,18) et deux fois *per se* (98,20; 104,10); ces expressions ne structurent pas la pensée qui, pour ce faire, insiste plutôt sur la différence qu'il y a entre le Créateur et la créature (103,5-6 et ici). Le mot 'Créateur' évoque une causalité productrice qui, le disait déjà le *Monologion* (ch. 11), n'est pas artisanale parce que, radicale, elle fait exister les choses en leur origine. Le poids de l'argument du *Proslogion* porte donc sur la cause originelle du bien; cette cause est 'autre', quantitativement différente, *maius* que le causé. Il ne s'agit pas seulement de montrer que Dieu est une grandeur plus grande, mais qu'Il est d'un autre ordre, celui de la simplicité. Si Dieu est, il est par soi et donc simple; lui seul est vraiment; les autres choses sont par lui, multiples, divisibles, sans être vraiment; c'est pourquoi tout ce qui est, pour être même de façon contingente, est en Dieu.

Ajoutons que la relation 'par un autre' ouvre l'espace à la logique des qualités relatives ou universelles; par contre, les choses créées, qui sont ontologiquement, ne sont pas déterminées seulement par un rapport logique, parce qu'elles ne peuvent pas être fondées en ce qui serait aussi *per aliud* mais en ce qui est tout autre qu'elles-mêmes; la différence ontologique est fondatrice; les choses 'par un autre' sont ultimement par la seule cause créatrice[17].

> Si en effet bonne est la vie créée, à quel point est bonne la vie créatrice? Si charmant est le salut qui a été fait, à quel point est charmant le salut qui fait tout salut? Si aimable est la sagesse qui connaît les choses qui ont été fondées, à quel point est aimable la sagesse qui fonde toutes choses de rien (118,3-7)?

L'argument de la ressemblance et de la dissemblance, dont la forme a été expliquée dans les lignes précédentes, est appliqué main-

---

parfait signifie qu'il n'y a pas chez lui d'étants qui bornent un chemin descendant du plus vers le moins.

[17] Dans le *Proslogion*, tous les emplois de mots qui signifient la création marquent une distance: cfr (100,12; 103,5(2x),6; 110,18; 111,1; 112,11; 118,3(2x),4(2x)).

tenant aux'trois 'qualités' que sont la vie, le salut et la sagesse. Cette liste a quelque enracinement dans les chapitres précédents.

Ch. 11: *vivens, sapiens, bonus* (110,2).

Ch. 12: *Tu es igitur ipsa vita qua vivis, et sapientia qua sapis, et bonitas ipsa qua bonis et malis bonus es* (110,6-8).

Ch. 18: *Vita es, sapientia es, veritas es, bonitas es* (114,14-15); *vita et sapientia et reliqua* (114,24-25).

Ch. 22: *et vita es et lux et sapientia* (116,24).

Ces listes présentent une succession répétée de la vie et de la sagesse; l'insertion du salut est ici nouvelle. Nous traduisons *salus* conformément à Al. Koyré et à M. Corbin; certes, *salus* signifie 'santé' dans plusieurs textes d'Anselme, par exemple dans le *De libertate arbitrii* (215,3-5); mais 'salut' a ici une grande signification, car en distinguant 'salut fait' du 'salut à faire', Anselme suit l'enseignement de la lettre aux Hébreux, pour laquelle le salut accordé une fois pour toutes en Jésus, Fils de Dieu, mort sur la Croix, sera accompli lors de son retour[18]. En outre, des indices stylistiques poussent à traduire par 'salut'; en effet, la bonté, souvent liée aux deux autres qualités, la vie et la sagesse, connote la générosité de Dieu qui épargne les méchants (cfr 109,24; 110,7-8).

On pourrait confirmer encore cette traduction en considérant l'ordre des qualités signalées; le fait que la liste proposée maintenant introduise *salus* entre la vie et la sagesse pourrait ne pas être majoré; il n'est pas évident qu'Anselme suive toujours un ordre précisément voulu dans ses énumérations; mais rien n'oblige de penser que ces séries soient vraiment désordonnées; l'identité des listes ne peut pas être tenue pour insignifiante; si le salut vient ici après la vie et avant la sagesse, et non après celle-ci comme la bonté des autres listes, c'est que cela est utile maintenant, selon une intention déterminée que nous pouvons retrouver.

L'ordre des qualités données dépend moins de ce qu'elles sont que de ce qu'elles évoquent; la série vie — sagesse — bonté est trinitaire, selon un rythme augustinien; la série proposée maintenant a une autre portée. La vie est créatrice; la sagesse fonde (cfr Proverbes

---

[18] «Et comme les hommes ne meurent qu'une fois, après quoi il y a un jugement, ainsi le Christ, après s'être offert une seule fois pour enlever les péchés d'un grand nombre, apparaîtra une seconde fois — hors du péché — à ceux qui l'attendent, pour leur donner le salut» (Hb 9,27-28).

8,22-31 et parallèles); entre la création et la fondation, la salut se présente comme une re-création. Dans les chapitres précédents du *Proslogion*, le mot *vita* se rencontre seulement dans les listes citées plus haut, sauf en 99,3 et 107,1 où on l'oppose à 'mort'. Le mot *salus* ne vient pas auparavant [19], bien que les chapitres sur la miséricorde aient des mots construits autour de *salvare* [20]; enfin, le mot 'sagesse' est toujours utilisé dans le *Proslogion* dans les listes citées; dans le *Monologion*, son usage est strictement trinitaire; il est identifié à essence et substance [21].

La liste du *Proslogion* rythme l'acte créateur, que l'on décompose en trois aspects liés les uns aux autres: la création proprement dite, puis [22] la guérison de l'âme pécheresse, et enfin la fondation ou la restauration du monde. La création entière conjoint donc la création au seuil des temps, la recréation par la Passion glorieuse, et le retour de tout ce qui 'a été fait' vers Dieu dans le Seigneur Jésus (cfr Rm 8,18-25). La guérison, comme un des moments intérieurs à la création, rend possible la réflexion sur Dieu 'autre', l'action qui 'rend' grâce à Dieu. Le salut, qui ne semblait pas avoir jusqu'ici une grande importance dans la démarche d'Anselme, introduit un thème qui complète la position augustinienne, et qui constitue l'essence la plus profonde de la pensée anselmienne.

Pour l'augustinisme, l'aveuglement de l'esprit provient de son péché; Anselme s'est plaint souvent de son obscursissement de pécheur; mais il a accédé pourtant à la vérité de Dieu; c'est que son péché ne l'a pas complètement aveuglé; il a donc reçu déjà la grâce qui rend la santé de l'intellect. La grâce a été d'un grand secours, certes; Anselme l'a bien souvent reconnu. Mais nous devons absolument noter qu'elle n'a pas déterminé l'ordre du discours. Celui-ci tient par lui-même, même si son orientation est évidemment inspirée par la foi d'Anselme. Le Verbe assume entièrement l'Esprit parce qu'il n'est pas seulement un verbe formel, un verbe grammatical, mais le

---

[19] On le voit cependant dans une liste du *Monologion*, ch. 16 (31,4).

[20] 106,13; 107,2,24; 109,3,17,22,23.

[21] Ch. 46, 47, 48, 53, 58 et 60. Le ch. 44 identifie le Père et le Fils quant à la vie et la sagesse; au ch. 63 (73,27), le mot 'sagesse' a le rôle d'un exemple; enfin, au ch. 64, «la sagesse souveraine sait ce qu'elle fait» (75,12); la sagesse est ici liée à l'acte créateur.

[22] L'histoire de la théologie connaît l'identification dans le temps de la création et du péché d'origine; Scot Erigène est l'un des représentants majeurs de cette pensée.

Verbe où le Père se dit *maius*, éternellement dans la simplicité de la vie trinitaire [23]. Le salut offert dans le Fils est éternel.

> Enfin, si les délices sont nombreux et grands dans les choses délectables, de quelle ‹qualité› et de quelle grandeur est le délice en celui qui a fait toutes les choses délicieuses (118,7-9)?

Le chapitre se termine en voyant par ressemblance et dissemblance, comme les lignes précédentes, le contraste entre le plaisir que l'on tire des biens mutiples et celui que l'on a en adhérant au seul Bien par soi. Anselme cueille ainsi le fruit de la logique expliquée au début du chapitre et de la dialectique ascendante appliquée à telle ou telle qualité particulière comme dans les lignes intermédiaires; la joie subjective est grande de goûter la qualité qu'est Dieu. Si Dieu est source de tout bien, et en ce sens Bien souverain en même temps qu'autre que les biens multiples, en lui l'âme trouve une joie plus grande que n'importe quelle autre joie savourée dans le multiple, un délice à nul autre pareil. Le chapitre se termine donc en mettant à jour la forme simple de toute qualité divine, du point de vue de ce qui est vécu subjectivement, en cherchant l'intelligence de ce vécu et en accomplissant ainsi le désir de le comprendre.

---

[23] Le *Proslogion* ne médite pas sur le Verbe Incarné; il met à profit l'éternité de l'oeuvre du Fils éternel, de sorte que l'acte de la réflexion puisse être saisi comme l'image participant à la vie divine; que l'exercice effectif de cette image implique la participation au Verbe incarné, ce sera le *Cur deus homo* qui le montrera.

LES BIENS

Le ch. 25, le plus long du *Proslogion* après le ch. 1, traite des biens, au pluriel, qui sont donnés à celui qui jouit de Dieu. Il est divisé en quatre paragraphes. Le premier propose la forme générale de l'argumentation; le second parle des biens du corps, et le troisième de ceux de l'âme; la quatrième conclut enfin dans la joie.

1. Forme de l'argument

> Qui jouira de ce bonheur? Qu'est-ce qu'il sera pour lui? et qu'est-ce qu'il ne sera pas? Certes, il sera tout ce qu'il veut et ne sera pas ce qu'il ne veut pas. Certainement, là seront les biens du corps et ceux de l'âme, ceux-là que l'oeil n'a pas vus, ‹que› l'oreille n'a pas entendus, ‹que› le coeur de l'homme n'a pas pensés. Pourquoi vagues-tu au fil de tes nombreux biens, petit homme, cherchant les biens de ton âme et de ton corps? Aime un seul bien, qui est tout bien, et c'est assez. Qu'aimes-tu, en effet, ma chair, que désires-tu, mon âme? Là se trouve, là se trouve tout ce que tu aimes, tout ce que tu désires (118,12-13).

Le *Proslogion* avait progressé sous la poussée d'une insatisfaction qu'il s'agissait de dépasser; cette insatisfaction a été confirmée de manière définitive par la formule dialectique en *maius*; la réflexion déployait ainsi dialectiquement l'*unum argumentum*, en rencontrant et assumant une suite continue de succès et d'échec. Les échecs désespérants qui précipitaient dans l'inquiétude et qui réveillaient la culpabilité ont été surmontés: le péché n'apparaît plus comme la cause de l'aveuglement; il est pardonné; le salut est donné. Mais l'âme cherche encore le visage de son Seigneur.

Anselme va intégrer maintenant dans le Bien la multiplicité des biens offerts dans nos vies, tout en maintenant leur essence *per aliud*, leur différence envers le Bien simplement par soi. La dialectique a produit un dépassement continu; il faut maintenant intégrer ce qui a été dépassé; si cette intégration n'est pas réfléchie, on ne pourra pas vérifier la validité de la démarche accomplie, parce que les moments dépassés auront été abandonnés sans savoir comment leur négation a été capable de conduire à une position plus haute. En d'autres termes, comment les biens multiples sont-ils intérieurs au Bien souverain quand celui-ci est 'autre', le seul *per se*? Et comment celui qui est dans l'obscurité peut-il se lier au Bien au moyen des biens *per aliud*? Le thème augustinien de la jouissance, distinguée de l'utilisation [1], est ici bien évidemment essentiel.

Le premier paragraphe du ch. 25 distingue deux points de vue ('Qu'est-ce que ...?' et 'Qui jouira ...?'), en les déterminant respectivement selon les biens du corps et ceux de l'âme. Laissons de côté la première phrase; elle contient un thème, celui de la volonté qui reviendra au troisième paragraphe de manière plus développée; nous nous y arrêterons alors; notons toutefois l'importance de cette phrase ici; elle manifeste le fond de la réflexion présente, la rectitude de la volonté à laquelle Anselme réfléchit sans cesse à travers toute son oeuvre, depuis le *Monologion* [2] jusqu'au *De concordia*; la *rectitudo*, écho de l'*ama et fac quod vis* augustinien, informe si bien la volonté que celle-ci est conduite à agir par amour vrai. La volonté droite, foyer de la pensée anselmienne, s'exerce à travers les dynamismes du corps et de l'âme. Le désir qui anime l'homme le fait aspirer à des biens qui conviennent aux diverses fonctions de sa nature; ces biens sont multiples comme nos puissances du corps et de l'âme; dans l'unique bien, dans le Bien qui est simple et qui est tout bien, est accompli l'amour de la chair (selon les paroles mêmes d'Anselme) et les désirs de l'âme (*amas, caro mea — desideras, anima*).

L'accomplissement, toutefois, n'est pas immédiatement accordé à chaque bien particulier quand nous adhérons au bien simple; nous ne retrouvons pas de suite en celui-ci tous les biens multiples. La différence entre le Bien et les biens se dispose dans le temps et y projette un avenir d'espérance. Les biens reçus ont un futur; ils seront reçus; en outre, l'avenir n'est pas le recueil du passé, l'addition de ce qui aura été vécu selon nos diverses puissances, corps et âme; l'accomplissement de nos amours et de nos désirs sera en effet alors mesuré bien autrement que par ce que nous pensons maintenant aimer et désirer; nous obtiendrons alors des biens que nos yeux n'ont pas vus, que nos oreilles n'ont pas entendus, qui ne sont pas montés du coeur de l'homme (cfr 1Co 2,9). Les biens humains seront accomplis en étant transfigurés, lorsqu'ils seront reçus en Dieu et rendus, neufs, par Lui.

---

[1] *Frui* d'une part, et d'autre part *uti*.

[2] Cfr ch. 68 (78,14-16): les trois concepts de devoir, pouvoir et vouloir.

2. *Les biens*

Les deux paragraphes suivants conjoignent dialectiquement l'accomplissement de nos biens et leur transfiguration. Le second paragraphe considère les biens corporels: la beauté de la nature, l'énergie des corps, la vie en bonne santé, la satisfaction du manger et du boire, la musique, la volupté; le troisième paragraphe parlera des biens de l'âme.

> Si la beauté charme, les justes resplendiront comme le soleil. Si «charment» la rapidité, la force ou la liberté du corps auquel rien ne peut faire obstacle, «les justes» seront semblables aux anges de Dieu, parce qu'on est semé corps psychique et «qu'» on ressuscite corps spirituel, par une puissance «qui» n'«est» de toute manière pas naturelle. Si «charme» une vie longue en bonne santé, là se trouve une éternité de salut et un salut éternel, parce que les justes vivent à jamais et que le salut des justes «vient» du Seigneur. Si «c'est» la satiété, ils seront rassasiés quand apparaîtra la gloire. Si «c'est» l'ébriété, ils s'enivreront de la graisse de ta maison. Si «c'est» la mélodie, là les choeurs des anges chantent Dieu sans fin. Si «c'est» quelque volupé, non pas impure mais pure, au torrent de ses délices Dieu les abreuvera (118,20-119,3).

Cette liste de biens corporels progresse vers plus d'intériorité, les disposant depuis les charmes des choses senties jusqu'au charme de l'activité de la sensation, depuis la contemplation de la nature jusqu'à la jouissance du corps (appétit) et des sens intérieurs (mélodie [3]). A cette succession intériorisante des biens du corps succédera une description des biens de l'âme qui conduira plus haut. Le plan suivi est donc d'inspiration augustinienne, allant de l'extérieur à l'intérieur, puis de l'inférieur au supérieur.

A chaque bien du corps, Anselme applique la dialectique de la ressemblance et de la dissemblance. Les expressions symboliques sont ici essentielles; dans le domaine de l'accomplissement, les biens seront ceux des anges, des corps spirituels, parce qu'ils sont reçus de Dieu et de sa gloire. On marque ainsi la discontinuité entre le présent et le futur; le présent est en ce monde, et le futur sera celui des ressuscités. Cependant les biens naturels du corps participent déjà d'une certaine façon à leur accomplissement, au don de Dieu; il ne

---

[3] *Melodia* est un *hapax* chez Anselme, qui, de musique, ne connaît que *musicam* dans la lettre 146 (293,22). On rappelle que le *De musica* de saint Augustin est un vrai traité de mathématiques.

s'agit donc pas de les éliminer, mais de les purifier sans en détruire
la nature créée, d'accueillir les dons de Dieu jusque dans leur spontanéité naturelle. Les corps ne sont pas seulement des 'choses' passi-
ves; ils vivent, et sont par là des images de Dieu, le 'Vivant'. Selon le
témoignage du ch. 6 en effet, la sensibilité n'est pas opposée à l'esprit; Anselme la caractérise comme le lieu de toute connaissance effective; puisque la connaissance est sensible et que Dieu connaît,
Dieu est sensible, bien qu'il soit incorporel. Il est légitime de penser
que la foi en la résurection est une source féconde pour une telle intelligence du corps; les citations utilisées par Anselme en témoignent[4].

Après les biens du corps, le *Proslogion* en vient aux biens de
l'âme, en progressant depuis les biens intellectuels jusqu'au Bien qui
n'est que bien, où le désir trouve son repos sans ne plus pouvoir être
inquiété. La progression ne suit plus une ligne intériorisante, comme
au paragraphe précédent; nous considérons maintenant l'intériorité-
même, avançant vers ce qui est plus simple, unifié plus haut que
l'esprit humain.

Les premiers biens de l'âme sont ceux de l'intelligence et de la
volonté; la sagesse est liée à la connaissance[5] comme l'amitié et la
concorde à la volonté. Les honneurs et les richesses, qui peuvent être
jugés de manière négative selon les normes évangéliques, sont les signes d'une hérédité, d'un riche enracinement dans la multitude des
générations; enfin, la sécurité accomplit le bien de l'âme, tout simplement, en lui procurant le repos. Les biens se succèdent en pointant
vers ce qui, simple, attire vers lui, qui n'est pas un bien 'objectif', ni le
terme d'un désir indéfini, ni, comme c'était le cas du *Monologion*, la
cause apparemment formelle de tout amour et de tout désir.

La description de ces biens articule comme dans le paragraphe
précédent une continuité et une discontinuité. Continuité de concept, discontinuité de terme visé; la synthèse stable de cette tension,
ou la vraie réalité, est assurée à chacun de ces biens par celui qui est
la source transcendante de tous et de chacun en son éternelle simplicité ou sa simple éternité.

> Si «c'est» la sagesse, la sagesse même de Dieu se montrera elle-
> même à eux. Si «c'est» l'amitié, ils aimeront Dieu plus qu'eux-

---

[4] Mt 22,30 et 1Co 15,44.

[5] Cfr le *Monologion* (ch. 44): la sagesse est Verbe de manière appropriée
(60,24-47).

mêmes et ‹ils s'aimeront› les uns les autres comme ‹ils s'aiment›
eux-mêmes, et Dieu les «aimera» plus qu'eux-mêmes l'‹aiment›
parce qu'ils l'‹aimeront›, s'‹aimeront eux-mêmes› et s'‹aimeront› les uns les autres par lui, et lui s'‹aimera› et les ‹aimera›
par lui-même (119,4-7).

On ne peut pas déterminer de manière très précise le concept de
sagesse que pouvait avoir Anselme; cette qualité est présente en effet
sans explications dans plusieurs listes; on ne peut guère penser plus
que ceci: la sagesse est la forme de la connaissance, son principe synthétisant. La sagesse dont on parle ici, celle du *maius*, réside là où se
rassemblent toutes les qualités du corps, dont on vient de parler, et
se présente de par delà la mort et la résurection; elle est certainement le Christ, créateur et recréateur, bien qu'Anselme ne le dise pas
explicitement; la réflexion garde ici ses distances envers l'énoncé de
la foi.

Anselme ne parle pas d'amitié en dehors de ses lettres, de ses
oraisons, et de ce passage-ci. Sa ferveur fraternelle est quasi légen-
daire [6], mais ses traités se tiennent avec pudeur sur la réserve, à
moins que la pensée ne se laisse entraîner au-delà d'elle-même parce
que cela lui est nécessaire pour rendre compte de la genèse des textes, comme dans les 'Prologues' [7], ou parce que, aspirée par ce qui
la meut, elle doit dire ce qui lui assure aimablement son mouvement.

Le vocabulaire de l'amitié, si retenu soit-il, est significatif; y
préside le concept de *dilectio*, plus exactement de l'action d'aimer
que signifie le verbe *diligere*, mot dont on a trouvé diverses formes
au ch. 78 du *Monologion* et qui revient constamment dans les lettres
et les oraisons d'Anselme. La *dilectio* fondamentale vient de Dieu et
retourne à lui; elle n'a ni origine ni fin proportionnées à l'âme; elle
fait ainsi entrer dans l'univers de celui qui l'accorde et qu'elle vise,
univers toujours plus grand de Dieu, *semper maior*.

Selon le *Monologion* (84,16-17), la *dilectio* anime la foi de l'intérieur afin qu'elle vive par ses oeuvres et ne soit pas une foi morte
(cfr Jc 2,17). La *dilectio* connote l'amour, mais avec une nuance
d'intériorité. L'amour transporte activement vers un autre, ici
maius; son extase donne à la foi et à la pensée de vivre, de l'exercer.
Alors que l'amour est orienté extatiquement vers un autre, la *dilectio* donne une nuance de présence intérieure et reposée; elle est com-

---

[6] Cfr I. BIFFI, 'Anselmo al Bec' [10], pp. 60-65.
[7] *Monologion* 7,16-19; *Proslogion* 93,3.

me l'âme de nos diverses puissances [8]. La *dilectio* va vers Dieu plus
que vers tout autre, dit le *Proslogion*, parce que Dieu est plénitude,
par soi, tandis que tout le reste est contingent, par un autre, par Lui;
semblablement, pour le *Monologion*, l'amour le plus raffiné va vers
l'Essence souveraine qui est bonne par soi et qui fait toute chose
bonne (cfr 79,2-5), qui donc fait que l'amour soit bon. L'amour est
achevé lorsqu'il s'unit à ce qui l'éveille, au don qui le fait aimer,
lorsqu'il fleurit en *dilectio*.

> Si «c'est» la concorde, pour eux tous sera une seule volonté qui ne
> sera rien d'autre pour eux que la seule volonté de Dieu. Si «c'est»
> la puissance, leurs volontés seront toutes puissantes comme celle de
> Dieu. En effet, comme Dieu pourra ce qu'il voudra par lui-même,
> ainsi, eux, ils pourront ce qu'ils voudront par lui, parce que comme
> eux ne voudront pas autre chose que ce que lui «veut», ainsi lui
> voudra tout ce qu'ils veulent; et ce que lui voudra ne pourra pas ne
> pas être (119,7-12).

Le thème de la 'concorde' est l'un des plus essentiels à la pensée
anselmienne [9]; le mot en est cependant peu fréquent dans le *Proslogion* [10]. Selon von Balthasar, le sens de la *concordia* est eschatologi-
que: elle signifie l'union des libertés de l'homme et de Dieu. En cette
union, véritable alliance, les partenaires se reconnaissent pour ce
qu'ils sont; jamais la liberté de l'homme ne sera écrasée par Dieu; au
contraire, Anselme est sûr qu'elle s'accomplira dans une alliance
éternelle. Le *Monologion* affirme que l'amour droit pour Dieu re-
quiert que Dieu se communique à l'âme; en se communiquant
lui-même, Dieu rétribue avec justice l'âme qui l'aime (ch 70); la
concorde est donc le fruit d'une communion intérieure où l'aimé se
donne lui-même en rétribution au don de l'aimé; cette rétribution
sanctionne en même temps qu'elle avive la *dilectio*.

La méditation future fera voir dans le Seigneur Jésus, médiateur de liberté divine, l'accès à une liberté nouvelle, libérée de la pri-
son de son péché. Cette médiation n'est pas à attendre passivement;
la liberté qui me redresse n'est pas sans moi; la «nécessité pour une

---

[8] La *dilectio* est intérieure à la pensée, mais l'amour est référé à la volonté;
l'amour concerne donc une puissance particulière de la subjectivité, tandis que la
dilectio signifie la forme dynamique de toutes nos puissances.

[9] Cfr H.U. VON BALTHASAR, 'La *Concordantia*' [21].

[10] Deux fois dans le *Proslogion*, ici et en 108,5, où l'on dit que la justice de
Dieu 'concorde' avec sa miséricorde.

liberté créée de se conquérir de ses propres forces est l'un des apports majeurs d'Anselme et commande toute sa doctrine de la liberté»[11]. Mais, au fond, ma liberté est depuis toujours restaurée par celui qui m'a formé et réformé. Dans le *Proslogion*, la concorde des libertés ne connote pas la substitution de la liberté humaine par la volonté divine — ce serait là la mort de la libre responsabilité humaine — mais l'exercice de la *dilectio*, d'une fusion sans confusion, où l'homme, pécheur pardonné, vénère Dieu et trouve en lui ce qui dynamise son désir et le pose ainsi dans l'être.

Le pouvoir a également un destin anselmien de première importance. Le vocabulaire est ici celui du pouvoir juridique, de la *potestas*; le *Proslogion* ne l'utilise que deux fois (118,23 et ici), mais il servira de modèle de réflexion plus tard, dans le *De libertate arbitrii* et dans le *Cur deus homo*. Le pouvoir juridique est lié à la volonté. Pour discerner correctement le sens de la *potestas*, il convient donc de rappeler ce qu'Anselme entend par 'volonté'.

Le *Monologion* (ch. 69-70) articule pouvoir, vouloir et devoir. Il y a pour l'homme une distance entre son vouloir et son pouvoir; l'homme ne peut pas toujours réaliser ce qu'il veut, même ses saints projets, parce que, d'une part, il y a en lui une pesanteur qui bloque ses énergies, cette lourdeur qui fait que la volonté voulue n'est pas égale à la volonté voulante, dirait Blondel, signe manifeste de sa contingence, et parce que, d'autre part, il a besoin d'un espace physique qui détermine son action en lui donnant de quoi s'accomplir, mais que la volonté ne crée pas. La *potestas* humaine risque de ne pas être droite quand elle est laissée à elle-même, car son pouvoir tend à incurver sa volonté à l'intérieur de ses limites et de son impuissance. C'est pourquoi, comme le remarquait le *Monologion* (ch. 68), le devoir médiatise la volonté humaine et son pouvoir, ce qui ne vaut pas pour Dieu dont rien ne limite le pouvoir.

Parce que le pouvoir humain est ainsi doublement limité, intérieurement et extérieurement, l'union des coeurs, fruit de la concorde, n'est pas réalisée d'abord au plan des pouvoirs, mais du devoir; la volonté s'y accorde alors à son pouvoir, avec ses effets limitants, mais sans que ces limites ne soient des principes ultimes; la concorde des volontés de l'homme et de Dieu fait que l'homme reçoive de Dieu un pouvoir neuf, que ses potentialités soient restaurées, ou qu'il ait simplement la possibilité d'accomplir son devoir saintement

---

[11] H.U. von Balthasar, 'La *Concordantia*' [21], p. 31.

et comme il peut. La miséricorde divine, avons-nous noté, est capable de nous dynamiser en nous réconciliant avec nous-mêmes et avec Dieu. Les affirmations d'Anselme sont extrêmement fortes: Dieu «voudra ce qu'ils voudront, et ce que lui voudra ne pourra pas ne pas être» (109,11-12). La volonté humaine accède ainsi à soi par Dieu.

> Si ‹ce sont› les honneurs et la richesse, Dieu met ses bons et fidèles serviteurs au-dessus de tout, bien plus ils seront appelés 'Fils de Dieu' et dieux, et ils ‹le› seront; et là où sera son Fils, là aussi eux seront, héritiers de Dieu, cohéritiers du Christ. Si ‹c'est› une vraie sécurité, certainement ils seront certains que jamais et en aucune façon ces ‹biens› ou plutôt ce bien ne leur manquera, de telle sorte qu'ils seront certains de ne pas le perdre de leur gré, ‹certains› que Dieu aimant ne l'enlèvera pas magré eux à ceux qui l'aiment, «certains» que quelque chose de plus puissant que Dieu ne les séparera pas de Dieu malgré Dieu et eux (119,12-19).

En s'exprimant en termes d'honneur et de richesses, Anselme utilise l'Ecriture; «les serviteurs bons et fidèles» (Mt 25,21) «seront appelés Fils de Dieu» (Mt 5,9) et «seront aussi» (Jn 17,24) là où est le Fils, héritiers avec lui (Rm 8,17). Toutes ces citations orientent dans le même sens; les honneurs et les richesses sont donnés en héritage à titre de fils ou d'union au Fils, de communion avec lui. Cette communion récompense le serviteur bon et fidèle, qui a travaillé pour la paix et dans la concorde, puisque son vouloir a été conjoint à celui de son Créateur de sorte que les limites de son pouvoir ont pu être largement redisposées [12]. Dieu s'offre en récompense en se communiquant lui-même en héritage en son Fils.

Enfin, la sécurité. Ce thème a été évoqué dans les ch. 69, 70 et 73 du *Monologion* [13]; la pensée méditait alors sur l'immortalité de l'âme; dans le texte même du *Proslogion*, il n'apparaît qu'ici. Nous en trouvons cependant un usage très évocateur dans la lettre à Lanfranc, jointe par Anselme à son *Monologion* (6,3); le terme *securitas* est inséré dans une séquence identique à celle que nous trouvons maintenant: *sapientia ... dilectio ... securitas*. Anselme envoie son texte à Lanfranc en reconnaissance de sa sagesse et parce que la *dilectio* les unit; il espère que le jugement de son maître lui donnera la

---

[12] Rien ne dit que les limites soient écartées, que l'âme unie à Dieu puisse plus que l'âme pécheresse; mais, à l'intérieur des mêmes limites, elle peut autrement.

[13] 6,3; 79,29; 80,1,5; 81,3; 82,17.

sécurité quant à sa doctrine. La sécurité est donc bien le fruit de la *dilectio*, de l'union des coeurs, foyer d'où naît la communication vraie et constructive.

Lorsque la concorde et l'amitié sont offertes par Dieu même, la sécurité est absolue. Est assuré un bien que l'on ne peut pas perdre. Tout vient de Dieu, tout est fondé en lui sans que rien soit hors de sa puissance, de sa *potestas*, de sa puissance éternelle d'amour. C'est bien pourquoi la *dilectio* de Dieu redresse le pouvoir de l'homme et le conduit dans la sécurité. On entend, inspirant les derniers mots de ce paragraphe, les paroles de saint Paul: «Qui me séparera de l'amour du Christ?» (Rm 8,35).

3. *Exultation*

Le dernier paragraphe du ch. 25 est un hymne à la joie.

> Mais de quelle qualité et de quelle grandeur est la joie où se trouve un bien tel et si grand? Coeur humain, coeur indigent, coeur éprouvé de tourments, bien plus accablé de tourments: combien te réjouirais-tu si tu débordais de tous ces biens? Demande à tes profondeurs si elles peuvent recevoir la joie de son si grand bonheur. Mais certainement, si quelqu'un d'autre que tu aimerais absolument comme toi-même avait ce bonheur, cela doublerait ta joie parce que tu ne te réjouirais pas moins pour lui que pour toi. Et si deux, trois ou beaucoup plus avaient cette même joie, tu te réjouirais autant pour chacun d'eux que pour toi-même, si tu aimes chacun comme toi-même. Donc, dans cette charité parfaite d'innombrables et bienheureux anges et hommes où personne n'aime un autre moins que soi-même, personne ne se réjouira pour chaque autre autrement que pour soi-même. Si donc le coeur de l'homme reçoit à peine la joie ‹que lui donne› son bien si grand, comment sera-t-il capable de joies si grandes et si nombreuses (120,1-13)?

Le ch. 25 se termine par une dernière montée dialectique. «De quelle qualité et de quelle grandeur est ce bien», avait-on demandé dans le titre du ch. 24; la même question est posée maintenant à propos de la joie que l'âme trouve en possédant tranquillement un tel bien.

La dialectique est de nouveau établie entre une continuité et une discontinuité. Continuité de la qualité, au moins nominalement; la joie en Dieu est en continuité avec nos joies humaines. Discontinuité ontologique, car le Bien souverain, lui seul, l'unique, source de tout autre bien, absolument par soi (cfr *Monologion* ch. 3), n'est en rien commensurable avec tout le reste, créé *de nihilo*. Nous l'a montré la succession des joies diverses, dont l'accumulation suggère un *maius* qui échappe à toute mesure et dont l'ordonnance signifie une identité continue. Les joies du corps, quand elles sont les prémices des joies accordées aux corps ressuscités, ne comblent pas seulement les besoins physiques; elles illuminent ce qui, dans le corps, est déjà spirituel, ouverture à la connaissance de Dieu. Les joies de l'âme, de l'amitié et de la concorde, sont transfigurées et fondées sans risque d'être perdues lorsqu'elles sont offertes par Dieu, ou quand Dieu les fait siennes en venant, par elles, vers nous. Les joies du corps donnent une vie nouvelle à la chair; la joie de l'âme donne une vie nouvelle à la société qui devient la communauté des saints. Et moi, comment pourrai-je accueillir tant de joies, et des joies plus hautes encore?

Les premières lignes du dernier paragraphe du ch. 25 s'émerveillent de tant de bonheur accordé, à moi qui suis si faible. Comment ma joie pourrait-elle être assez vaste et élevée pour répondre adéquatement aux dons accordés? Si ma joie est multipliée par la communion des âmes, par le bonheur de ceux que j'aime, comment pourrai-je être assez large pour communier à tous les bienfaits échangés, anonymement pour ainsi dire, dans la communion des saints issue de la tendresse de Dieu en l'Héritier? Comment communier à la joie de tous les hommes heureux, connus ou inconnus, qui sont innombrables, et de tant d'anges bienheureux?

> Et de toutes manières, puisque chacun se réjouit du bien d'un ‹autre› autant qu'il l'aime, dans cette félicité parfaite, chacun aimera sans comparaison Dieu plus que soi et tous les autres avec soi, de sorte qu'il se réjouira, hors de toute estimation, de la félicité de Dieu plus que de la sienne et de celle de tous les autres ‹hommes› avec lui. Mais si ‹tous› aiment Dieu de tout ‹leur› coeur, de tout ‹leur› esprit et de toute ‹leur› âme, de telle sorte que cependant tout ‹leur› coeur, tout ‹leur› esprit et toute ‹leur› âme ne suffisent pas à la dignité de l'amour, assurément ils se réjouiront de tout ‹leur› coeur, de tout ‹leur› esprit, de toute ‹leur› âme, de telle sorte que tout ‹leur› coeur, tout ‹leur› esprit et toute ‹leur› âme ne suffisent pas à la plénitude de la joie (120,13-20).

Quand il s'agit de la joie de Dieu et non plus seulement de la mienne ni de celle de la comunion des saints, toute communion à mesure créée devient futile. Se réjouir de l'aimé, quand celui-ci est *maius*, est incomparable. Certes, les biens que Dieu me donne débordent déjà l'âme réjouie; certes les biens offerts aux hommes et aux anges, *a fortiori*, dépassent les limites de mon bonheur. Mais me réjouir de Dieu et de son bonheur n'est pas me réjouir d'un bien qui surpasserait simplement mes limites; le Bien de Dieu n'est pas indéfini; il est Dieu, origine de tous les biens, bonheur source de tout bonheur, plus grand parce qu'autre et source de tout, discontinu en quantité numérique, plus grand en extension, parce que seul il est ce qu'il est. Merveille que ce bien qui vient à moi.

La différence entre aimer une créature et aimer le Créateur rejaillit sur la joie ressentie. La joie dûe au Créateur n'est en aucune mesure comparable à la joie dûe à la communion amicale, à la participation au bonheur de la créature; elle est d'un autre ordre. Elle est la joie de qui se donne en pure extase, dans la simplicité de son essence, énergie qui ne se perd jamais, qui renouvelle tout, dont nous recevons droiture, pouvoir et bonheur.

XVI

JOIE

Mon Dieu et mon Seigneur, mon espérance et la joie de mon coeur, dis à mon âme si c'est là la joie dont tu nous as dit par ton fils: «Demandez et vous recevrez, afin que votre joie soit complète». En effet, j'ai trouvé une joie en quelque sorte complète et plus que complète (120,23-121,1).

Le *Proslogion* se termine en s'adressant une dernière fois à Dieu. Les chapitres précédents avaient médité sur les biens au moyen d'une dialectique ascendante qui se laissait guider par la désignation de Dieu exprimée au ch. 15, *quiddam maius quam cogitari possit*, et pensée à la faveur de l'amour et de la joie spirituelle. La joie promise et déjà offerte est apparue en effet plus qu'humaine; rien ne pourra jamais nous l'ôter; l'âme en a une entière assurance.

Ces derniers chapitres avaient intégré de nombreux éléments scripturaires comme la matière à partir de laquelle ils pouvaient argumenter; le *Proslogion* a souvent été nourri par l'Ecriture, c'est trop évident. La prière qui introduit le dernier chapitre est également issue de la Révélation (Jn 16,24); toutefois, sa manière d'utilisation semble neuve; elle ne se contente plus d'inspirer un approfondissement spéculatif. A partir du ch. 2, l'Ecriture risquait d'être réduite aux mesures de la pensée; le fait qu'elle relève de la Révélation ne déterminait pas son utilisation; elle venait sous la plume d'Anselme comme si elle naissait du coeur de la réflexion, à titre d'exemple ou d'heureuse expression; elle n'était pas considérée en raison de son origine révélée. Le premier chapitre où l'on demandait à Dieu de montrer son visage était apparemment autre; mais cette prière servait à ouvrir un espace infini, où la raison dialectique venait inscrire sa trace à la demande de la prière désolée; la réponse à la prière du premier chapitre, constituée par le déploiement du *Proslogion*, avait reçu une forme toute inductive et strictement rationnelle. Il en va bien autrement pour la prière finale qui ne débouche pas sur une nouvelle argumentation, comme si la raison, ayant touché au terme de ses possibilités, avait été satisfaite et qu'il ne lui restait plus qu'à renouer avec l'espérance éveillée par la prière du ch. 1, vérifiant ainsi son parcours. Au terme de l'opuscule, l'âme n'a pas encore vu la face de Dieu; mais l'obscurité ne fait plus peur.

La prière interroge Dieu sur la promesse transmise «par ton Fils» (120,24), la promesse de la joie (Jn 16,24). Cette promesse concerne l'avenir de l'homme et en même temps ce qui le transcende en lui donnant son fondement actuel. La pensée est invitée à faire silence sur son futur et sur sa profondeur, à ne pas attendre de soi plus que ce qu'elle a acquis; il lui convient de s'accorder simplement à la promesse révélée. Mais cela lui est-il légitime?

Nous avons déjà médité sur la qualité et la grandeur de la joie espérée, ultime; nous savons qu'elle est en dehors de nos mesures. C'est une joie à la mesure de Dieu, de Dieu en qui nous sommes, mais qui doit encore venir, que nous devons encore laisser venir. Cette joie, nous l'avons pensée, nous l'avons décrite; nous l'avons aussi demandée; mais sommes-nous si assurés d'en jouir? La sécurité pensée dans le chapitre précédent est-elle si bien fondée? La joie pensée alors est-elle bien celle que le Seigneur a promise à nos vies? Comment reconnaître le don de Dieu en ce qui a été pensé? Cette demande revient tout au long du *Proslogion* de manière lancinante, angoissée parfois; elle est appelée maintenant à se laisser apaiser par Celui dont la joie est *semper maior*.

> Assurément, le coeur ‹est › comblé, la pensée comblée, l'âme comblée, tout l'homme comblé par cette joie: ‹mais› la joie abondera encore bien davantage. Ce n'‹est› pas en effet cette joie ‹qui› entrera toute entière en ceux qui se réjouissent, mais ceux qui se réjouissent entreront tout entiers dans la joie (121,1-4).

La plénitude est accordée au coeur, à la pensée et à l'âme, c'est-à-dire à l'homme tout entier, selon la tripartition anthropologique qu'inspire le Deutéronome (6,5)[1] et que le Seigneur Jésus a repris dans son dialogue avec le scribe (Mc 12,30) en y ajoutant la pensée[2]. La joie qui sera offerte dépasse chacune de nos puissances ainsi que leur totalité unifiée; elle n'est pas que cordiale, mais elle est aussi cordiale et sur-cordiale; elle n'est pas que pensée, mais elle est pensée et plus que pensée; elle n'est pas que spirituelle, mais elle comble l'esprit et va bien au-delà; elle accomplit l'homme, mais elle est plus que l'homme, sur-humaine.

---

[1] Coeur, âme, pouvoir (*cor, anima, fortitudo* dit la Vulgate).

[2] Coeur, âme, pensée, force (*cor, anima, mens, virtus* dans la Vulgate).

Tout l'homme participera à une telle joie, qui surpasse sa mesure, en obéissant aux impulsions d'un attrait essentiel; le désir pénètre
en ce qu'il désire et s'y laisser submerger. Le mouvement de la pensée est ici encore ascendant; sauf dans la méditation sur la miséricorde, le *Proslogion* n'évoque guère la kénose divine; l'idée patristique selon laquelle Dieu se proportionne à l'homme n'y apparaît pas
de façon explicite; la tension est spirituelle et ascendante, vers le
maius; le point de vue est celui de l'esprit qui monte toujours plus
haut, à jamais ouvert parce qu'inachevé à partir de soi, bien qu'excellent; l'esprit est désir de Dieu; la promesse laisse présager la paix
et le repos, qui ne sont pas encore accordés maintenant; le *Proslogion* garde la perspective ascendante de celui qui désire Dieu et qui
se met à le chercher. La prière du ch. 26 se situe donc dans la même
perspective que le chapitre précédent; Anselme ne voit pas bien, et
veut voir mieux; mais la raison ne donnera plus de mieux voir.

> Dis, Seigneur, dis à ton serviteur, intérieurement à son coeur, si c'est
> ‹là› cette joie où entreront tes serviteurs. Mais certainement, cette
> joie-là dont se réjouiront tes serviteurs, l'oeil ne ‹l'› a pas vue, l'o-
> reille ne ‹l'› a pas entendue, elle n'est pas montée au coeur de
> l'homme. Je n'ai donc pas encore dit et pensé, Seigneur, combien se
> réjouiront tes bienheureux (121,4-9).

La réflexion a montré par une dialectique ascendante poussée à
l'extrême que la joie promise est plus qu'humaine. Sa 'quantité' est
telle que nous n'avons plus la possibilité de la dire. L'inadéquation
entre l'affirmation posée et ce qui y est réellement visé est manifeste.
La joie promise est plus grande que ce que l'on peut penser; notre
expérience laissée à elle-même est incapable d'y accéder, nos sens ne
peuvent pas y être présents par eux-mêmes. La nouveauté de Dieu
est radicale. Sa surprise et sa merveille nous ravissent sans cesse, et
sa jeunesse nous renouvelle. L'homme ancien n'y parvient pas. La
pensée qui n'entre pas dans le silence contemplatif ne peut pas l'accueillir. Mais si la réflexion n'a pas exercé ce renversement, si elle
n'a pas accueilli l'indicible en ses mots, a-t-elle pensé jusqu'à maintenant la vérité de Dieu? Ne devrait-on pas dire que, depuis le début
de la méditation, la pensée a exercé infatigablement ce renversement
et a vraiment pensé Dieu avec amour? Si ce n'est pas le cas, qu'a-
vons-nous donc pensé?

Id quo maius cogitari nequit: la position (ontologique) du *maius*
est corrélative à une négation (épistémologique), *nequit*. *Quiddam*

maius quam cogitari possit: il y a une absolue positivité, tout autre que celle de notre monde sensible, parce que absolue simplicité, unité intérieure, présence à soi éternelle. Cela a été pensé, seulement pensé, mais déjà en exerçant une surabondance qui n'est pas que pensée. La pensée n'est le tout de rien, pas même de soi; la *cogitatio* reste soumise à une négation, à une interdiction dans la première formule, à une impuissance dans la seconde, de toutes manières à une négation qui porte sur elle, comme l'écho d'une splendeur dont elle jouit à la condition de ne pas s'en rendre maître et de l'accueillir humblement.

Toute connaissance commence par l'expérience et sans expérience aucune connaissance n'est vraiment assurée. La foi est une expérience et une connaissance[3]; sans elle, rien ne peut être dit vraiment de Dieu, car elle seule s'accorde justement à l'expérience de Dieu. Mais ne faut-il pas reconnaître que le discours tenu jusqu'à présent n'a en rien intégré la foi comme un moment structurant de son développement? L'énoncé du Credo a inspiré la recherche, mais sans jamais en tenir la direction ni l'enfermer en quelque limite qu'il serait a priori interdit de transgresser. Mais si la foi a été mise de côté, comment le discours a-t-il pu être pertinent? Quelle pourrait bien être l'expérience qui l'a soutenu? Si la réflexion a été pertinente, ne serait-ce pas que tout entière elle s'est developpée sous la lumière de Dieu?

> De toutes manières, ils se réjouiront autant qu'ils aimeront; ‹et› ils aimeront autant qu'ils connaîtront. Combien te connaîtront-ils, Seigneur, et combien t'aimeront-ils? Certainement, l'oeil n'a pas vu, l'oreille n'a pas entendu, il n'est pas monté au coeur de l'homme combien ils te connaîtront et t'aimeront en cette vie (121,9-13).

Si Dieu est plus grand que la pensée, comment avons-nous pu penser et dire de lui ce que la méditation nous en a présenté? Bien souvent, l'oeuvre d'Anselme affronte ce problème. Le *Monologion* notait de façon tout à fait remarquable que l'homme ne dit pas toujours ce que cependant il comprend (47,22); l'intelligence n'est pas limitée par ses mots et leurs conditions psychologiques d'invention; elle connaît l'incapacité de ses paroles à énoncer vraiment à fond ce que pourtant elle entend et veut exprimer. Le ch. 2 du *Proslogion* argumente en articulant les dialectiques *in voce* et *in re*, la première ignorant la seconde, mais celle-ci intégrant celle-là sans s'y enfermer. Plus tard, la discussion d'Anselme avec Roscelin touchera le

---

[3] Cfr l'*Epistola de incarnatione Verbi*, à propos de Roscelin (9,5-6).

même point; la dialectique *in voce* de l'hérésiarque n'a aucune commune mesure avec la dialectique *in re* qu'Anselme a mise au point dans son *De grammatico* et son *De veritate* et qui soutient le *Proslogion*. On peut traiter des paroles de manière formelle et creuse; mais nous pénétrons d'abord ce que nous verbalisons ensuite.

Le dernier paragraphe du *Proslogion* veut conduire la réflexion le plus loin possible et restituer notre intelligence du *semper maior* à son fondement, qui n'est pas que langagier, mais qui est intégralement spirituel. En dialectique *in voce*, rien de ce qui est dit de Dieu ne lui convient, tel qu'il est, simple, éternellement un et présent à soi, source féconde du mouvement et de l'être, de tout ce qui vit et respire. Pourtant, ce qu'Anselme a dit de lui n'a pas été prononcé en vain. La pertinence de nos paroles vient de leur insertion dans un dynamisme spirituel dont elles sont l'expression intentionnelle, mais non la raison. L'amour est le fondement de nos mots. C'est pourquoi nous entrecroisons la connaissance et l'amour, qui sont l'esprit, pour fonder la réflexion.

L'intégration juste de la connaissance et de l'amour est trinitaire. L'amour est l'esprit de la Trinité (cfr ch. 23 - 117,11); la connaissance est sa parole, son 'dire'[4], le Verbe trinitaire in ‹...› *quo te ipsum dicis* (117,8). Nous avons rendu grâce à Dieu, dans la longue prière du ch. 1, parce qu'il a créé en nous son image pour nous souvenir de lui, penser à lui et l'aimer (cfr 100,12-13). Le premier paragraphe du ch. 26 fait donc allusion à la structure trinitaire de l'âme; il établit une hiérarchie unifiante des puissances spirituelles dont le principe résulte de la simplicité de l'acte qui accède à soi à travers la multiplicité de ses puissances, organisées dans une structure solidement nouée dans la seule Trinité.

La séquence proposée dans les premières lignes du dernier texte cité, joie — amour — pensée, développe les étapes d'une expérience dont les réflexions sur l'amitié et la concorde (119,4-8) ont transmis la vivacité originale et qui fonde enfin l'acte de connaître en celui qui dépasse tout ce que l'on pourrait concevoir. La joie est la mesure de l'amour, ou plus exactement à la mesure de l'aimé; elle accompagne l'extase amoureuse; elle exprime l'alliance avec l'aimé; elle manifeste extatiquement l'amour, qui en est la condition intérieure; semblablement, l'amour exprime la connaissance, qui en est la raison secrète; le savoir s'accomplit ainsi dans la donation amoureuse, qui accède à sa plénitude dans le rayonnement de la joie. Joie et amour

---

[4] Cfr 121,8: *dixi aut cogitari.*

naissent donc de la connaissance, qui s'accomplit en amour, puis en
joie. Mais si la connaissance est limitée parce que Dieu est *semper
maior*, comment l'aimer vraiment et se réjouir en sa présence? L'Evangile qui nous promet d'entrer un jour dans la joie invite à renverser
l'ordre de la séquence commentée à l'instant. La connaissance n'est pas
au point de départ de l'expérience spirituelle, mais la joie.

Dieu n'est pas mesuré par la connaissance que nous avons prononcée de lui jusqu'à maintenant, parce que nos paroles ont une origine qui dépasse leur formule intellectuelle. Le principe de la joie,
confirmé par l'Ecriture ou la Parole de la promesse, resplendit là où
le recul réflexif vers la nécessité rationnelle est retourné en progression spirituelle vers Dieu infiniment libre. Nous étions passés régres-
sivement, à coup d'arguments par l'absurde, de la négation de l'insensé à la position de l'Unique Nécessaire; nous descendons maintenant de la lumière inaccessible jusqu'à nos ténèbres. La dialectique
ascendante se renverse en dialectique descendante. L'effort d'énonciation de la pensée se retourne en écoute de la Parole. L'intelligence
et l'amour sont fondés en ce qui les dépasse. Le texte prend la forme
la plus explicite de la prière: *Oro* (121,14). La dialectique descendante est assurée en partant d'au-delà de la seule pensée.

> Je ‹te› prie, Seigneur, que je te connaisse ‹et› que je t'aime, afin
> de me réjouir de toi. Et si je ne peux pas en cette vie ‹arriver› à la
> ‹joie› complète, que j'avance jusqu'au jour où cette joie viendra à
> ‹sa› plénitude. Que progresse ici-bas en moi la connaissance
> ‹que j'ai de› toi, et qu'elle devienne là-bas complète; que croisse
> ici-bas ‹mon› amour pour toi et qu'il soit là-bas complet, afin que
> ma joie soit ici-bas grande en espérance et qu'elle soit là-bas complè-
> te en réalité (121,14-18).

Anselme en prière fait une demande radicale. Accomplie la méditation sur les divers points énumérés dans le 'Prooemium', sur
l'existence et l'essence de Dieu, nous reconnaissons que rien de Dieu
n'a encore été vraiment connu, et donc nous prions pour que Dieu
lui-même se révèle. Le travail réalisé précédemment reçoit alors une
lumière nouvelle; inscrit à l'intérieur de la dynamique du désir, il se
connaît dans l'attente d'un don. Le désir essentiel du coeur, de l'esprit et de l'âme, de nos puissances tendues vers le Bien, ne peut pas
être accompli par l'homme. C'est pourquoi, d'une part, les résultats
de la recherche n'aboutissent pas à nous livrer le Bien aimé en personne, mais, d'autre part, ils ne manquent pas de fermeté; le *maius*
demeure en dehors de la série des éléments parcourus par la dialecti-

que ascendante, mais il est la raison de cette dialectique; nous avons ainsi goûté négativement aux prémisses du don de Dieu; le coeur avait donc rendu justement grâce à Dieu pour son aimable présence, en anticipant ici-bas les derniers temps (cfr 114,5; 117,6), bien que l'anticipation ne soit pas l'aboutissement.

Au fil du *Proslogion*, la connaissance de Dieu a progressé en même temps que s'avivait notre amour pour lui. Cet approfondissement, loin d'éteindre le désir du Bien, l'a rendu plus fervent. La connaissance a animé l'amour, et l'amour est entré dans la joie. Nous avons pu retrouver en nous l'image de la Trinité qui articule notre désir et le fonde en Dieu. De cela Anselme rend grâce. L'itinéraire suivi, les doutes surmontés en affirmations, puis de nouveau les négations qui reconnaissaient l'insuffisance des positions, et enfin l'élan vers de nouvelles affirmations, cette alternance de clartés et de ténèbres, d'ombres et de lumières, a servi un approfondissement continu du sens spirituel de Dieu; le chemin s'arrête maintenant; l'âme en prière fait silence; elle le sait, son chemin a touché son terme, mais elle n'a pas encore atteint son but. L'effort réflexif est intérieur à un élan dont le terme témoigne d'un bienfait bien plus grand encore que le résultat obtenu, et qui garde l'espérance d'être reçu dans le mystère de Dieu, non seulement en figure, conformément à la structure trinitaire de l'âme, non seulement en espérance selon l'ouverture de la réflexion, mais en réalité.

> Seigneur, par ton Fils, tu ordonnes, ou plutôt tu conseilles de demander que notre joie soit complète, et tu promets que nous ‹la› recevrons. Je demande, Seigneur, ce que tu conseilles par notre admirable conseiller: que je reçoive ce que tu promets par ta vérité, pour que ma joie soit complète (121,18-21).

L'accès au mystère de Dieu n'est pas possible sans Dieu; le coeur, l'âme et la pensée ont besoin d'un médiateur. D'un côté, Dieu conseille et promet; de l'autre, l'homme demande et reçoit. Nous sommes dans l'ordre de l'échange amoureux, en présence du Fils par qui nous vient toute joie, qui est le conseiller et la vérité (117,9; 121,21) du Dieu véridique (117,9; 121,22).

> Et puis, que ma pensée médite entre temps, ‹et que› ma langue parle ensuite. Que mon coeur l'aime, que ma bouche le dise. Que mon âme en ait faim, que ma chair ‹en› ait soif, que toute ma substance ‹le› désire, jusqu'à ce que je rentre dans la joie de mon Seigneur, qui est Dieu trine et un, béni pour les siècles. Amen (121,22 - 122,2).

CONCLUSION

Le *Proslogion* s'inscrit parmi ces quelques textes qui, dans la tradition philosophique, ont moins tenté d'interpréter et d'organiser le monde que de pénétrer le mystère de l'homme et de l'absolu. La réflexion s'y déploie dans la foi, telle que la décrit l'Epître aux Hébreux (11,1): la foi ne voit pas les réalités qu'elle professe. On ne dira pas, avec Sully-Prudhomme, que la foi d'Anselme tremble et qu'il s'agit donc de la prouver; la foi est cependant imparfaite; les médiations rationnelles sont introduites pour faire mieux voir les mystères fermement mais aveuglément crus; on approche la vision des derniers jours au moyen de l'intelligence, qui est *inter fidem et speciem* [1].

Le discours de la foi exprime le destin de l'homme à partir de la grâce de Dieu; la réflexion philosophique approche le mystère de Dieu à partir de ce que l'homme peut en dire. La réflexion philosophique et le discours de la foi suivent ainsi des démarches qui se rencontrent et peuvent s'allier; la foi reconnaît son bien dans l'affirmation raisonnable obtenue au terme d'une réflexion sur le désir qui conduit l'homme vers celui qui le transcende.

Que la philosophie assume la pensée religieuse afin d'en recevoir un point de départ, voilà qui, aujourd'hui, ne paraît pas nécessaire. La foi peut reconnaître son bien au terme de l'enquête philosophique; mais l'homme contemporain ne voit plus en quel sens elle pourrait constituer un principe. Les Sommes du moyen-âge mettaient la question de Dieu avant tout autre développement; une telle disposition n'exhibe plus ses raisons; la philosophie ne pense plus que cela s'impose, ni même que ce soit utile; la question de Dieu a perdu son ancienne pertinence; les analyses contemporaines y diagnostiquent d'étranges volontés de puissance, ou des réductions du fondement à ce qui devrait, à son tour, être fondé.

Mais la démarche d'Anselme part-elle de Dieu? Et conclut-elle à partir de lui comme d'un principe? La première question du *Proslogion* est celle de Dieu, bien sûr. Mais elle est aussi la dernière, comme si l'opuscule ne l'avait pas entièrement résolue. En réalité, la

---

[1] *Commendatio* du *Cur deus homo*, 40,10.

méditation du *Proslogion* ne résout pas une interrogation, mais approfondit une tension qui conduit la pensée plus haut qu'elle-même. La méditation sur l'existence de Dieu n'aboutit pas à une conclusion qui comblerait la demande qui en a été l'origine; tout se passe au contraire comme si cette demande se renouvelait singulièrement. Le *Proslogion* est animé par un désir inassouvi. La question qui a mis en branle la réflexion, qui constitue vraiment l'*unum argumentum*, concerne l'achèvement du désir spirituel; en un premier temps, le désir prétend s'achever dans la vision de Dieu en qui l'esprit voudrait trouver son repos [2]; en fait, au terme du parcours, ce repos n'est pas donné, mais Anselme est heureux; il adhère à l'*unum necessarium*; son désir est paradoxalement comblé, mais au prix d'une purification.

En conclusion à notre commentaire, nous montrerons comment l'*unum argumentum* est accompli lorsque la réflexion a rejoint l'*unum necessarium*. Le *Proslogion* purifie le désir en affirmant rationnellement l'existence de Dieu et en décrivant tout aussi rationnellement son essence. La question de la connaissance de Dieu articule l'opuscule, mais celui-ci n'aboutit pas à une solution conceptuelle qui ôterait toute obscurité à la recherche. L'affirmation de l'existence de quelque chose dont on ne peut pas penser plus grand est construite de sorte qu'on ne puisse pas la nier, qu'elle soit donc posée avec nécessité; cette nécessité n'est pas acquise par l'analyse d'un contenu de conscience, mais par la réflexion sur l'articulation de l'*intellectus* et de la *cogitatio*, c'est-à-dire sur le dynamisme de l'esprit. La nécessité de l'argument est donc réflexive; elle implique un engagement actif de la pensée et un retour de l'esprit sur ses propres démarches. Cette réflexion n'a pas d'évidence objective.

La preuve administrée dans les chapitres de l'argument ontologique ne conclut pas parfaitement; son succès, bien que réel, n'est pas à la hauteur de ce qui était attendu. On espérait «voir ta face», on sait seulement que Dieu est l'unique *in intellectu et in re*. L'argument comble la foi, mais pas encore le désir. Entre la parole et ce qu'indique cette parole, il n'y a pas d'adéquation immédiate. Dire que Dieu existe n'est pas le voir. Une telle affirmation est indifférente si elle n'est pas soutenue par une expérience qui la déborde. Aucune preuve fondée de manière simplement épistémologique ou par simple analyse de la connaissance n'épuise la fécondité de Dieu et de son alliance avec l'esprit.

---

[2] L'exultation qui conclut le ch. 4 a cette signification exacte.

Il ne suffit pas de dire que Dieu est ou n'est pas pour qu'il soit ou ne soit pas. Mais Dieu est; donc je peux dire qu'il est; l'affirmation sur Dieu est légitime à partir de Dieu. Certes, la négation de l'affirmation de son existence ouvre le champ d'une enquête dialectique qui permet un approfondissement de la foi selon les normes du savoir humain; nous construisons ainsi une preuve rationnelle de l'existence de Dieu; mais l'affirmation de l'existence divine a comme condition de pouvoir être dite conformément à ce qu'est Dieu; la méditation sur cette condition détermine l'affirmation de l'existence divine. Dire que Dieu existe nécessairement est possible parce que Dieu est miséricordieux et juste.

Bien qu'on ait montré la nécessité (ch. 3) de poser (ch. 2) explicitement (ch. 4) l'affirmation de l'existence de Dieu, l'obscurité de l'esprit demeure après le ch. 4. La réflexion sur Dieu ne se contente pas d'en confesser la transcendance; celle-ci, essentielle bien sûr, a un caractère négatif; et d'un négatif, on ne peut rien dire, pas même qu'il est négatif; l'affirmation nue d'un transcendant 'tout autre' ne conduit pas à Dieu; elle est a-thée. Si nos mots pour dire Dieu font signe vers lui et si nous pouvons nous en réjouir, c'est que Dieu n'est pas massivement 'séparé'[3]. La première désignation de Dieu, *id quo maius nihil*, conduirait à un non-savoir qui se ruinerait lui-même si elle n'était pas relayée par une autre, *summum*, qui exprime le désir qui en a porté humainement la constitution[4].

Le *summum* inscrit la qualité que l'on ne peut pas penser *maius* à l'intérieur de la série qu'il couronne; mais une norme dialectique éclaire les qualités attribuées à Dieu, conformément au sens de sa première désignation. Les qualités divines ont une signification d'abord humaine, elles donnent ainsi un accès humainement possible à l'indicible; cependant, la désignation qualitative de l'indicible n'est pas possible en attribution immédiate; c'est pourquoi une règle dia-

---

[3] Cl. BRUAIRE a des expressions très fortes à propos d'une telle manière de penser la transcendance. Par exemple: «La théologie négative est négation de toute théologie. Sa vérité est l'athéisme» (*Le droit de Dieu*, Paris, Aubier-Montaigne, 1974, p. 21).

[4] «L'effort spéculatif d'Anselme dans le *Proslogion* a sa source dans une expérience de foi et d'amour, expérience qui est la rencontre de deux personnes, le croyant et son Dieu. La question de Dieu dans le *Proslogion* n'est pas prise en considération d'une thèse scolaire comme une question dont il faut bien se faire une idée, elle naît d'une expérience pleinement humaine, dont il faut rendre compte au niveau de la pensée» (Y. CATTIN, *La preuve* [5.3], p. 58).

lectique énonce à quelles conditions cette attribution est légitime, en conjoignant en Dieu transcendant des traits humainement opposés; ce processus permet d'attribuer à Dieu quelques qualités humaines sans que soient volés son silence et son mystère.

On reconnaît alors que Dieu anime nos vies, qui aspirent autant à la justice qu'à la miséricorde, en les accueillant dans son mystère; le désir de communion avec l'origine de tout bien, purifié rationnellement, est amené à ne plus espérer trouver en soi de quoi être comblé. Il est hautement significatif que les qualités divines choisies soient justement celles qui expriment l'alliance de Dieu, rayonnant au plus haut des cieux, avec l'âme, plongée au fond de sa désolation mais qui a pourtant dit vraiment Dieu. L'âme, qui reconnaît son exil loin de Dieu, sait que son Seigneur (*dominus meus*) est sensible et fidèle, miséricordieux et juste; elle sait l'avoir affirmé justement; elle espère recevoir tout bien de lui seul.

La dialectique accueille les termes scripturaires et les comprend à l'aide de la règle formelle du *maius*; cette règle exprime une synthèse réelle dont l'Ecriture dit la vérité et dont le croyant peut penser la profondeur obscure. La raison de cette synthèse doit être intelligible; si nous disions que nous ne pouvons en aucune manière la penser, nous serions de nouveau condamnés à ne rien pouvoir dire de Dieu qui soit fondé. En réalité, les qualités attribuées à Dieu ont une signification raisonnablement digne de lui si elles expriment les traits essentiels qui correspondent aux conditions spirituelles de possibilité de la première désignation de Dieu.

L'âme, confortée par la miséricorde et la tendresse de Dieu, confesse sa justice, c'est-à-dire la nécessité qui s'impose à elle d'aimer Dieu pour lui-même parce qu'il se donne miséricordieusement sans autre raison que soi pour être pensé lui-même. L'âme sait que ce devoir ne lui est pas connaturel; elle préférerait réduire Dieu à sa mesure ou le penser comme s'il n'était rien de plus grand que ce qu'elle peut penser; sa tristesse et son inquiétude sont ambiguës; elles manifestent certes la frustration de son égoïsme; mais en même temps elles conduisent le désir plus haut en le purifiant. Le désir se sait accompli par la miséricorde qui resplendit sur lui et qui lui donne de penser ce qui le déborde absolument.

L'*id quo maius cogitari nequit* mortifie le désir pour lui restituer la force et la droiture que compromet son égoïsme. L'âme désolée reconnaît l'altérité de Dieu, au delà de ses figures anthropomorphes.

Dieu est *quiddam maius quam cogitari possit*; la majesté divine est telle que son approche éblouit; l'aveuglement de l'âme rend témoignage à la liberté gracieuse de Dieu; le sentiment d'exil loin de Dieu fait écho à cette donation principielle et indique l'approche du mystère resplendissant dont l'âme ne peut que jouir humblement.

La catégorie d'éternité permet un approfondissement raisonnable du sens de Dieu. Cette catégorie exprime un ordre autre que le nôtre, que notre temps humain, et qui, pour cela même, l'intègre et lui est présent. Elle offre un modèle pour penser le Bien qui est vie, sagesse et bonté, et qui donne à nos vies, nos sagesses et nos bontés d'être présentes à Dieu. Nous avons pu dire que Dieu est et est tel parce qu'il se donne miséricordieusement; nous pensons l'origine de ce don comme éternité, principe absolu. La méditation se transforme alors en vénération et confession trinitaire; Dieu Père est éternellement vivant, le Fils est sagesse et vérité éternelles, et l'Esprit est amour éternel. La présence de l'âme au mystère trinitaire scelle son excellence qui, dans le Verbe, reçoit du Père tous les dons de l'Esprit. Vraiment, l'*unum necessarium* est l'*unum argumentum*.

Le rapport éternel des Personnes n'est pas mesuré par l'effectivité de l'esprit créé. L'esprit a une intelligence de soi qui le transcende et le fonde plus haut que soi, qui est en l'âme éternellement plus qu'elle. La pensée connaît alors son intériorité au mystère trinitaire et se sait invitée à une tâche; elle a en Dieu un avenir infiniment ouvert, accessible en espérance, accueilli déjà en l'Eternel. L'avenir de l'homme n'est pas au terme de ses efforts, car la vérité de Dieu n'est pas en l'homme, mais en Dieu qui se donne à l'homme; son amour prévenant lui assure sa vérité et sa rectitude. L'homme doit penser ce mystère qui lui est plus intérieur que lui-même, non pas pour apprendre davantage sur Dieu, son existence et son essence, mais pour goûter et savourer toujours plus son alliance gratuite, et pour la manifester par la droiture de son action.

L'affirmation de Dieu est, pour l'homme, toujours nouvelle; elle n'est pas incertaine, mais elle n'est jamais achevée; elle a toujours une part d'obscurité. Plus d'ailleurs l'esprit s'approche de Dieu, plus il entre dans l'ombre [5]; il sait ne pas pouvoir se contenter de ses pa-

---

[5] La doctrine anselmienne ici évoquée, dont on lit tant d'expressions à travers tout le *Proslogion*, y compris ses dernières lignes, reprend le thème théologique de l'épectase, dont le Père J. Daniélou a étudié les sources chez Grégoire de Nysse.

roles; il espère un don toujours plus grand sur lequel il veut de moins en moins avoir prise. L'affirmation de Dieu ouvre l'avenir de l'homme en lui faisant aimer la réconciliation que lui propose son Seigneur, en lui donnant de reconnaître son intériorité au mystère du Dieu Un et Trine, et en l'invitant à cheminer humblement en sa présence.

BIBLIOGRAPHIE ANSELMIENNE

PLAN DE LA BIBLIOGRAPHIE

Livres

0. Sources
1. Collectifs (et abréviations)
2. L'époque d'Anselme
3. Présentations d'Anselme
4. *Monologion*
5. *Proslogion*
     5.1 Vues générales
     5.2 Foi et raison
     5.3 L'argument ontologique
     5.4 Ontologie
6. *De grammatico* et logique
7. *De libertate arbitrii* et volonté
8. *Cur deus homo* et christologie
9. *De processione* et trinité

Articles

10. Généralité
11. Histoire
     11.1 Avant Anselme
     11.2 Contemporains d'Anselme
          11.2.1 Gaunilon
          11.2.2 Autres
     11.3 Moyen-Age
          11.3.1 Saint Thomas
          11.3.2 Saint Bonaventure
          11.3.3 Autres
     11.4 Depuis les temps modernes
12. *Monologion*
13. *Proslogion*
     13.1 Vues générales
     13.2 Foi
     13.3 Raison
     13.4 Prière
     13.5 Argument ontologique
          13.5.1 Vues générales

13.5.2 Histoire
13.5.3 Logique
13.5.4 *Maius*
13.5.5 Insensé
13.5.6 Existence
14.5.7 Métaphysique
  13.6 Justice
  13.7 Lumière
14. *De grammatico* et logique
15. *De veritate* et vérité
16. *De libertate arbitrii* et volonté
17. *De incarnatione verbi*
18. *Cur deus homo* et christologie
19. *De processione* et trinité
20. Les pains azymes
21. *De concordantia*

Livres

0. Sources

Edition critique:

F.S. SCHMITT, *S. Anselmi Cantuariensis Archiepiscopi Opera Omnia*, Seckau, 1938 (vol. I) et Edimbourg, Nelson, 1946 (II et III), 1949 (IV), 1951 (V) et 1961 (VI).

Concordance:

G.R. EVANS, *A Concordance to the Works of St. Anselm*, 4 vol., Millwood, Kraus International, 1984.

Traduction intégrale en cours:

L'oeuvre de saint Anselme de Cantorbery, sous la direction de M. Corbin, Paris, Cerf, 1986 et suivants (cette traduction suit à peu près l'ordre de l'édition de Schmitt).
Anselmo d'Aosta, sous la direction de I. Biffi et C. Marabelli, Milano, Jaca Book, à partir de 1988 (les lettres ont été éditées d'abord).

Bibliographie:

Plusieurs bibliographies anselmiennes sont déjà été publiées. Voir R. ROQUES, dans son édition du *Cur deus homo*, (*Sources Chrétiennes*) Paris, Cerf, 1963; *AA1* et *AA2* (voir ci dessous); S. VANNI ROVIGHI, *Introduzione a Anselmo d'Aosta*, (*I filosofi*) Bari, Laterza, 1987. La bibliographie proposée ici n'est pas exhaustive; son ordonnance vise à aider le chercheur à trouver rapidement un matériel déterminé par l'objet particulier de son étude.

1. Collectifs (abréviations pour les articles)

AA: *Analecta Anselmiana*, 6 voll., Frankfurt/Main, Minerva: *AA1*: 1969; *AA2*: 1970; *AA3*: 1972; *AA4,1*: 1975; *AA4,2*: 1975; *AA5*: 1976.

SR: AA.VV., *Sola ratione*. Anselm-Studien für Pater Dr. h.c. Franciscus Salesius Schmitt OSB zum 75. Geburtstag am 29. Dezember 1969, Stuttgart-Bad Cannstatt, Friedrich Frommann Verlag (Günther Holzboog), 1970.

SB1: AA.VV., *Spicilegium Beccense*, I, Congrès international du IXe centenaire de l'arrivée d'Anselme au Bec, Paris, Vrin, 1959.

SB2: AA.VV., *Spicilegium Beccense*, II, Les mutations socioculturelles au tournant des XI-XIIe siècles. Actes du colloque international du C.N.R.S. Etudes anselmiennes. IVe session, Le Bec, 11-16 juillet 1982, Paris, éditions du C.N.R.S., 1984.

AS: *Anselm Studies*, I, London, Kraus International, 1983.

AF: *Anselmo d'Aosta, Figura europea*. Convegno di studi, Aosta 1988, sous la direction d'I. Biffi et C. Marabelli, Milano, Jaca Book, 1989.

2. L'époque d'Anselme

BULTOT R., *Christianisme et valeurs humaines*. A. La doctrine du mépris du monde. T. 4, Le 11e s., 2. Jean de Fécamp, Hermann Contraet, Roger de Caen, Anselme de Canterbéry, Louvain, Nauwelaerts, 1964.

DE MONTCLOS J., *Lanfranc et Bérenger*. La controverse eucharistique du XIe s., (*Spicilegium Sacrum Lovaniense. Etudes et Documents*, fasc. 3) Louvain, Spicilegium Sacrum Lovaniense, 1971.

DICKSON M.P., *Consuetudines Beccenses*, (*Corpus Consuetudinum Monasticarum*, IV) Sieburg, F. Schmitt, 1967.

HENRY D.P., *Medieval Logic and Metaphysics*, London, 1972.

JAVELET J., *Image et ressemblance au douzième siècle*. De saint Anselme à Alain de Lille (2 vol), Paris, Letourzey, 1967.

JOLIVET J., *Arts du langage et théologie chez Abélard*, (*Etudes de Philosophie Médiévale*) Paris, Vrin, 1982.

LECLERCQ J., *L'humanisme bénédictin du 8e au 12e siècles*, (*Studia Anselmiana*) Roma, Herder, 1948.

LECLERCQ J., *L'amour des lettres et le désir de Dieu*. Initiation aux auteurs monastiques du Moyen-Age, Paris, Cerf, 1957.

LECLERCQ J., *Etudes sur le vocabulaire monastique du moyen-âge: Monachus, Philosophia, Theoria*, (*Studia Anselmiana*) Roma, Herder, 1961.

NOTHDURFT K.D., *Studien zum Einfluss Senecas auf die Philosophie und Theologie des zwölften Jahrhunderts*, (*Studien und Texte zur Geistesgeschichte des Mittelalters*) Leiden-Köln, E.J. Brill, 1963.

PICAVET F., *Roscelin, philosophe et théologien, d'après la légende et d'après l'histoire*. Sa place dans l'histoire générale et comparée des philosophies médiévales, Paris, Alcan, 1911.

RICHE' P., *Ecoles et enseignement dans le haut moyen-âge, de la fin du 5e s. au milieu du 11e s.*, (*Collection Historique*) Paris, Aubier-Montaigne, 1979.

ROHMER J., *La finalité morale chez les théologiens, de saint Augustin à Duns Scot*, (*Etudes de Philosophie Médiévale*) Paris, Vrin, 1939.

ROQUES R., *Structures Théologiques, de la gnose à Richard de st Victor*. Essais et analyses critiques, (*Bibliothèque de l'Ecole des Hautes Etudes, Sciences Religieuses*) Paris, PUF, 1962.

3. Présentations d'Anselme

CANACCHI G., *Il pensiero filosofico di Anselmo d'Aosta*, Padova, CEDAM, 1974.

DE REMUSAT Ch., *Saint Anselme de Canterbery*. Tableau de la vie monastique et de la lutte du pouvoir spirituel avec le pouvoir temporel au XIe s., Paris, Didier, 1853.

EADMER, *The Life of St. Anselm*, ed. by R.W. Southern, (*Nelson's Medieval Texts*) Edimburg, Nelson, 1962.

EVANS G.R., *Anselm and Talking about God*, Oxford, Clarendon Press, 1978.

EVANS G.R., *Anselm and a New Generation*, Oxford, Clarendon Press, 1980.

GOLLNICK J., *Flesh as Transformation Symbol in the Theology of Anselm of Canterbury*. Historical and Transpersonal Perspectives, (*Texts and Studies in Religion*, 22) Lewiston & Queenston, Edwin Mellen, 1985.

FILLIATRE Ch., *La philosophie de saint Anselme*. Ses principes, sa nature, son influence, (*Collection Historique des Grands Philosophes*) Paris, Alcan, 1920.

GOMBOCZ W.C., *Anselm von Canterbery*, München, Beck, 1980.

HOPKINS J., *A Companion to the Study of St. Anselm*, Minneapolis, University of Minneapolis, 1972.

KOHLENBERGER H., *Similitudo und Ratio*. überlegungen zur Methode bei Anselm von Canterbery, (*Münchener Philosophische Forschungen*) Bonn, Bouvier, 1972.

LEVASTI A., *Sant'Anselmo*, Bari, 1929.

MAZZARELLA Th., *Il pensiero speculativo di sant'Anselmo*, (*Pubblicazioni dell'Istituto Universitario di Magistero di Catania. Serie Filosofica, Saggi e Monografii*) Padova, CEDAM, 1962.

POLETTI V., *Anselmo d'Aosta, filosofo mistico*, Faenza, Grafico Lega, 1975.

POUCHET R., *La rectitudo chez saint Anselme*. Un itinéraire augustinien de l'âme à Dieu, (*Etudes Augustiniennes*) Paris, Etudes augustiniennes, 1964.

POUCHET R., *Saint Anselme*. Un croyant cherche à comprendre, (*Chrétien de tous les temps*) Paris, Cerf, 1970.

SOUTHERN R.W., *Saint Anselm and his Biographer*. A Study of Monastic Life and Thought, 1059-c.1130, Cambridge, University Press, 1966.

STOLZ A., *Anselm von Canterbury*, München, 1937.

VANNI ROVIGHI S., *S. Anselmo e la filosofia del secolo XI*, Milano, Fratelli Bocca, 1949.

VANNI ROVIGHI S., *Introduzione a Anselmo d'Aosta*, (*I Filosofi*) Bari, Laterza, 1987.

4. Monologion

GILBERT P., *Dire l'Ineffable*. Lecture du 'Monologion' de saint Anselme, (*Le Sycomore*) Paris & Namur, Lethielleux & Culture et vérité, 1984.

5. Proslogion

5.1 *Vues générales*

HERRERA R.A., *Anselm's Proslogion*. An Introduction, Washington, University Press of America, 1979.

KOLPING A., *Anselms Proslogion-Beweiss der Existenz Gottes im Zusammenhang seines Spekulativen Programms 'Fides quaerens intellectum'*, (*Grenzfragen zwischen Theologie und Philosophie*) Bonn, Bouvier, 1939.

PEREZ J.R., *Fides Quaerens Intellectum y la cuestión metafisica en san Anselmo de Canterbury*, Córdoba, Universidad Católica de Córdoba, 1982.

5.2 *Foi et raison*

CAMPBELL R., *From Belief to Understanding*. A Study of Anselm's *Proslogion* Argument on the Existence of God, Camberra, Australian National University, 1976.

KIENZLER Kl., *Glaube und Denken bei Anselm von Canterbury*, Freiburg, Herder, 1981.

UBBELOHDE K.F., *Glaube und Vernunft bei Anselm von Canterbury*. Eine Studie zur Genese systematischer Theologie und zum Verständnis von 'Theologia' und 'Philosophia' zwischen Patristik und Frühscholastik, (*Dissertation. Theologische Fakultät der Georg-August Universität Göttingen*) Göttingen, 1969.

5.3 *L'argument ontologique*

BARNES J., *The Ontological Argument*, London, 1972.

BARTH K., *Fides Quaerens Intellectum*. Anselms Beweis der Existenz Gottes im Zusammenhang seiner theologischen Programms, 3e éd., Zürich; Evz-Verlag, 1966 (1e éd.: München, 1931).

BARTH K., *La preuve de l'existence de Dieu d'après Anselme de Canterbery*, Trad. J. Carrère, (*Bibliothèque Théologique*) Neuchatel, Delachaux & Niestlé, 1958 (2e éd.: Genève, Labor et Fides, 1985).

BORRELLI F., *L'argomento ontologico nei grandi pensatori*, Napoli, D. Conte, 1953.

BOUILLARD H., *Karl Barth*, t. 3, Parole de Dieu et existence humaine. Deuxième partie, (*Théologie*) Paris, Aubier, 1957.

CATTIN Y., *La preuve de Dieu*. Introduction à la lecture du *Proslogion* d'Anselme de Canterbury, Paris, Vrin, 1986.

CHARLESWORTH M.S., *St Anselm's Proslogion with a Reply on Behalf of the Fool by Gaunilon and the Author's Reply to Gaunilon*, Translation, Introduction, Philosophical Commentary by ..., London, Clarendon, 1965.

GOMBOCZ W.C., *Über E! Zur Semantik des Existenzprädikates und des ontologischen Arguments für Gottes Existenz von Anselm von Canterbury*, (*Dissertation der Universität Gry*) Wien, Verband der Wissenschaft. Gesellschaft. Österr., 1974.

GOODWIN G., *The Ontological Argument of Ch. Hartshorne*, Missoula, MT Scholars, 1978.

HARTSHORNE Ch., *The Logic of Perfection*, La Salle (Illinois), Open Court, 1962.

HARTSHORNE Ch., *Anselm's Discovery*. A Re-examination of the Ontological Proof for God's Existence, La Salle (Illinois), Open Court, 1973.

HENRICH D., *Der ontologische Gottesbeweis*, Tübingen, 1959.

HICK J. & McGILL A.C., *The Manifaced Argument*. Recent Studies on the Ontological Argument, London, McMillan, 1967.

KOYRE' Al., *L'idée de Dieu dans la philosophie de saint Anselme*, Paris, Leroux, 1923.

LA CROIX R.R., *Proslogion II and III*. A Third Interpretation of Anselm's Argument, Leiden, E.J. Brill, 1972.

MARIAS .J., *San Anselmo y el Insensato*, (*El Acion*) Madrid, Revista de Occidente, 1974.

MOREAU J., *Pour ou contre l'insensé?* Essai sur la preuve anselmienne, (*Bibliothèque d'Histoire de la Philosophie*) Paris, Vrin, 1967.

MORETTI-COSTANZI T., *L'ascesi di coscienza e l'argomento di s. Anselmo*, Roma, Arte e Storia, 1951.

PEÑA-GONZALO L., *Le sens gnoséologique de la pensée anselmienne*, Quito, Universidad del Ecuador, 1975.

PLANTINA Al., *The Ontological Argument*. From St. Anselm to Contemporary Philosophers, New York, Anchor Books, 1965.

SCHUREIDER G., *An Introduction to Anselm's Argument*, Philadelphia, Temple University, 1978.

SCHURR A., *Die Begründung der Philosophie durch Anselm von Canterbury*. Eine Erörterung des ontologischen Gottesbeweises, Stuttgard, Kohlhammer, 1966.

SHOFNER R.D., *Anselm Revisited*. A Study of the Role of the Ontological Argument in the Writings of Karl Barth and Ch. Hartshorne, Leiden, E.J. Brill, 1974.

VERWEYEN H., *Nach Gott fragen, Anselms Gottesbegriff als Anleitung*, (*Christliche Strukturen in der modern Welt*) Essen, Ludgerus, 1978.

VUILLEMIN J., *Le Dieu d'Anselme et les apparences de la raison*, (*Analyse et raison*) Paris, Aubier-Montaigne, 1971.

5.4 Ontologie

BERGENTHAL F., *Das Sein, der Ursprung und das Wort*. Der Gottesgedanke des hl. Anselm (*Stimmen des Meister*, 3) Augsburg, J.W. Naumann, 1949.

BÜTLER A., *Die Seinslehre des hl. Anselm von Canterbury*, Ingenbohl, Theodoricus Druckerei, 1959.

6. De grammatico et Logique

ASHWORTH E.J., *The Tradition of Medieval Logic and Speculative Grammar from Anselm to the End of the Seventeenth Century*, Toronto, Pontifical Institute of Medieval Studies, 1978.

HENRY D.P., *The 'De grammatico' of St. Anselm*, The Theory of Paronymy, (*Publications in Mediaeval Studies*) Notre-Dame, University of Notre-Dame, 1964.

HENRY D.P., *Commentary on 'De grammatico'*. The Historical-logical Dimensions of a Dialogue of St. Anselm's, (*Synthesis Historical Library*) Dordrecht, Reidel, 1974.

HENRY D.P., *The Logic of St. Anselm*, Oxford, Clarendon Press, 1967.

LESNIEWSKI St., *The De grammatico of St. Anselm*. The Theory of Paronimy, Washington, University of Notre-Dame, 1964.

7. De libertate arbitrii et volonté

BRIANCESCO Ed., *Un tryptique sur la liberté*. La doctrine morale de st Anselme: De veritate, De libertate arbitrii, De casu diaboli, (*L'oeuvre de saint Anselme*) Paris, Desclée de Brouwer, 1982.

KANE G.S., *Anselm's Doctrine of Freedom of the Will*, (*Texts and Studies in Religion*) New-York, Edwin Mellen Press, 1981.

PHELAN G.B., *The Wisdom of Saint Anselm*, (*St Vincent College, Winter Lectures*) Latrobe, Archabbey Press, 1961.

8. Cur deus homo et christologie

GÄDE G., *Eine andere Barmherzigkeit*. Zum Verständnis der Erlösungslehre Anselms von Canterbury, (*Bonner Dogmatische Studien*, 3) Würzburg, Echter, 1989.

HAMMER F., *Genugtuung und Heil, Absicht, Sinn und Grenzen der Erlösunglehre Anselms von Canterbury*, (*Wien Beiträge zur Theologie*) Wien, Herder, 1967.

McINTYRE J., *St Anselm and his Critics*. A Re-interpretation of the *Cur Deus Homo*, Edimburg, Aliver & Boyd, 1954.

9. De processione et trinité

BOUCHE B., *La doctrine du filioque d'après st Anselme de Cantorbery*. Son influence sur st Albert le grand et sur st Thomas d'Aquin, Roma, Pontificia Università Gregoriana, 1938.

PERINO R., *La dottrina trinitaria di s. Anselmo nel quadro del suo metodo teologico e del suo concetto di Dio*, (*Studia Anselmiana*) Roma, Herder, 1952.

SIMONIS W., *Trinität und Vernunft*. Untersuchungen zur Möglichkeit einer rationalen Trinitätslehre bei Anselm, Abaelard, den Victorinern, A. Günther und J. Frohschammer, (*Frankfurter Theologisch Studien*) Frankfurt/Main, J. Knecht, 1972.

Articles

10. Generalites

BAINVEL J., 'La théologie de saint Anselme. Esprit, méthode et procédés, points de doctrine' dans *Revue de philosophie*, 1909, pp. 724-746.

BARTH K., 'Die Notwendigkeit der Theologie bei Anselm von Canterbury' dans *Zeitschrift für Theologie und Kirche*, N.F., 1931, pp. 350-358.

BAYART J., 'The Concept of Mystery According to St. Anselm of Canterbury' dans *Recherches de Théologie Ancienne et Médiévale*, 1937, pp. 126-166.

BIFFI I., 'Anselmo al Bec. Amabilità e rettitudine di un monaco riuscito' dans *Anselmo d'Aosta* (cfr traductions), pp. 43-88.

CAMPBELL R., 'The Systematic Character of St. Anselm's Thought' dans *SB2*, pp. 549-560.

CAMPBELL R., 'Anselm's Theological Method' dans *Scottich Journal of Theology*, 1979, pp. 541-562.

CAMPBELL R., 'On Preunderstanding St. Anselm' dans *New Scholasticism*, 1980, pp. 189-194.

CAMPBELL R., 'Anselm's background Metaphysics' dans *The Scottish Journal of Theology*, 1980, pp. 317-345.

CARRUCCIO E., 'Logica e spiritualità nel pensiero di s. Anselmo' dans *Il Sacro Speco*, 1980, pp. 121-128, 164-168.

COLOMBO G., 'Il metodo teologico di sant'Anselmo' dans *AF*, pp. 163-168.

DECORTES J., 'St. Anselm of Cantorbury on Ultimate Reality and Meaning' dans *Ultimate Reality and Meaning*, 1989, pp. 177-192.

EVANS G.R., 'The Use of Technical Terms of Mathematics in the Writing of St. Anselm' dans *Studia Monastica*, 1976, pp. 67-75.

EVANS G.R., 'St. Anselm's Analogies' dans *Vivarium*, 1976, pp. 81-93.

GAUSS J., 'Anselm von Canterbury. Zur Begegnung und Auseinandersetzung der Religionen' dans *Saeculum*, 1966, pp. 277-363.

HÖDL L., 'Bild und Wirklichkeit der Kirche beim hl. Anselm' dans *SB2*, pp. 667-688.

HOPKINS J., 'On Understanding and Preunderstanding St. Anselm' dans *New Scholasticism*, 1978, pp. 243-260.

MADEC G., 'Y a-t-il une herméneutique anselmienne?' dans *SB2*, pp. 491-500.

MICHAUD-QUANTIN P., 'Notes sur le vocabulaire psychologique de St. Anselme' dans *SB1*, pp. 23-30.

NEDONCELLE M., 'La notion de 'personne' dans l'oeuvre de saint Anselme' dans *SB1*, pp. 31-43.

PICASSO G., 'Sant'Anselmo di Aosta e la «peregrinatio» della Chiesa nel suo tempo' dans *Anselmo d'Aosta* (cfr traductions), pp. 15-42.

POUCHET R., 'Existe-t-il une synthèse anselmienne?' dans *AA1*, pp. 3-10.

POUCHET R., 'La componction de l'humilité et de la piété chez saint Anselme' dans *SB1*, pp. 547-560.

SCHURR A., 'Vie et réflexion selon saint Anselme' dans *Archives de Philosophie*, 1972, pp. 111-26.

STACPOOLE A., 'St. Anselm's Memorials' dans *Downside Review*, 1970, pp. 160-180.

VON BALTHASAR H.U., 'Anselme' dans *La Gloire et la Croix*, t. II (Styles), 1 (D'Irénée à Dante), (*Théologie*) Paris, Aubier-Montaigne, 1968, pp. 192-235.

11. Histoire

11.1 *Avant Anselme*

AUBOURG G., 'Le fonti vive della teologia di s. Anselmo' dans *Benedictina*, 1949, pp. 189-201.

BERTOLA E., 'I precedenti del metodo di Anselmo di Canterbury nella storia dottrinale cristiana' dans *Recherches de Théologie Ancienne et Médiévale*, 1983, pp. 89-144.

CHATILLON F., 'Saint Anselme et l'Ecriture' dans *SB2*, pp. 431-442.

CORBIN M., 'Négation et transcendance dans l'oeuvre de Denys' dans *Revue des Sciences Philosophiques et Théologiques*, 1985, pp. 41-76.

CROUZE R.D., 'The Augustinian Background of St. Anselm's Concept *justicia*' dans *Canadian Journal of Theology*, 1958, pp. 111-119.

DE GHELLINCK J., 'L'entrée d'*essentia, substantia*, et autres mots apparentés dans le latin médiéval' dans *Bulletin Du Cange*, 1941, pp. 77-112.

DRAESEKE J., 'Sur la question des sources d'Anselme' dans *Revue de Philosophie*, 1909, pp. 639-654.

EVANS G.R., 'Time and Eternity. Boethian and Augustinian Sources of the Thought of the Late Eleventh and Early Twelfth Centuries' dans *Classical Folio*, 1977, pp. 105-118.

GREGOIRE R., 'L'utilisation de l'Ecriture sainte chez Anselme de Canterbéry' dans *Revue d'Ascétique et de Mystique*, 1963, pp. 273-293.

HARTSHORNE Ch., 'Anselm and Aristotle's First Law of Modality' dans *SB1*, pp. 51-58.

HENRY D.P., 'The Early History of *Suppositio*' dans *Franciscan Studies*, 1963, pp. 205-212.

HENRY D.P., 'Two Mediaeval Critics of Traditional Grammar (Anselmus, Boethius de Dacia)' dans *Historiographia Linguistica*, 1980, pp. 87-107.

LANG H., 'Anselm's Use of Scripture and his Theory of Sign' dans *SB2*, pp. 443-456.

LOSONCY Th.A., 'Will in St. Anselm. An Examination of its Biblical and Augustinian Origins' dans *SB2*, pp. 701-710.

MONCALLERO L., 'Le fonti della teodicea di sant'Anselmo d'Aosta' dans *Rivista de Filosofia Neo-scolastica*, 1937, pp. 296-309.

PLAGNIEUX J., 'Le binôme iustitia-potentia dans la sotériologie augustinienne et anselmienne' dans *SB1*, pp. 141-154.

POUCHET R., 'Saint Anselme, lecteur de saint Jean' dans *SB2*, pp. 457-468.

PROCELLONI E.M., 'Le problème de la dérivation du monde à partir de Dieu chez Scot Erigène et chez saint Anselme' dans *AA2*, pp. 195-208.

ROBLES L., 'El metodo anselmiano, inspirato de las Confessiones?' dans *Augustinus*, 1969, pp. 177-184.

RONDET M., 'Grâce et liberté. Augustinisme de saint Anselme' dans *SB1*, pp. 155-170.

SALBEGO L., '*Essentia* nel *De trinitate* di s. Agostino e nel *Monologion* di s. Anselmo' dans *AA5*, pp. 205-291.

SCHMITT F.S., 'Anselm und der (Neu-)Platonismus' dans *AA1*, pp. 39-71.

THONNARD F., 'Caractères augustiniens de la méthode philosophique de saint Anselme' dans *SB1*, pp. 171-183.

11.2 *Contemporains d'Anselme*

11.2.1 Gaunilon

DAL PRA, 'Il problema del fondamento del significato nella controversia fra Anselmo e Gaunilon' dans *Rivista Critica di Storia della Filosofia*, 1954, pp. 132-155.

DAL PRA, 'Gaunilone e il problema logico del linguaggio' dans *Rivista Critica della Storia della Filosofia*, 1954, pp. 456-484.

DAVIS S.T., 'Anselm and Gaunilon on the Lost Island' dans *The Southern Journal of Philosophy*, 1975, pp. 435-448.

GREGORY D.R., 'On Behalf on the Second-Rate Philosopher. A Defense of the Gaunilo Strategy against the Ontological Argument' dans *History of Philosophy Quartely*, 1984, pp. 49-60.

HOPKINS J., 'Anselm's Debate with Gaunilon' dans *AA5*, pp. 25-53.

LOSONCY T.A., 'Anselm's Response to Gaunilo's Dilemma. An Insight into the Notion of 'Being' Operative in the *Proslogion*' dans *New Scholasticism*, 1982, pp. 207-216.

MANN W.E., 'The Perfect Island. An Objection to the Ontological Argument' dans *Mind*, 1976, pp. 417-421.

SCHOENBERGER R., '*Responsio Anselmi*. Anselms Selbstinterpretation in seiner Replik auf Gaunilo' dans *Freiburger Zeitschrift für Philosophie und Theologie*, 1989, pp. 3-46.

11.2.2 Autres

ADLHOCH B.F., 'Roscelin und Sanct Anselm' dans *Philosophisches Jahrbuch der Görres-Gessellschaft*, 1907, pp. 442-456.

BIANCO A., 'S. Anselmo tra cultura monastica e scolastica' dans *Rivista Rosminiana di Filosofia e Cultura*, 1980, pp. 132-147.

CANTIN A., 'Sur quelques aspects des disputes publiques au XIe siècle' dans *Mélanges Labande*, Poitiers, 1974, pp. 89-104.

COLISH M.L., 'Eleventh-Century Grammar in the Thought of St. Anselm' dans AA.VV., *Arts libéraux et philosophie au moyen-âge*. Actes du 4e Congrès International de Philosophie Médiévale, Montréal, 1967, Paris, Vrin, 1969, pp. 785-795.

CORVINO Fr., 'Società e cultura nel secolo di Anselmo d'Aosta' dans *Bolletino di Storia della Filosofia dell'Università di Lecce*, 1974, pp. 153-174.

CORVINO Fr., 'Necessità e libertà di Dio in Pier Damiano e in Anselmo d'Aosta' dans *AA5*, pp. 245-260.

DAHAN G., 'Saint Anselme, les juifs, le judaïsme' dans *SB2*, pp. 521-534.

DE WULF M., 'Le problème des universaux dans son évolution historique du IXe au XIIIe siècles' dans *Archiv für Geschichte der Philosophie*, 1896, pp. 427-444.

ENDRES J.A., 'Die Dialektiker und ihre Gegner im 11. Jahrhundert' dans *Philosophisches Jahrbuch*, 1906, pp. 20-33.

ENDRES J.A., 'Studien zur Geschichte der Frühscholastik' dans *Philosophisches Jahrbuch*, 1912, pp. 368-371; 1913, pp. 85-93.

EVANS G.R., 'The Theology of Change in the Writings of St. Anselm and his Contemporaries' dans *Recherches de Théologie Ancienne et Médiévale*, 1980, pp. 53-76.

FOREVILLE R., 'Saint Anselme et son temps. La place de saint Anselme dans l'histoire socio-politique au tournant des 11e-12s.' dans *SB2*, pp. 39-50.

JAVELET R., 'Image et ressemblance au 11e et 12e s.' dans *Dictionnaire de Spiritualité*, VII, 2, Paris, Beauchesne, 1971, pp. 1425-1434.

JOLIVET J., 'Vues médiévales sur les paronymes' dans *Revue Internationale de Philosophie*, 1975, pp. 222-242.

LECLERCQ J., 'Théologie traditionnelle et théologie monastique' dans *Irenikon*, 1964, pp. 50-74.

LEFEVRE Y., 'Saint Anselme et l'enseignement systématique de la doctrine' dans *SB1*, pp. 87-93.

LUSCOMBE D.E., 'St. Anselm and Abaelard' dans *AS*, pp. 207-229.

MAZE Th., 'L'abbaye du Bec au 11e s.' dans AA.VV., *La Normandie bénédictine au temps de Guillaume le Conquérant*, Lille, Facultés Catholiques, 1967, pp. 229-247.

POREE A., 'L'école du Bec et saint Anselme' dans *Revue de Philosophie*, 1909, pp. 618-638.

RICHE' P., 'La vie scolaire et la pédagogie au Bec au temps de Lanfranc et de saint Anselme' dans *SB2*, pp. 213-227.

SCHMIDT M.A., 'L'influence de la méthode anselmienne: la méthode de saint Anselme jugée par les historiens de son temps' dans *Die Wirkungsgeschichte Anselms von Canterbury*, 1975.

SCHMITT F.S., 'Zur Chronologie der Werke des hl. Anselm von Canterbery' dans *Revue Bénédictine*, 1932, pp. 322-350.

SOUTHERN R.W., 'St. Anselm and Gilbert Crispin, Abbot of Westminster' dans *Mediaeval and Renaissance Studies*, 1954, pp. 78-115.

THOMAS R., 'Anselms *fides quaerens intellectum* im *Proslogion* und Abaelards *rationibus fides astruenda et defendenda* im *Dialogus inter Philosophum, iudaeum et christianum*. Eine Vergleichserörterung' dans *AA5*, pp. 197-310.

VAN DE VYVER A., 'Les étapes du développement philosophique du haut moyen-age' dans *Revue Belge de Philologie et d'Histoire*, 1929, pp. 425-452.

VAN STEENBERGHEN F., 'L'organisation des études au moyen-âge et ses répercussions sur le mouvement philosophique' dans *Revue Philosophique de Louvain*, 1954, pp. 572-592.

VIGNAUX P., 'L'histoire de la philosophie dans l'oeuvre de saint Anselme' dans *AA5*, pp. 11-24.

WILLIAMS C.J.F., 'Saint Anselm and his Biographers' dans *Downside Review*, 1964, pp. 124-140.

11.3 *Moyen-Age*

11.3.1 Saint Thomas

BARTHASAR N., 'La méthode en théologie. Idéalisme anselmien et réalisme thomiste' dans *Annales de l'Institut Supérieur de Philosophie*, 1912.

CARDOLETTI P., 'Il metodo teologico di s. Anselmo e la lettura tomista del Proslogion. Nuove dimensioni di un'antica questione' dans *La Scuola Cattolica*, 1966, pp. 359-401.

CHATILLON F., 'De Guillaume d'Auxerre à saint Thomas d'Aquin. L'argument de saint Anselme chez les premiers scolastiques du XIIIe s.' dans *SB1*, pp. 209-231.

FLASCH K., 'Die Bedeutung des anselmianischen Arguments bei Thomas von Aquin' dans *AA4,1*, pp. 111-125.

HAYEN A., 'Saint Anselme et saint Thomas' dans *SB1*, pp. 45-86.

JANNSENS H., 'Saint Thomas et saint Anselme' dans *Xenia Thomistica*, 3, 1925, pp. 289-296.

LAPIERRE M.J., 'Aquinas' Interpretation of Anselm's Definition of Truth' dans *Sciences Ecclésiastiques*, 1966, pp. 413-441.

MASCALL E.L., 'Faith and Reason. Anselm and Aquinas' dans *Journal of Theological Studies*, 1963, pp. 67-90.

MIANO V., 'Gli argomenti del Monologion e la quarta via di s. Tommaso' dans *Divus Thomas*, 1951, pp. 20-32.

ROUSSEAU Ed., 'St. Anselm and St. Thomas. A Reconsideration' dans *New Scholasticism*, 1980, pp. 1-24.

SCHMITT F.S., 'Die Wissenschaftliche Methode bei Anselm von Canterbury und Thomas von Aquin' dans *AA4,2*, pp. 33-38.

VAGAGGINI C., 'La hantise des *rationes necessariae* de saint Anselme dans la théologie des processions trinitaires de saint Thomas' dans *SB1*, pp. 103-139.

11.3.2 Saint Bonaventure

BOUGEROL J.G., 'Saint Bonaventure et saint Anselme' dans *Antonianum*, 1972, pp. 333-361.

MAZZARELLA P., 'L'ascesa a Dio in S. Anselmo d'Aosta e in S. Bonaventura da Bagnoregio' dans *Sophia*, 1969, pp. 356-370.

MAZZARELLA P., 'L'esemplarismo in Anselmo d'Aosta e in Bonaventura da Bagnoregio' dans *AA1*, pp. 145-164.

PLATZECK E.W., 'Die Verwendung der 'via anselmiana' bei Bonaventura' dans *AA4,1*, pp. 127-145.

POUCHET R., 'Le *Proslogion* de saint Anselme et l'esprit de saint Bonaventure' dans *S. Bonaventure (1274-1974)*, 1973, vol. 2, pp. 103-124.

THONNARD F.J., 'La personne humaine dans l'augustinisme médiéval (saint Anselme et saint Bonaventure)' dans AA.VV., *L'homme et son destin d'après les penseurs du moyen-âge*. Actes du 1er Congrès International de Philosophie Médiévale, Louvain-Bruxelles 1958, Louvain, Nauwelaerts, 1960, pp. 163-172.

11.3.3 Autres

BARON R, 'L'idée de liberté chez s. Anselme et Hugues de Saint-Victor' dans *Recherches de Théologie Ancienne et Médiévale*, 1965, pp. 117-121.

Evans G.R., 'Interior homo'. Two Great Monastic Scholars on the Soul: St. Anselm and Abbot of Rievaulx' dans *Studia Monastica*, 1977, pp. 57-73.

Hufnagel A., 'Anselms Wahrheitsverständnis in der Deutung Albert de Groot' dans *SR*, pp. 19-33.

Langston D., 'Scotus' Departure from Anselm's Theory of the Atonement' dans *Recherches de Théologie Ancienne et Médiévale*, 1983, pp. 227-241.

Lewicki J., 'Saint Anselme et les doctrines des cisterciens du 12e s.' dans *AA2*, pp. 209-216.

Lottin O., 'La définition du libre arbitre au 12e s.' dans *Revue Thomiste*, 1927, pp. 104s,214s.

Lottin O., 'Le concept de justice chez les théologiens du moyen-âge avant l'introduction d'Aristote' dans *Revue Thomiste*, 1938, pp. 511-531.

Martinich A.P., 'Scotus and Anselm on the Existence of God' dans *Franciscan Studies*, 1977, pp. 139-152.

Pegis A., 'Four Medieval Ways to God' dans *Monist*, 1970, pp. 317-358.

Vanni Rovighi S., 'Notes sur l'influence de saint Anselme au 12e siècle' dans *Cahiers de Civilisation Médiévale*, 1964, pp. 423-437; 1965, pp. 43-58.

Viola C., 'L'influence de la méthode anselmienne. La méthode de saint Anselme jugée par les historiens de son temps' dans *AA4,2*, pp. 1-32.

Weiss B., 'Der Einfluss Anselms von Canterbury auf Meister Eckhart' dans *AA4,2*, pp. 209-221.

Zimmermann A., 'Die *ratio Anselmi* in einem anonymen Metaphysikkommentar des 14. Jahrhunderts' dans *AA4,1*, pp. 195-201.

11.4 *Depuis les temps modernes*

Bouillard H., 'La preuve de Dieu dans le Proslogion et son interprétation par Karl Barth' dans *SB1*, pp. 191-207.

Brunner F., 'Questions sur l'interprétation du 'Proslogion' par Jules Vuillemin' dans *AA5*, pp. 65-83.

Daoust J., 'Le jansénisme de dom Gerberon, éditeur de saint Anselme' dans *SB1*, pp. 531-540.

de Finance J., 'Position anselmienne et démarche cartésienne' dans *SB1*, pp. 233-258.

Ferrara V.J., 'Some Reflections on the Being-Thought Relationship in Parmenides, Anselm and Hegel' dans *AA3*, pp. 95-111.

Flasch K., 'Vernunft und Geschichte. Der Beitrag Johann Adam Möhlers zum philosophischen Verständnis Anselms von Canterbury' dans *AA1*, pp. 165-194.

Gombocz W.C., 'St. Anselm's Disproof of the Devil's Existence in the *Proslogion*. A Counter Argument against Hought and Rickman' dans *Ratio*, 1973, pp. 334-337.

GOMBOCZ W.C., 'Anselm von Canterbury. Ein Forschunsbericht über die Anselm-Renaissance seit 1960' dans *Philosophische Jahrbuch*, 1980, pp. 109-134.

GRACIA J.J., 'The Structural Elements of Necessary Reasons in Anselm and Lulle' dans *Dialogos*, 1973, pp. 105-129.

KALINOWSKI G., 'La logique de Lésniewsky et la théologie de saint Anselme. A propos de *Medieval Logic and Metaphysics* de D.P. Henry et de *Le Dieu d'Anselme et les apparences de la raison* de J. Vuillemin' dans *Archives de Philosophie*, 1973, pp. 407-416.

KOLHENBERGER H., 'Die Anselmrezeption bei Hegel' dans *AA4,1*, pp. 255-260.

KULHMANN G., 'Zu Karl Barths Anselmbuch' dans *Zeitschrift für Theologie und Kirche*, 1932, pp. 268-281.

LAKEBRINK B., 'Anselm von Canterbury und die hegelsche Metaphysik' dans AA.VV., *Parousia. Studien zur Philosophe*, éd. par F. Flach, Frankfurt/main, Minerva, 1965, pp. 455-470.

MERTON L., 'Reflections on Some Recent Studies of St. Anselm' dans *Monastic Studies*, 1965, pp. 221-234.

OHRSTROM P., 'Anselm, Ockham and Leibniz on Divine Foreknowledge and Human Freedom' dans *Erkennis*, 1984, pp. 209-222.

OLSEN G.W., 'Hans Urs von Balthasar and the Rehabilitation of St. Anselm's Doctrine of the Atonement' dans *Scottish Journal of Theology*, 1981, pp. 49-61.

PUCELLE J., 'Notes sur Kant et la preuve ontologique' dans *AA2*, pp. 187-193.

SCHURR A., 'Anselmo d'Aosta nel giudizio dei contemporanei. Un' analisi critica dell'interpretazione del filosofia anselmiana secondo K. Jaspers' dans *AA5*, pp. 195-204.

SEIFERT J., 'Kant y Brentano contra Anselmo y Descartes' dans *Thémata*, 1985, pp. 129-147.

SERENTHA M., 'La discussione più recente sulla teoria anselmiana della soddisfazione. Attuale status quaestionis' dans *Scuola Cattolica*, 1980, pp. 344-393.

VIGNAUX P., 'S. Anselme, Barth, et au-delà' dans *Les Quatre Fleuves*, 1973, pp. 83-95.

VIOLA C., 'Dalle filosofie ad Anselmo di Canterbury. L'itinerario teologico di Karl Barth' dans *Doctor Communis*, 1971, pp. 98-123.

WATSON G., 'Karl Barth and St. Anselm's Theological Programme' dans *Scottish Journal of Theology*, 1977, pp. 31-45.

YANDELL K.E., 'Richard R. La Croix's Proslogion II and III. A Third Interpretation of Anselm's Argument' dans *The Journal of Value Inquiry*, 1974, pp. 143-157.

YOLTON J.W., 'Professor Malcolm on St. Anselm, Belief and Existence' dans *Philosophy*, 1961, pp. 367-370.

12. Monologion

ADAMS M.M., 'Was Anselm a Realist? The *Monologium*' dans *Franciscan Studies*, 1972, pp. 5-14.

ANTWEILER A., 'Anselm von Canterbury, *Monologion* und *Proslogion*' dans *Scholastik*, 1933, pp. 551-560.

FLASCH K., 'Der philosophische Ansatz des Anselm von Canterbury im *Monologion* und sein Verhältnis zum augustinischen Neuplatonismus' dans *AA2*, pp. 1-43.

GILBERT P., '*Id est summum omnium quae sunt*' dans *Revue Philosophique de Louvain*, 1984, pp. 199-223.

KOHLENBERGER H., 'Konsequenzen und Inkonsequenzen der Trinitätslehre in Anselms *Monologium*' dans *AA5*, pp. 149-178.

MACCAGNOLO E., 'La continuità di *Monologion* e *Proslogion*' dans *Studi di filosofia in onore di Gustavo Bontadini*, 1974, pp. 1-23.

SCHMAUS M., 'Die metaphysisch-psychologische Lehre über den Geist im *Monologion* Anselms von Canterbury' dans *SR*, pp. 198-219.

SCHMITT F.S., 'Les corrections de saint Anselme à son *Monologion*' dans *Revue Bénédictine*, 1938, pp. 194-205.

VERWEYEN H., 'El *Monologion* de Anselmo. Líneas fundamentales de un sistema de filosofía trascendantal' dans *Anuario Filosofico*, 1976, pp. 107-126.

VIGNAUX P., 'Structure et sens du *Monologion*' dans *Revue des Sciences Philosophiques et Théologiques*, 1947, pp. 192-212.

VIGNAUX P., 'Note sur le chapitre LXX du *Monologion*' dans *Revue du Moyen-Age Latin*, 1947, pp. 321-334.

VIGNAUX P., 'La méthode de s. Anselme dans le *Monologion* et le *Proslogion*' dans *Aquinas*, 1965, pp. 110-129.

VIGNAUX P., 'Nécessité des raisons dans le *Monologion*' dans *Revue des Sciences Philosophiques et Théologiques*, 1980, pp. 3-25.

13. Proslogion

13.1 *Vues Générales*

ANTONELLI T., 'Il significato del Proslogion di Anselmo d'Aosta' dans *Rivista Rosminiana*, 1951, pp. 260-268.

BRECHTEN J., 'Das unum argumentum des Anselm von Canterbury. Seine Idee und Geschichte und seine Bedeutung für die Gottesfrage von heute' dans *Freiburger Zeitschrift für Philosophie und Theologie*, 1975, pp. 171-203.

CORBIN M., 'Essai sur la signification de l'unum argumentum du Proslogion' dans *Revue de l'Institut Catholique de Paris*, 1985, pp. 25-49.

CORBIN M., 'Préface' à K. BARTH, *Fides quaerens intellectum*, 2e éd., Neuchatel, Labor et Fides, 1985, pp. V-XIV.

ESCRIBANO A.I., 'El alcance teologico del Proslogion de san Anselmo' dans *Verdad y vida*, 1965, pp. 237-253.

HERRERA R.A., 'St. Anselms' Proslogion. A Hermeneutical Task' dans *AA3*, pp. 141-145.

HERRERA R.A., 'St. Anselm's Proslogion. Knowing and Experiencing God' dans *Journal of Christendom College*, 1976, pp. 34-53.

JAVELET R., 'L'argument dit ontologique et la speculatio' dans *SB2*, pp. 501-510.

KOHLENBERGER H., 'Dialogisches Denken bei Anselm von Canterbury' dans *Salzburger Jahrbuch für Philosophie*, 1970, pp. 29-34.

LAZZARINI R., 'L'argomento ontologico e l'opzione intenzionale definitiva' dans *Scritti in onore di C. Giacon*, 1972, pp. 173-188.

MALCOLM J., 'A no Nonsense Approach to St. Anselm' dans *Franciscan Studies*, 1981, pp. 525-535.

PARODI M., *Il conflitto dei pensieri*. Studio su Anselmo d'Aosta, Bergamo, Pierluigi Lubrina, 1988.

RIST J.M., 'Notes on Anselm's Aims in the Proslogion' dans *Vivarium*, 1973, pp. 109-118.

SCAPIN P., 'Argomento ontologico e ateismo semantico' dans *AS*, pp. 95-101.

SLATTERY M.P., 'The Negative Ontological Argument' dans *New Scholasticism*, 1969, pp. 614-617.

SOEHNGEN G., 'Die Einheit der Theologie in Anselms Proslogion' dans *Die Einheit in der Theologie*, München, 1952, pp. 24-62.

STOLZ A., 'Zur Theologie Anselms im Proslogion' dans *Cattolica*, 1933, pp. 1-24.

STOLZ A., 'Das Proslogion des hl. Anselm' dans *Revue Bénédictine*, 1935, pp. 331-347.

ULRICH F., '*Cur non video presentem?* Zur Implikation der 'griechischen' und 'lateinischen' Denkform bei Anselm und Scotus Erigena' dans *Zeitschrift für Philosophie und Theologie*, 1975, pp. 70-170.

13.2 *Foi*

ANDERSON A., 'Anselm and the Logic of Religious Belief' dans *Harvard Theological Review*, 1968, pp. 149-173.

BECKER J.B., 'Der Satz des hl. Anselm *Credo ut intelligam* in seiner Bedeutung und Tragweite' dans *Philosophisches Jahrbuch der Görres-Gesellschaft*, 1906, pp. 115-127, 312-326.

BEORLIER E., 'Les rapports de la raison et de la foi dans la philosophie de saint Anselme' dans *Revue de Philosophie*, 1909, pp. 692-723.

CATTIN Y., '*Proslogion* et *De veritate: ratio, fides, veritas*' dans *SB2*, pp. 595-610.

CORBIN M., 'La foi en quête d'intelligence. Lecture d'un texte d'Anselme de Canterbéry' dans *Christus*, 1975, pp. 458-468.

KANE G.St., 'Fides quaerens intellectum in Anselms Thought' dans Scottish Journal of Theology, 1973, pp. 40-62.

MARECHAUX B., 'A propos du Fides quaerens intellectum de saint Anselme' dans Rivista Storica Benedettina, 1909, pp. 25-39.

MAZZARELLA P., 'Ragione, fede et illuminazione in Anselmo d'Aosta' dans Sophia, 1964, pp. 101-110.

O'TOOLE Ed.J., 'Anselm's Logic of Faith' dans AA3, pp. 146-154.

PAILIN D.A., 'Credo ut intelligam as the Method of Theology and its Verification. A Study in Anselm's Proslogion' dans AA4,2, pp. 111-129.

ROBERTS W.W., 'The Relation of Faith and Reason in St. Anselm of Canterbury' dans American Benedictine Review, 1974, pp. 494-512.

VERWEYEN H., 'Faith Seecking Unterstanding. An Atheistic Interpretation' dans New Scholasticism, 1970, pp. 372-395.

VIGNA, 'Ragion e fede nelle opere di s. Anselmo' dans Rivista di Filosofia Neo-scolastica, 1909, pp. 415-429.

VIOLA C., 'Foi et vérité chez saint Anselme' dans SB2, pp. 583-594.

WOLZ H.J., 'The Function of Faith in the Ontological Argument' dans Proceedings of American Catholic Philosophy Association, 1951, pp. 151-163.

13.3 Raison

CANTIN A., ' 'Ratio' et 'Auctoritas' de Pierre Damien à Anselme' dans Revue des Etudes Augustiniennes, 1972, pp. 152-179.

CANTIN A., 'Saint Anselme au départ de l'aventure européenne de la raison' dans SB2, pp. 611-622.

GOCHET P., 'Le Dieu d'Anselme et les apparences de la raison' dans Revue Internationale de Philosophie, 1972, pp. 187-198.

GARRIDO M., 'El supuesto racionalismo de San Anselmo' dans Verdad y Vita, 1955, pp. 469-480.

GOGACZ M., 'La ratio Anselmi en face du problème des relations entre métaphysique et mystique' dans AA2, pp. 169-185.

HAENCHEN E., 'Anselm und Vernunft' dans Zeitschrift für Theologie und Kirche, 1951, pp. 312-342.

JACQUIN A.M., 'Les rationes necessariae de saint Anselme' dans Mélanges Mandonnet, t. 2, (Bibliothèque Thomiste) Paris, Vrin, 1930, pp. 67-78.

KOLHENBERGER H., 'Sola ratione, Teleologie, Rechtsmetaphorik' dans SR, pp. 35-55.

VANNI ROVIGHI S., 'Ratio in Anselmo d'Aosta' dans Studi di filosofia medioevale, t. 1, Da s. Agostino al secolo XII, (Scienze filosofiche) Milano, Vita e Pensiero, 1978.

VIGNAUX P., 'Mystique, scolastique, exégèse' dans AA.VV., Dieu et l'être, Paris, Etudes Augustiniennes, 1978, pp. 205-211.

13.4 Prière

PÄCHT O., 'The Illustration of St. Anselm's Prayers and Meditations' dans Journal of the Warburg and Courtauld Institutes, 1956, pp. 68-83.

PALIARD J., 'Prière et dialectique' dans *Dieu Vivant*, 1946, pp. 53-70.

ROQUES R., 'Structure et caractère de la prière anselmienne' dans *SR*, pp. 119-187.

13.5 *Argument ontologique*

13.5.1 Vues générales

ANSCOMBE G., 'Por que la prueba de Anselmo en el 'Proslogion' no es un argumento ontológico' dans *Annuario filosófico*, 1982, pp. 9-18.

BASHAM R.R., 'The 'Second Version' of Anselm's Ontological Argument' dans *Canadian Journal of Philosophy*, 1976, pp. 665-683.

BERG J., 'Ueber den ontologischen Gottesbeweis' dans *Kant-Studien*, 1971, pp. 236-242.

CAPPUYNS D.M., 'L'argument de saint Anselme' dans *Recherches de Théologie Ancienne et Médiévale*, 1934, pp. 313-330.

CENTIOLI E., 'L'argomento ontologico è veramente... ontologico?' dans *Doctor Communis*, 1966-1967, pp. 107-109.

COURTENAY W.J., 'Necessity and Freedom in Anselm's Conception of God' dans *AA4,2*, pp. 39-64.

DAVIS St, 'Does the Ontological Argument Beg the Question ?' dans *International Journal for Philosophy of Religion*, 1976, pp. 433-442.

DEVINE Ph., 'Does St. Anselm Beg the Question ?' dans *Philosophy*, 1975, pp. 271-281.

DOENS DE LAMBERT E., 'L'argument de saint Anselme' dans *Etudes Franciscaines*, 1967, pp. 105-113.

EVANS G.R., 'St. Anselm and Knowing God' dans *Journal of Theological Studies*, 1977, pp. 430-444.

EWINGS A.C., 'Further Thoughts on the Ontological Argument' dans *Religious Studies*, 1969, pp. 41-48.

FARINELLI L., 'S. Anselmo e l'argomento ontologico' dans *Filosofia e Vita*, 1961, pp. 41-53.

FINDLAY J.N., 'Can God's Existence Be Disproved?' dans *Mind*, 1948, pp. 176-183.

FOREST A., 'Remarques sur l'argument du Proslogion' dans *Scritti in onore di C. Giacon*, (*Miscellanea Erudita*) Padova, Antinori, 1972, pp. 147-172.

FOREST A., 'L'argument de saint Anselme dans la philosophie réflexive' dans *SB1*, pp. 273-294.

GAGNON C., 'L'argument d'Anselme vu comme un problème d'enseignement' dans *AA5*, pp. 141-148.

GILSON Et., 'Sens et nature de l'argument de saint Anselme' dans *Archives d'Histoire Doctrinale et Littéraire du Moyen-Age*, 1934, pp. 5-51.

HARTSHORNE Ch., 'The Formal Validity and Real Significance of the Ontological Argument' dans *Philosophical Review*, 1944, pp. 225-245.

HENRY D.P., 'The Proslogion Proof' dans *Philosophical Quartely*, 1955, pp. 147-151.

HOLZHEY H., 'Der ontologische Gottesbeweis. Bemerkungen zum Gottesbegriff in Philosophie und Theologie' dans *Studia Philosophica*, 1968, pp. 47-67.

JOHNSON O.A., 'God and St. Anselm' dans *Journal of Religion*, 1965, pp. 326-334.

KEILBACH W., 'Der Proslogion-Beweis im Lichte philosophischer Gotteserkenntnis und mystischer Gotteserfahrung' dans AA.VV., *Arts libéraux et philosophie au moyen-âge*, 1969, pp. 1113-1117.

LA VIA L., 'Filosofia e 'argomento ontologico'' dans *Teoresi*, 1972, pp. 37-49.

MALCOLM B.N., 'Anselm's Ontological Argument' dans *Philosophical Review*, 1960, pp. 41-62.

MERTON L.T., 'St. Anselm and his Argument' dans *American Benedictine Review*, 1966, pp. 238-262.

MORREAL J., 'The Aseity of God in St. Anselm' dans *Studia Theologica*, 1982, pp. 37-46.

NAULIN P., 'Réflexions sur la portée de la preuve ontologique chez Anselme de Canterbéry' dans *Revue de Métaphysique et Morale*, 1969, pp. 1-20.

O'GORMAN F.P., 'Yet Another Book on the Ontological Argument' dans *Philosophical Studies*, 1975, pp. 49-62.

O'NEIL, 'A New Approach to St. Anselm's Ontological Argument' dans *Dialogue*, 1975-1976, pp. 20-25.

PEGIS A., 'St. Anselm and the Argument of the Proslogion' dans *Medieval Studies*, 1966, pp. 228-267.

PURTILL R.L., 'Three Ontological Arguments' dans *International Journal of Philosophy and Religion*, 1975, pp. 102-110.

REISS L., 'Anselm's Arguments and the Double-Edged Word' dans *Philosophical Forum*, 1970-1971, pp. 511-530.

ROUSSEAU P., 'Notes sur la connaissance de Dieu selon saint Anselme' dans AA.VV., *De la connaissance de Dieu*, (*Recherches de Philosophie*) Paris, DDB, 1958, pp. 177-185.

ROWE W.L., 'The Ontological Argument and Question-Begging' dans *International Journal of Philosophy and Religion*, 1977, pp. 425-432.

SAGAL P.T., 'Anselm's Refutation of Anselm's Ontological Argument' dans *Franciscan Studies*, 1973, pp. 285-291.

SCHMITT F.S., 'Der ontologische Gottesbeweiss Anselms' dans *Theologische Revue*, 1933, pp. 217-223.

SCHMITT F.S., 'Der ontologische Gottesbeweis und Anselm' dans *AA3*, pp. 81-94.

SCHUFREIDER G., 'The Identity of Anselm's Argument' dans *Modern Schoolman*, 1977, pp. 345-361.

SCHUFREIDER G., 'Reunderstanding Anselm's Argument' dans *New Scholasticism*, 1983, pp. 384-409.

SCHÜLER B., 'Anselms Gottesbeweis aus dem menschlichen Bewusstsein. Kritik und Weiterführung' dans *Wissenschaft und Weisheit*, 1966, pp. 96-104.

SONTAG F., 'The Meaning of 'Argument' in Anselm's Ontological 'Proof'' dans *Journal of Philosophy*, 1967, pp. 459-486.

SONTAG F., 'Anselm's Concept of God' dans *Scottish Journal of Theology*, 1982, pp. 213-218.

STEARNS J.B., 'Anselm and the Two-Argument Hypothesis' dans *Monist*, 1970, pp. 221-233.

STOLZ A., '*Vere esse* im Proslogion des hl. Anselm' dans *Scholastik*, 1934, pp. 400-409.

STREVELER P.A., 'Two 'News' Critics of the Ontological Argument' dans *AA5*, pp. 55-64.

THAMM G., 'Zum Proslogionsbeweis des hl. Anselm' dans *Theologie und Glaube*, 1975, pp. 289-292.

VANNI ROVIGHI S., 'C'è un 'secondo argomento ontologico?' dans *Studi di filosofia medioevale*, t. 1, (*Scienze Filosofiche*) Milano, Vita e Pensiero, 1978, pp. 37-44.

WARNACH V., 'Zum Argument im Proslogion Anselms von Canterbury' dans AA.VV., *Einsicht und Glaube*. Festgabe G. Söhngen, Freiburg/Breisgau, Herder, 1962, pp. 337-357.

13.5.2 Histoire

AUDET Th.A., 'Une source augustinienne de l'argument de saint Anselme' dans *Etienne Gilson, Philosophe de la Chrétienté*, 1949, pp. 105-142.

BALDASSARI M., 'Lo stoicismo antico e l'argomento ontologico' dans *Rivista di Filosofia Neo-scolastica*, 1971, pp. 391-418, 547-574.

BISSINGER A., 'Das ontologische Argument bei Christian Wolff' dans *AA4,1*, pp. 243-247.

BONANSEA B.M., 'Duns Scotus and St. Anselm's Ontological Argument', dans *De doctrina Ioannes Duns Scotus*. Acta Congressus Scotistus Internationalis, Roma, Commissionis Scolasticae, 1968, pp. 461-475.

CONNELLY R.J., 'The Ontological Argument : Descartes' Advice to Hartshorne' dans *New Scholasticism*, 1969, pp. 530-554.

COSGROVE M.R., 'Thomas Aquinas on Anselm's Argument' dans *Review of Metaphysics*, 1973-1974, pp. 513-530.

DAVIS St.T., 'Anselm and Question-Begging. A Reply to William Rouve' dans *International Journal for Philosophy of Religion*, 1976, pp. 448-457.

DEGL'INNOCENTI H., 'Argumentum S. Anselmi pro Dei existentia iudicatum a s. Thomas' dans *Aquinas*, 1962, pp. 149-169.

DELHOUGNE H., 'L'argument ontologique est-il philosophique ou théologi-que? Examen critique de la position de K. Barth' dans *Revue des Sciences Religieuses*, 1979, pp. 42-63.

ENDERS H.W., 'Die 'quinque viae' des Thomas Aquinas und das Argument aus Anselms Proslogion' dans *Wissenschaft und Weisheit*, 1977, pp. 158-188.

ENSLIN H., 'Der ontologische Gottesbeweis bei Anselm von Canterbury und bei Karl Barth' dans *Neue Zeitschrift für Systematische Theologie*, 1969, pp. 154-177.

FERRARA V.J., 'Hegel's Logic: a Dialectical Substantiation of Anselm's Ontological Argument' dans *AA4,1*, pp. 261-274.

HOCHBERG H., 'St. Anselm's Ontological Argument and Russell's Theory of Description' dans *New Scholasticism*, 1959, pp. 319-330.

HOLZ H., 'Das 'ontologische Argument' und die Philosophie Schellings' dans *AA4,1*, pp. 275-302.

HOMMES U., 'Das Sprechen von Gott. Zum ontologischen Argument in Blondels Philosophie der *Action*' dans *AA4,1*, pp. 309-316.

HOPKINS J., 'On an Alleged Definitive Interpretation of Proslogion 2-4. A Discussion of G. Schufreider's *An Introduction to Anselm's Argument*' dans *The Southern Journal of Philosophy*, 1981, pp. 129-139.

JAVELET R., 'Interprétation de l'argument ontologique par la *speculatio*: Herbert de Boscham et saint Anselme' dans *AA5*, pp. 59-103.

MOREAU J., 'L'argument ontologique chez Spinoza' dans *AA4,1*, pp. 239-242.

OEING-HANHOFF L., 'Der sogenannte ontologische Gottesbeweis bei Descar-tes und Bonaventura' dans *AA4,1*, pp. 211-220.

OTTAVIANO C., 'Le basi psicologiche dell'argomento ontologico in un im-portante passo dei 'Dicta Anselmi'' dans *Sophia*, 1970, pp. 68-79.

PAILIN D.A., 'An Introductive Survey of Charles Hartshorne's Work on the Ontological Argument' dans *AA4,1*, pp. 221-.

PAILIN D.., 'Some Comments on Hartshorne's Presentation of the Onto-logical Argument' dans *Religious Studies*, 1968-1969, pp. 103-122.

PAOLINELLI M., 'Note sull'argomento ontologico (Gaunilone, Gascendi, Leibniz, Crusius)' dans *Rivista di Filosofia Neo-scolastica*, 1977, pp. 610-626.

PAOLINELLI M., 'San Tommaso e Chr. Wolff sull'argomento ontologico' dans *Rivista di Filosofia Neo-scolastica*, 1974, pp. 898-945.

POTTER V.G., 'Karl Barth and the Ontological Argument' dans *Journal of Religion*, 1965, pp. 309-326.

RENTZ W., 'Die Analyse und Interpretation des argumentum Anselmi von Heinrich Scholz' dans *Neue Zeitschrift für systematische Theologie und Philosophie*, 1979, pp. 71-91.

SAMUEL O., 'Der ontologische Gottesbeweis bei Karl Barth, Immanuel Kant und Anselm von Canterbury' dans *Theologische Blätter*, 1935, pp. 141-153.

SCHMIDT G., 'Das ontologische Argument bei Descartes und Leibniz' dans *AA4,1*, pp. 221-230.

SCOTT F., 'Scotus and Gilson on Anselm's Ontological Argument' dans *Antonianum*, 1965, pp. 442-448.

STEIGER L., 'Ontologisches oder kosmologisches Argument? Anselm zwischen Kant, Hegel und Barth' dans *AA4,1*, pp. 317-322.

STENGRIN G.L., 'Malebranche's Version of the Ontological Argument' dans *AA4,1*, pp. 231-237.

TILLIETTE X., 'L'argument ontologique et l'histoire de l'ontothéologie' dans *Archives de Philosophie*, 1962, pp. 128-149; 1963, pp. 90-116.

TILLIETTE X., 'Sur la preuve ontothéologique' dans *Recherches de Science Religieuse*, 1962, pp. 206-221.

VAUGHT C.C., 'Hartshorne's Ontological Argument' dans *International Journal for the Philosophy of Religion*, 1972, pp. 18-34.

VEGA REÑON I., 'El argumento ontologico de s. Anselmo en Michele Federico Sciacca' dans *Crisis*, 1969, pp. 261-283.

VERGNES J., 'Les sources de l'argument de saint Anselme' dans *Revue des Sciences Religieuses*, 1924, pp. 576-579.

VIGNAUX P., 'La preuve ontologique chez Jean de Ripa' dans *AA4,1*, pp. 173-194.

YANDELL K.E., 'Richard R. La Croix's Proslogion II and III. A Third Interpretation of Anselm's Argument' dans *Journal of Value Inquiry*, 1974, pp. 367-370.

13.5.3 Logique

ADAMS M.M., 'The Logical Structure of Anselm's Argument' dans *Philosophical Review*, 1971, pp. 28-54.

DOU A., 'Formalizacion del argumento anselmiano' dans *Pensamiento*, 1967, pp. 263-272.

HARRISON C., 'The Ontological Argument in Modal Logic' dans *Monist*, 1970, pp. 250-279.

HENRY D.P., 'Proslogion Chap. III' dans *AA1*, pp. 101-105.

MARTIN R.M., 'On the Logical Structure of the Ontological Argument' dans *Monist*, 1975, pp. 297-311.

NELSEN O., 'Modal Logic and the Ontological Proof of God's Existence' dans *Review of Metaphysics*, 1973, pp. 235-242.

OAKES R., 'Containment, Analyticity and the Ontological Argument' dans *Thomist*, 1975, pp. 319-331.

VAN BUREN P.M., 'Anselm's Formule and the Logic of God' dans *Religious Studies*, 1973, pp. 279-288.

WHITE S.E., 'Logical Necessity and God's Existence' dans *Personnalist*, 1972, pp. 199-204.

13.5.4 Maius

BRECHER R., ''Greatness' in Anselm's Ontological Argument' dans *Philosophical Quartely*, 1974, pp. 97-105.

CORBIN M., 'Cela qui est plus grand qu'on ne puisse penser' dans *Lettre de Ligugé*, 1981-1982, pp. 19-33.

CORBIN M., 'Dieu au plus haut des cieux' dans *Nouvelle Revue Théologique*, 1982, pp. 175-188.

CORBIN M., 'Cela dont plus grand ne puisse être pensé' dans *AS*, pp. 59-84.

DANGELMAYR R., 'Maximum und Cogitare bei Anselm und Cusanus. Zur Problematik des Proslogion-Arguments' dans *AA4,1*, pp. 203-210.

EVDOKIMOV P., 'L'aspect apophatique de l'argument de saint Anselme' dans *SB1*, pp. 233-258.

GABEL H., 'Il quo maius cogitari nequit' dans *Freiburger Zeitschrift für Theologie und Philosophie*, 1962, pp. 397-401.

GRACIA J.J., 'A Supremely Great Being' dans *New Scholasticism*, 1974, pp. 371-377.

MOREAU J., 'Intelligible et impensable' dans *SB1*, pp. 85-94.

RICHMANS R.J., 'Id quo nihil maius cogitari potest' dans *Archiv für Geschichte der Philosophie*, 1971, pp. 279-299.

SCHMIDT M.A., 'Quod maior sit, quam cogitari possit (Anselm von Canterbury, Proslogion)' dans *Theologisch Zeitschrift*, 1956, pp. 337-346.

SCHMIDT M.A., 'L'idée de grandeur et le Proslogion de saint Anselme' dans AA.VV., *Akten des 14. Internationalen Kongresses für Philosophie*, Wien, 1969, 1969, pp.

VIOLA C., 'La dialectique de la grandeur, une interprétation du Proslogion' dans *Recherches de Théologie Ancienne et Médiévale*, 1970, pp. 23-55.

VUILLEMIN J., '*Id quo nihil maius cogitari potest*. über die innere Möglichkeit eines rationalen Gottesbegriffs' dans *Archiv für Geschichte der Philosophie*, 1971, pp. 279-299.

13.5.5 Insensé

BARNETTE R.L., 'Anselm and the 'Fool'' dans *International Journal for Philosophy of Religion*, 1975, pp. 201-218.

HENRY D.P., 'Saint Anselm Nonsense' dans *Mind*, 1969, pp. 51-61.

ROQUES R., '*Derisio, simplicitas, insipientia*. Remarques mineures sur la terminologie de saint Anselme' dans AA.VV., *L'homme devant Dieu*. Mélanges offerts au P. de Lubac, t. 2, (*Théologie*), Paris, Aubier-Montaigne, 1964, pp. 47-61.

SCHMIECHEN P.M., 'Anselm and the Faithfulness of God' dans *Scottisch Journal of Theology*, 1973, pp. 151-168.

VISVADER J., 'Anselm's Fool' dans *Studies in Religion*, 1980, pp. 441-449.

WALD A.W., 'The Fool and the Ontological Status of St. Anselm's Argument' dans *Heythrop Journal*, 1974, pp. 406-422.

13.5.6 Existence

BÄCK A., 'Existential Import in Anselm's Ontological Argument' dans *Franciscan Studies*, 1981, pp. 97-109.

BRECHER R., 'Anselm's Argument. The Logic of Divine Existence' dans *SB2*, pp. 501-510.

BUSKE Th., 'Existenz als Accomodatio des Seins. Der 'ontologische' Gottesbeweis bei Anselm von Canterbury' dans *Theologische Zeitschrift*, 1972, pp. 197-211.

CRAWFORD P., 'Existence, Predication and Anselm' dans *Monist*, 1966, pp. 109-124.

GOGACZ M., 'Les termes 'notion' et 'existence' permettent-ils d'entendre la preuve ontologique de saint Anselme conformément au contenu du Proslogion?' dans *Mediaevalia Philolophica Polonorum*, 1961, pp. 25-32.

HOVE L.T., 'Existence as a Perfection: A Reconsideration of the Ontological Argument' dans *Religious Studies*, 1968, pp. 78-101.

MARGAIN H., 'La existencia y el argumento ontologico' dans *Dianoia*, 1975, pp. 85-102.

13.5.7 Métaphysique

CROCKER S.F., 'The Ontological Signifiance of Anselm's *Proslogion*' dans *Modern Schoolman*, 1972-1973, pp. 33-56.

CAFFARENA J.G., 'Argumento ontológico y metafísica de lo Absoluto' dans *Pensamiento*, 1963, pp. 301-332.

DUNCAN R., 'Analogy and the Ontological Argument' dans *New Scholasticism*, 1980, pp. 25-34.

HENRY D.P., 'St. Anselm and Nothingness' dans *Philosophical Quarterly*, 1965, pp. 243-246.

PAYOT R., 'L'argument ontologique et le fondement de la métaphysique' dans *Archives de Philosophie*, 1976, pp. 227-268, 427-444, 629-645.

VITALI Th., 'The Ontological Argument : Model for Neoclassical Metaphysics' dans *Modern Schoolman*, 1980, pp. 130-135.

ZIMMERMANN K., 'Anselm von Canterbury. Der ontologische Gottesbeweis und das Problem der metaphysischen Erkenntnis' dans AA.VV., *Die Metaphysik in Mittelalter*. 2e Congrès International de Philosophie du Moyen-Age, Köln, 1961, (*Miscellanea Mediaevalia*) Berlin, de Gruyter, 1963, pp. 184-191.

13.6 *Justice*

BARRAL M.R., 'Truth and Justice in the Mind of Anselm' dans *SB2*, pp. 571-582.

FAIRWEATHER E.R., 'Truth, Justice and Moral Responsability in the Thought of St. Anselm' dans AA.VV., *L'homme et son destin d'après les penseurs du moyen-âge*, Actes du 1er Congrès International de Philosophie du Moyen-Age, Louvain-Bruxelles, 1958, Louvain, Nauwelaerts, 1960, pp. 385-391.

GILBERT P., 'Justice et miséricorde dans le *Proslogion* de saint Anselme' dans *Nouvelle Revue Théologique*, 1986, pp. 218-238.

O'CONNOR M.J.A., 'New Aspects of Omnipotence and Necessity in Anselm' dans *Religious Studies*, 1968-1969, pp. 133-146.

13.7 Lumière

DE LUBAC H., ' 'Seigneur, je cherche ton visage'. Sur le chapitre XIVe du Proslogion de saint Anselme' dans *Archives de Philosophie*, 1976, pp. 201-225, 407-425 (republié dans H. DE LUBAC, *Recherches dans la foi*, [*Bibliothèque des Archives de Philosophie*] Paris, Beauchesne, 1979, pp. 79-124).

EVANS G.R., 'St. Anselm's Theory of Vision and his Observations of Optical Phenomena' dans *Communications and Cognition*, 1977, pp. 51-59.

KOHLENBERGER H., 'Zur Metaphorik des Visuellen bei Anselm von Canterbury' dans *AA1*, pp. 11-37.

WIERENGA Ed., 'Anselm on Omnipresence' dans *New Scholasticism*, Winter 1988, pp. 30-41.

14. **De grammatico et logique**

BERLINGER R., 'Zur Sprachmetaphysik des Anselm von Canterbury. Eine spekulative Explikation' dans *AA5*, pp. 99-112.

COLISH M.L., 'St. Anselm's Philosophy of Language Reconsidered' dans *AS*, pp. 113-124.

DAL PRA, ' 'Cogitatio vocum' e 'cogitatio rerum' nel pensiero di Anselmo' dans *Rivista Critica di Storia della Filosofia*, 1954, pp. 309-343.

EVANS G.R., 'St. Anselm's Definitions' dans *Archivium Latinitatis Medii Aevi*, 1979, pp. 91-100.

EVANS G.R., '*Inopes verborum sunt latini*. Technical Language and Technical Terms in the Writings of St. Anselm and Some Commentators of the Mid-Twelfth Century' dans *Archives d'Histoire Doctrinale et Littéraire du Moyen-Age*, 1976, pp. 113-134.

EVANS G.R., 'The 'Recrue Technician'. Varieties of Paradoxes in the Writings of St. Anselm' dans *Vivarium*, 1975, pp. 1-21.

EVANS G.R., 'St. Anselm's Technical Terms of Grammar' dans *Latomus*, 1979, pp. 411-421.

GALONNIER A., 'Introduction au *De grammatico*' dans *L'oeuvre de saint Anselme*, t. 2, Paris, Cerf, 1987, pp. 25-49.

GOMBOCZ W. et DAZELEY H.L., 'Interpreting Anselm as Logician' dans *Synthese*, 1979, pp. 71-96.

GOMBOCZ W., 'Anselm über Sinn und Bedeutung' dans *AS*, pp. 125-142.

HARTMAN R.S., 'Prolegomena to a Meta-anselmian Axiomatic' dans *Review of Metaphysics*, 1960-61, pp. 637-675.

HENRY D.P., 'The Scope of the Logic of St. Anselm' dans AA.VV. *L'homme et son destin d'après les penseurs du moyen-âge*. Actes du 1er Congrès International de Philosophie, Louvain-Bruxelles, 1958, Louvain Nauwelaerts, 1960, pp. 377-383.

HENRY D.P., 'Anselmian Categorial and Canonical Language' dans *SB2*, pp. 537-548.

HENRY D.P., 'Saint Anselm as Logician' dans *SR*, pp. 13-17.

HENRY D.P., 'Why 'Grammaticus'' dans *Bulletin Du Cange*, 1958, pp. 165-180.

HENRY D.P., 'St. Anselm's De Grammatico' dans *Philosophical Quarterly*, 1960, pp. 115-126.

HENRY D.P., 'Was St. Anselm Really a Realist?' dans *Ratio*, 1963, pp. 181-189.

HENRY D.P., 'Remarks on St. Anselm's Treatment of Possibility' dans *SB1*, pp. 19-22.

HERRERA R.A., 'St. Anselm: A Radical Empirist' dans *AA2*, pp. 45-56.

JOLIVET J., 'Préface' à *L'oeuvre de saint Anselme*, t. 2, Paris, Cerf, 1987, pp. 13-21.

McINTYRE J., 'Premises and Conclusions in the System of St. Anselm's Theology' dans *SB1*, pp. 95-101.

RIVIERE J., 'Saint Anselme logicien' dans *Revue des Sciences Religieuses*, 1937, pp. 306-315.

WALTON D., 'St. Anselm and the Logical Syntax of Agency' dans *Franciscan Studies*, 1976, pp. 298-312.

WARNACH V., 'Wort und Wirklichkeit bei Anselm von Canterbury' dans *Salzburger Jahrbuch für Philosophie*, 1961-1962, pp. 157-176.

WILBANKS J.J., 'Some (Logical) Trouble for St. Anselm' dans *New Scholasticism*, 1973, pp. 361-365.

15. De veritate et vérité

BRIANCESCO Ed., 'Justicia y verdad en san Anselmo : el capitulo XII de *De Veritate*' dans *Patristica et Mediaevalia*, 1981, pp. 5-20.

CORBIN M., 'L'événement de vérité' dans *L'inouï de Dieu*, Paris, DDB, 1981, pp. 59-107.

CORBIN M., 'Se tenir dans la vérité. Lecture du ch. 12 du De veritate' dans *SB2*, pp. 649-666.

DUCLOW D.F., 'Structure and Meaning in Anselm's De veritate' dans *American Benedictine Review*, 1975, pp. 407-417.

FLASCH K., 'Zum Begriff der Wahrheit bei Anselm von Canterbury' dans *Philosophisches Jahrbuch*, 1964-1965, pp. 322-352.

FOLGHEBA J.D., 'La vérité définie par saint Anselme' dans *Revue Thomiste*, 1900, pp. 414-426.

GOMBOCZ W., 'Facere esse veritatem' dans *SB2*, pp. 561-570.

MACCAGNOLO E., 'La 'proprietas veritatis' in Anselmo d'Aosta' dans *Atti del convegno di storia della logica*, Parma, 1972, (*Collana di Testi e Saggi*) Padova, Liviana, 1974.

RASSAM J., 'Existence et vérité chez saint Anselme' dans *Archives de Philosophie*, 1961, pp. 330-337.

SOEHNGEN G., 'Rectitudo bei Anselm von Canterbury als Oberbegriff von Wahrheit und Gerechtigkeit' dans *SR*, pp. 71-77.

THORRANCE Th.F., 'The Place of Word and Truth in Theological Inquiry According to St. Anselm', dans *Studia Mediaevalia et Mariologia*, Roma, Antonianum, 1971, pp. 133-160.

TORRANCE Th. F., 'The Ethical Implication of Anselm's *De veritate*' dans *Theologisch Zeitschrift*, 1968, pp. 309-319.

WERNER H.J., 'Anselm von Canterbury. Dialog De veritate und das Problem der Begründung praktischer Sätze' dans *Salzburger Jahrbuch für Philosophie*, 1975, pp. 119-130.

16. De libertate arbitrii et volonté

BRIANCESCO Ed., 'La doctrina moral de San Anselmo' dans *Ethos*, 1976-1977, pp. 199-211.

BULTOT R., 'La dignité de l'homme selon saint Anselme de Canterbury' dans AA.VV., *La Normandie bénédictine au temps de Guillaume le Conquérant*, Lille, Facultés Catholiques, 1967, pp. 549-468.

CHOQUETTE I., '*Voluntas, Affectio* and *Potestas* in the *Liber de voluntate* of St. Anselm' dans *Mediaeval Studies*, 1942, pp. 61-81.

CORBIN M., 'De l'impossible en Dieu. Lecture du ch. VIII du dialogue de saint Anselme sur la liberté' dans *Revue des Sciences Philosophiques et Théologiques*, 1982, pp. 523-550.

DELHAYE Ph., 'Quelques aspects de la morale de saint Anselme' dans *SB1*, pp. 401-422.

EVANS G.R., 'Why the Fall of Adam ?' dans *Recherches de Théologie Ancienne et Médiévale*, 1978, pp. 130-146.

FISKE A., 'St. Anselm and Friendship' dans *Studia Monastica*, 1966, pp. 269-290.

FOREVILLE R., 'L'ultime 'ratio' de la morale politique de saint Anselme: *Rectitudo voluntatis propter se servata*' dans *SB1*, pp. 423-438.

HUFTIER M., 'Libre arbitre, liberté et péché chez saint Anselme' dans AA.VV., *La Normandie bénédictine*, Lille, Facultés Catholiques, 1967, pp.

KANE G.St., 'Anselm's Definition of Freedom' dans *Religious Studies*, 1973, pp. 297-306.

KANE G.St., 'Elements of Ethical Theory in the Thought of St. Anselm' dans *Studies in Medieval Culture*, 1978, pp. 61-71.

KOLHENBERGER H., '*Libertas ecclesiae* und *Rectitudo* bei s. Anselm' dans *SB2*, pp. 689-700.

RONDET M., 'Grâce et liberté. Augustinisme de saint Anselme' dans *SB1*, pp. 155-169.

SCHWAGER R., 'Logik der Freiheit und des Natur-Wollens. Zur Erlösungslehre Anselms von Canterbury' dans *Zeitschrift für Katholische Theologie*, 1983, pp. 125-155.

VANNI ROVIGHI S., 'Libertà e libero arbitrio in s. Anselmo d'Aosta' dans AA.VV., *Man in Orient and Medieval Thought*. Studia G. Verbeke ab amicis et collegis dedicata, Leuven, University Press, 1976, pp. 271-285.

VANNI ROVIGHI S., 'L'etica di s. Anselmo' dans *AA1*, pp. 73-99.

VANNI ROVIGHI S., 'Il problema del male in s. Anselmo' dans *AA5*, pp. 179-188.

17. Epistola de incarnatione verbi

SCHMITT F.S., 'La lettre de saint Anselme au Pape Urbain II à l'occasion de la remise du *Cur deus homo* (1098)' dans *Revue des Sciences Religieuses*, 1936, pp. 129-141.

WILMART A., 'Le premier ouvrage de saint Anselme contre le trithéisme de Roscelin' dans *Recherches de Théologie Ancienne et Médiévale*, 1931, pp. 20-36.

18. Cur deus homo et christologie

BRIANCESCO E., 'Sentido y vigencia de la cristologia de san Anselmo. Ensayo de lectura estructural del *Cur deus homo*' dans *Stromata*, 1981, pp. 3-17.

BRIANCESCO Ed., 'Le portrait du Christ dans le *Cur deus homo*. Herméneutique et démythologisation' dans *SB2*, pp. 631-646.

CORBIN M., 'Nécessité et liberté. Sens et structure de l'argument du *Cur deus homo* d'Anselme de Cantorbery' dans AA.VV., *Humanisme et foi chrétienne*. Mélanges scientifiques du centenaire de l'Institut Catholique de Paris, Paris, Beauchesne 1976, pp. 599-632.

CORBIN M., 'Introduction' à *L'oeuvre de saint Anselme de Cantorbery*, t. III, 1988, pp. 15-166.

CREMER H., 'Die Wurzeln des Anselmschen Satisfaktionsbegriffs' dans *Theologische Studien und Kritiken*, 1893, pp. 7-24.

FAIRWEATHER E.R., '*Justitia Dei* as the *Ratio* of the Incarnation' dans *SB1*, pp. 327-335.

FAIRWEATHER E.R., 'Incarnation and Atonement' dans *Canadian Journal of Theology*, 1961, pp. 167-175.

GAUSS J., 'Anselm von Canterbury und die Islamfrage' dans, *Theologische Zeitschrift*, 1963, pp. 250-272.

GAUSS J., 'Die Auseinandersetzung mit Judentum und Islam bei Anselm' dans *AA4,1*, pp. 101-109.

GLORIEUX P., 'Quelques aspects de la christologie de saint Anselme' dans *SB1*, pp. 337-347.

HENRY D.P., 'Numerically Definite Reasoning in the *Cur deus homo*' dans *Dominican Studies*, 1953, pp. 48-55.

HEYER G. Jr., 'Anselm Concerning the Human Role in Salvation' dans *Texts and Testaments*, éd. par W. March, San Antonio, 1980, pp. 163-172.

McGRATH A.E., 'Rectitude : the Moral Foudation of Anselm of Cantorbery's Soteriology' dans *Downside Review*, 1981, pp. 204-213.

McINTYRE J., '*Cur deus homo*: The Axis of the Argument' dans *SR*, pp. 111-118.

OTT H., 'Anselms Versöhnungslehre' dans *Theologische Zeitschrift*, 1957, pp. 183-199.

RIVIERE J., 'La question du *Cur deus homo*' dans *Revue des Sciences Religieuses*, 1936, pp. 1-32.

ROQUES R., 'La méthode de saint Anselme dans le *Cur deus homo*' dans *Aquinas*, 1962, pp. 3-57.

ROQUES R., 'Introduction' à ANSELME DE CANTERBERY, *Pourquoi Dieu s'est fait homme*, (*Sources Chrétiennes*) Paris, Cerf, 1963, pp. 463-500.

SCHMITT F.S., 'Die wissenschaftliche Methode in Anselms *Cur deus homo*' dans *SB1*, pp. 349-370.

SCHMITT F.S., 'La Meditatio redemptionis humanae di s. Anselmo in relazione al *Cur deus homo*' dans *Benedictina*, 1959, pp. 197-213.

19. De processione et trinité

EVANS G.R., 'St. Anselm's Images of the Trinity' dans *Journal of Theological Studies*, 1976, pp. 46-57.

GARRIDO M., 'Van Anselmo y el argumento de analogia en el misterio de la Trinidad' dans *Verdad y Vita*, 1955, pp. 349-361.

MARECHAUX B., 'La procession du Saint-Esprit d'après saint Anselme' dans *Rivista Storica Benedettina*, 1909, pp. 59-64.

20. Les pains azymes

SCHMITT F.S., 'Eine dreifache Gestalt der *Epistola de sacrificio azimi et fermentati* des hl. Anselm von Canterbury' dans *Revue Bénédictine*, 1935, pp. 216-225.

21. De concordantia

BAUDRY L., 'La prescience divine chez st Anselme' dans *Archives d'Histoire Doctrinale et Littéraire du Moyen-Age*, 1940-1942, pp. 223-237.

KAUFMANN P.I., 'A Confirmation of Augustine's Soteriology: Human Will's Collaboration with Divine Grace According to Anselm of Canterbury' dans *Mediaevalia*, 1978, pp. 147-160.

STREVELER P.A., 'Anselm on Future Contingencies. A Critical Analysis of the Argument of the *De concordia*' dans *AS*, pp. 165-183.

VON BALTHASAR H.U., 'La *concordantia libertatis* chez saint Anselme' dans *L'homme devant Dieu*, Mélanges offerts au Père de Lubac, t. 2, (*Théologie*) Paris, Aubier-Montaigne, 1964, pp. 29-45.

INDEX

Cet index indique la page où nous faisons le commentaire principal des diverses citations du *Proslogion*. La numérotation des chapitres est celle d'Anselme; la numérotation des pages et des lignes est celle de l'édition critique de F.S. Schmitt.

TABLE DES MATIÈRES

TIPOGRAFIA POLIGLOTTA DELLA PONTIFICIA UNIVERSITÀ GREGORIANA
PIAZZA DELLA PILOTTA, 4 - ROMA